Welf Botho Elster · Die Grenzen des Gehorsams

Lebensberichte – Zeitgeschichte

g
Georg Olms Verlag
Hildesheim · Zürich · New York
2005

Welf Botho Elster

Die Grenzen des Gehorsams

Das Leben des Generalmajors
Botho Henning Elster
in Briefen und Zeitzeugnissen

Georg Olms Verlag
Hildesheim · Zürich · New York
2005

Das Werk ist urheberrechtlich geschützt.
Jede Verwertung außerhalb der engen Grenzen
des Urheberrechtsgesetzes ist ohne Zustimmung
des Verlages unzulässig und strafbar.
Das gilt insbesondere für Vervielfältigungen,
Übersetzungen, Mikroverfilmungen
und die Einspeicherung und Verarbeitung
in elektronischen Systemen.

Die Deutsche Bibliothek verzeichnet diese Publikation in der
Deutschen Nationalbibliografie; detaillierte bibliografische Daten
sind im Internet über http:// dnb.ddb.de abrufbar.

∞ ISO 9706
Printed in Germany
Gedruckt auf säurefreiem und alterungsbeständigem Papier
Umschlagentwurf: Inga Günther, Hildesheim
Herstellung: Druckhaus »Thomas Müntzer«, Bad Langensalza
© Georg Olms Verlag AG, Hildesheim 2005
Alle Rechte vorbehalten
www.olms.de
ISSN 1861-4698
ISBN 3-487-08457-0

Inhaltsverzeichnis

Prolog 7

Anfänge 11

Kriegserfahrung 15

Fortschritt 30

Widerstand 53

Privates Glück 60

Pflichterfüllung 62

Opposition 75

Kapitulation 85

Gefangenschaft und Entsagung 138

Neubeginn? 200

Epilog 225

Prolog

Geschichte ist wie eine Sandbank, die sich in den Strömen der Zeit ständig verändert. Man muß ihre Markungen festhalten, um Ursprünge wie Verläufe nachvollziehbar und verstehbar zu machen. Denn es ist nichts ohne Geschichte, keine Gegenwart lebt ohne ihre geschichtliche Erfahrung und Vergangenheit. Geschichte ist begreifbare Gegenwart und Lehre für die Zukunft.

Blickt man auf das 20. Jahrhundert zurück, kann man es als Deutscher getrost in zwei Hälften teilen, die unterschiedlicher nicht sein könnten. Die erste Hälfte ist geprägt durch zwei von Deutschland ausgehende Weltkriege, den Untergang des Kaiserreiches, den Versuch einer demokratischen Republik, ihren Untergang in einem totalitären Regime und dessen katastrophales Ende. Die letzten fünf Jahrzehnte stehen im Zeichen des Aufbruchs eines zertrümmerten und für eine unendlich scheinende Zeit geteilten deutschen Volkes hin zu Freiheit und Frieden sowie einer demokratischen Verfassung.

Diese Biographie widmet sich dem ersten deutschen halben Jahrhundert, das durch Größe, Schwäche und Niedergang zugleich gekennzeichnet ist.

Sie schildert das Schicksal eines Offiziers, dessen Lebenslauf an das Auf und Ab dieses deutschen Staatswesens gekettet war wie kaum ein anderer. Die gewaltigen Umbrüche dieser ersten fünf Jahrzehnte des 20. Jahrhunderts werden durch diesen Lebensbericht veranschaulicht. Es geht dabei um die Schilderung einer aufkeimenden, lodernden, aufopferungsvollen, dann doch widerstrebenden und schließlich verzagenden, entmutigten Lebenskraft eines inständigen und charakterlich anständigen Dieners seines Vaterlandes.

Das Leben eines Dieners des Staates wird dabei zum Spiegelbild dessen Niederganges und zugleich zum Leitbild eines standhaften Charakters, der zum Vorbild für nachkommende Generationen werden könnte. Denn er hat nach der – insbesondere im Dritten Reich leider zum Kadavergehorsam pervertierten – preußischen Tugend gehandelt, wie sie schon von Friedrich Wilhelm I., König in Preußen, formuliert worden war:

»Der Officier schuldet Gehorsam, es sei den (sic!), es geht gegen die Ehre.«

Dieser Grundsatz war auch für einen jungen Offizier, der mit 20 Jahren in den Ersten Weltkrieg zog, wesentlicher Teil seiner ethischen Wertvorstellungen.

Botho Henning Elster mußte gut 30 Jahre später erkennen, daß dieser Eckpfeiler seiner moralischen Weltordnung im nationalsozialistischen Deutschland keinen Bestand mehr hatte.

Zum Tode verurteilt wurde er für eine Tat, die er gerade unter diesem Leitstern glaubte verantworten zu können, da durch sie nahezu 20 000 Menschen unmittelbar das Leben gerettet wurde, das sie bei blindem Gehorsam ihres Führers gegenüber einem unverantwortlichen Befehl unweigerlich verloren hätten.

Das Reichskriegsgericht, schon in Torgau tagend, fällte noch am 7. März 1945 dieses Todesurteil.

Sein Rubrum und Tenor lauten:

Reichskriegsgericht, 1. Sen. 9/45

Im Namen des deutschen Volkes!

Feldurteil

In der Strafsache gegen
    Generalmajor Elster,
    zuletzt Kommandant der Feldkommandantur 541,
    jetzt in amerikanischer Kriegsgefangenschaft,
wegen Ungehorsams und Übergabe an den Feind
hat das Reichskriegsgericht, 1. Senat, auf Grund der am 6. und 7. März 1945 durchgeführten Hauptverhandlung in der Sitzung vom 7. März 1945, an der teilgenommen haben
    als Richter
        Generalrichter beim Reichskriegsgericht Dr. Lattmann,
        Verhandlungsleiter,
        Generalleutnant Eberhardt,
        Generalleutnant Angerstein,
        Generalleutnant Sievers,
        Oberstrichter Dr. Weber,
    als Vertreter der Anklage:
        Oberstrichter Dr. Speckhardt,
    als Urkundsbeamter:
        Reichskriegsgerichtsoberinspektor Wagner,
für Recht erkannt:
Der Angeklagte wird wegen Übergabe an den Feind zum Tode, zum Verlust der Wehrwürdigkeit und zum dauernden Verlust der Ehrenrechte verurteilt.

Von Rechts wegen.

Im Namen des Deutschen Volkes!

Feldurteil.

In der Strafsache gegen

Generalmajor **E l s t e r** ,
zuletzt Kommandant der Feldkommandantur 541,
jetzt in amerikanischer Kriegsgefangenschaft,

wegen Ungehorsams und Übergabe an den Feind

hat das Reichskriegsgericht, 1.Senat, auf Grund der am 6. und 7. März 1945 durchgeführten Hauptverhandlung in der Sitzung vom 7.März 1945, an der teilgenommen haben

als Richter:
Generalrichter beim Reichskriegsgericht Dr.Lattmann,
Verhandlungsleiter,
Generalleutnant Eberhardt,
Generalleutnant Angerstein,
Generalleutnant Sievers,
Oberstrichter Dr.Weber,

als Vertreter der Anklage:
Oberstrichter Dr.Speckhardt,

als Urkundsbeamter:
Reichskriegsgerichtsoberinspektor Wagner,

für Recht erkannt:
Der Angeklagte wird wegen Übergabe an den Feind zum Tode, zum Verlust der Wehrwürdigkeit und zum dauernden Verlust der Ehrenrechte verurteilt.

Kopie Rubrum/Tenor Urteil Reichskriegsgericht vom 7. März 1945

Wir werden später, wenn wir den gesamten Hintergrund kennen, den vollständigen Wortlaut dieses Urteils lesen können. Heute wissen wir diesen Spruch als eines der vielen nationalsozialistischen Unrechtsurteile einzustufen. Damals aber, vor 60 Jahren, sah es in vielen Köpfen anders aus. Zwischen dem Spruch und seinem Vollzug lag nur das Hindernis, daß der Verurteilte nicht aus amerikanischer Kriegsgefangenschaft an sein Vaterland ausgeliefert wurde, wo man mit der Vollstreckung nicht gezögert hätte.

Erst in den neunziger Jahren fand sich das deutsche Parlament bereit, ein Verdikt über die sogenannten nationalsozialistischen Unrechtsurteile auszusprechen, und auch das nur nach langen Wehen und politischem Gezerre. Hingewiesen sei hier nur kurz auf die Genese des sogenannten *Justiz-Aufhebungs-Gesetzes (JustizAufhG)* vom 17. Mai 2002 und dessen Vorläufer vom 25. August 1998 und vom 25. Mai 1990. Danach ist das Todesurteil gegen Botho Henning Elster seit 1998 (also seit mehr als 45 Jahren nach seinem Tod!) aufgehoben.

Für die Geschichte Bothos interessierte sich die Öffentlichkeit in Deutschland sechs Jahrzehnte lang nicht. Das wurde erst anders mit einem Dokumentations-Film, den der Hessische Rundfunk zusammen mit »Arte« im Jahre 2003 produziert und am 21. Januar 2004 erstmals ausgestrahlt hatte.

Der Film handelt von jener Tat, die die Verurteilung zum Tode nach sich zog.

Diese Biographie aber beschreibt die Persönlichkeit dieses Mannes, der die Kraft hatte, einem alten preußischen Grundsatz in einer Zeit Geltung zu verschaffen, in der Fahnenflucht als das am meisten zu verabscheuende Verbrechen angesehen wurde.

Anfänge

Am 17. Mai 1894 wurde Botho Henning Elster als viertes Kind seiner Eltern Louise und Otto in Berlin-Steglitz geboren.
Elfriede, Grete und Hanns-Martin waren seine älteren Geschwister.
Das Elternhaus war geprägt durch eine konservative, überwiegend aber oppositionelle Haltung zur herrschenden offiziellen politischen, d.h. preußischen Richtung. Es wurde dominiert durch das Wirken des Vaters, Otto Elster, der als Ordonanzoffizier ausgemustert hatte und sich fortan als freier Redakteur und Schriftsteller den Lebensunterhalt verdiente.
Otto lebte vom 11.11.1852 bis 1.12.1922. Nach dem Besuch der Gymnasien in Holzminden und Wolfenbüttel, dessen Abschluß mit dem Beginn des Deutsch-Französischen Krieges 1870/71 zusammenfiel, trat er gegen Ende des Feldzuges als Fahnenjunker noch in die hannoversche Armee, in das herzoglich-braunschweigische Infanterie-Regiment ein. In seiner Jugendzeit hatte er erste literarische Verbindungen zu dem von ihm hochverehrten Wilhelm Raabe (1831–1910) geknüpft, standen sich doch die beiden Elternhäuser im niedersächsischen Eschershausen schräg gegenüber. Während seiner Braunschweiger Offizierszeit suchte er häufig die Begegnung mit Wilhelm Raabe in den Künstlertreffs »Feuchter Pinsel«, »Kleiderseller« und »Herbst's Weinstuben«. Der Ausspruch Raabes ist überliefert: »Wir sind vom selben Vogelgeschlecht und aus demselben Nest gefallen.« Später hat Otto Elster zusammen mit seinem Sohn Dr. phil. Hanns-Martin Elster in den Jahren 1912, 1913 und 1914 die weithin beachteten Wilhelm-Raabe-Kalender herausgegeben, deren Weiterführung der Erste Weltkrieg verhinderte, da Hanns-Martin Militärdienst zu leisten hatte. Schon als aktiver Offizier begann Otto damit, sich als Schriftsteller zu betätigen. Unter dem Pseudonym »von Bruneck« veröffentlichte er 1878 das Drama »Der Sozialdemokrat«. Er verfaßte aber auch eine »Unteroffiziersschule für die Infanterie«. Eine entscheidende Wende in seinem Leben erfolgte im Jahre 1884. Er war als Premier-Leutnant der letzte Adjutant des 1884 ohne Thronfolger sterbenden Herzogs Wilhelm von Braunschweig. Die braunschweigischen Truppen wurden damit in den preußischen Heeresverband eingegliedert. Wenn es für Otto Elster als getreuem Anhänger des Welfenhauses schon schmerzlich genug gewesen wäre, die schwarze Schnüren-Uniform ablegen zu müssen, den ihm abverlangten Eid auf Preußen konnte er vor seiner Vaterlandsliebe nicht verantworten – er nahm den Abschied und trat in die Redaktion des Braunschweiger Tageblattes ein.
Auf Helgoland heiratete Otto am 10.2.1886 Johanna Friederike <u>Louise</u> Reimers, geb. Wechsung (*12.5.1861, †29.6.1954), Tochter des Braunschweiger Pianofabrikanten Günther Wechsung (*12.11.1827,

† 10.11.1898) aus der Firma Wechsung & Steinweg (später: Steinway & Sons).

1887 wechselte er zum Kreuznacher Generalanzeiger und wurde danach für zwei Jahre Chefredakteur des Kölner Tageblattes, bevor er 1890 nach Berlin ging. Hier band er sich nicht mehr an eine bestimmte Zeitung. Vielmehr schrieb er Theaterkritiken ebenso wie politische Leitartikel. Vor allem aber machte er sich einen Namen als Romanschriftsteller und Verfasser von Dramen, Lustspielen und Schwänken. Als ehemaliger Offizier hatte er in Berlin leichten Eingang in die Gesellschaft gefunden und als Theaterkritiker auch in die dortigen Künstlerkreise.

Schriftstellerisch war Otto in allen Bereichen der Literatur tätig. Seine Erlebnisse und Erfahrungen während der Offizierszeit und sein politisches Engagement flossen ein in Erzählungen (»Am Biwakfeuer«), in Lustspiele wie »Manövertage« und »Das Wachtgespenst«. und in seine vaterländischen Dramen (»Welfenstolz und Welfenliebe« sowie »Quatrebras«), die beim braunschweigischen Publikum begeisterte Aufnahme fanden.

Das Schauspiel »Unter dem Totenkopf« erlebte ein politisches Schicksal: Am Braunschweiger Hoftheater dreimal kurz hintereinander vor ausverkauftem Haus aufgeführt, verschwand es – vermutlich auf preußische Anordnung – vom Spielplan. Neben Jugendschriften (»Die Goldgräber von Angra-Pequena«, »In den Schluchten des Kilima-Ndjaro«), historischen Romanen (»Zum Sammeln geblasen!«, »Werden und Vergehen«, »Auf dem Schlachtfeld des Lebens«, »Zwischen den Schlachten«, »Die Welt in Waffen«) und Romanen, die draußen in der Welt spielten (»Majana«, Roman aus der Südsee, »Gold und Blut«, Roman aus Südafrika) verfaßte er viele Gesellschafts- und leichte Liebesromane (»Venus Impreatrix«, »Gräfin Lotte«, »Schwester Katharina« usw.). Mit seinen Verlegern hatte er, dem das Aushandeln finanzieller Vorteile nicht lag, nicht immer Glück und dementsprechend auch geringe wirtschaftliche Erfolge.

Viel Zeit und Energie widmete Otto nach 1890 auch seiner politischen Tätigkeit, die ihn mehr und mehr dem rein literarischen Schaffen entzog. Ungeachtet aller Nachteile setzte er sich für die Rechtsansprüche des Welfenhauses auf den Braunschweiger Herzogsthron ein (nach der Annexion von Hannover hatte Bismarck im Hinblick auf die voraussehbare Verwaisung des Braunschweiger Herzogsthrones einen Bundesratsbeschluß erwirkt, wonach die hannoversche Welfenlinie von der Thronfolge im Herzogtum Braunschweig ausgeschlossen wurde). 1889 hatte er bereits mit seiner Schrift »Denkmäler, Denksteine und Erinnerungszeichen an die Herzöge von Braunschweig« für das Fortleben der welfisch-monarchischen Tradition in seiner Heimat geworben. Mit seinem in Braunschweig als Rechtsanwalt tätigen Bruder Robert gründete er nun die »Braunschweigische Landesrechtspartei«, für die er sogar – wenn auch erfolglos – für den Reichstag kandidierte. In Berlin und im Reich mehrte sich aber – je bekannter er wurde – die Gegnerschaft

Botho als Abiturient

gegen den großdeutschen Welfenpolitiker. Wichtige Medien wie die Familienzeitschrift »Über Land und Meer« oder die Illustrierte Wochenschrift »Vom Fels zum Meer« sowie andere große Zeitungen und Wochenblätter, die die Romane und Abhandlungen Otto Elsters immer gern gedruckt hatten, zeigten ihm mehr und mehr die kalte Schulter. Mit seinem öffentlichen Eintreten für eine Freundschaft mit England und mit seiner Warnung vor der Flottenpolitik Kaisers Wilhelm II. wuchsen die Anfeindungen, die mit einer Morddrohung in den Leipziger Neuesten Nachrichten ihren Höhepunkt erreichten. Für ihn gab es damit Ende der 90er Jahre in Berlin als freier Schriftsteller und Politiker keine rechte Existenzmöglichkeit mehr. Er verkaufte das Landhaus in Lichterfelde und suchte vergeblich eine Dauerstellung beim Herzog Ernst-August von Cumberland in Gmunden. Schließlich folgte er 1901 dem Ruf des Prinzen zu Schaumburg-Lippe, als Archivar und Bibliothekar auf dessen Schloß Nachod/Böhmen tätig zu sein, wohin er mit seiner Familie zog. Ein ganzes Jahrzehnt konnte er sich dieser erfüllenden Aufgabe widmen.

Die wissenschaftliche Aufarbeitung des noch unerforschten Archivgutes aus der Zeit des Dreißigjährigen Krieges gab ihm die Möglichkeit, seine militärhistorischen Studien zu erweitern. Seinen schon früher herausgebrachten Schriften »Bilder aus der Kulturgeschichte des deutschen Heeres« (1891/1893), »Die historische schwarze Tracht der braunschweigischen Truppen« (1896) und vor allem der mehrbändigen »Geschichte der stehenden Truppen im Herzogtum Braunschweig-Wolfenbüttel von 1600–1806« (1899/1900) schlossen sich nun »Die Piccolomini-Regimenter im Dreißigjährigen Kriege« (1903) und »Piccolomini-Studien« (1911) an.

Nach dem Tode des Schloßherrn von Nachod ging die Familie zu Beginn des zweiten Jahrzehnts des 20. Jahrhunderts wieder zurück nach Berlin (Friedenau), wo Otto sich fern aller politischen Betätigung seiner Schriftstellerei widmete.

Botho Henning Elster war 1900 sechs Jahre alt, als er mit der Familie nach Schloß Nachod in Böhmen kam. Die Zeit von seinem sechsten bis zu seinem fünfzehnten Lebensjahr verbrachte er in tschechischen Landen. Er erlernte gleichsam spielend die tschechische Sprache, während zu Hause oft auch das Französische gepflegt wurde. Er genoß die Erziehung durch Privatlehrer des Fürsten zusammen mit dessen Kindern, also eine besondere, von der allgemeinen Bildungsmöglichkeit abgehobene Schulbildung. Diese schloß auch den Besuch des Königlichen Gymnasiums in Glatz von Ostern 1905 bis Ostern 1909 ein, wodurch sein Sprachtalent weit über die normalen Möglichkeiten hinaus gefördert wurde. Von Ostern 1909 bis Februar 1913 besuchte Botho das humanistische Gymnasium in Lüneburg (Johanneum), wo er das Abitur ablegte.

Mit dieser guten Erziehung und Bildung ausgestattet war er prädestiniert für die Aufnahme eines Studiums. Die Finanzen des Elternhauses erlaubten es damals aber nicht mehr, auch diesem Sohn, wie seinem älteren Bruder, ein Studium zu ermöglichen. So führte sein Weg zum Militär, wie dies damals üblich war. Bereits im Herbst 1912 bemühte sich Otto um die Aufnahme seines Sohnes in das Heer und erhielt alsbald die Nachricht, daß dieser, das Abitur vorausgesetzt, in das in Hildesheim stationierte Infanterie-Regiment von Voigts-Rhetz (3. Hannoversches) Nr. 79 aufgenommen werden könne.

Kriegserfahrung

So trat der hoffnungsvolle junge Mann unmittelbar nach dem Abitur im Februar 1913 als Fahnenjunker in dieses Regiment ein. Nur anderthalb Jahre später sollte er mit Ausbruch des Ersten Weltkrieges ins Feld ziehen!

Im August 1913 wurde er auf die Kriegsschule nach Glogau kommandiert, wo er, Oktober 1913 zum Fähnrich befördert, im Mai 1914 das Offiziersexamen bestand, um darauf in das Regiment zurückzutreten. Im Juni 1914 erfolgte die Beförderung zum Leutnant. Botho war nun gerade 20 Jahre alt.

Meinen lieben Eltern ...

Bei Kriegsausbruch im August 1914 rückte er mit einer Maschinengewehr-Kompanie im Res.Inf.Reg. 77 ins Feld und machte den Feldzug durch Belgien gegen Frankreich als Maschinengewehr-Offizier und später als Kompanie-Führer einer Infanterie-Kompanie mit. Schon am 12. September 1914 wurde er bei Reims durch Granatsplitter am rechten Unterschenkel verwundet.

Während der Rehabilitationszeit legte Botho ein Kriegstagebuch an. Er kam bei der rückblickenden Schilderung nur bis zum 11. August 1914 und hat danach nie wieder irgendeine Aufzeichnung in dieses Tagebuch eingetragen:

»Ich krame jetzt als Verwundeter, wo ich die Zeit und Ruhe dazu finde, meine Kriegserlebnisse und Erinnerungen aus, soweit sie mir noch frisch im Gedächtnis stehen und habe dabei den Vorsatz, mit möglichster Gründlichkeit und mit genauer Wahrhaftigkeit das zu schildern, was ich von Land und Leuten, Gefechten und französischen und englischen Gefangenen gesehen und gehört habe.

Leider ist es mir nicht möglich, mit durchgreifenden Zahlenangaben auf Zeit und Truppen alles zu aktiverem Werte zu bringen, da mir meine Tagebuchaufzeichnungen, welche ich während des Feldzuges gemacht habe, durch die Gefangennahme unserer M.G.K. abhanden gekommen sind.

Vor der Mobilmachung – Ende Juli 1914 –

Kurz nachdem wir – am 21. Juli – von Munster wiederkamen, brauste die Kriegsgefahr durch die Lande, und hatten wir uns nach den anstrengenden 4 Wochen in Munster auf eine behagliche Ruhe bis zu den Herbstmanövern gefreut, so war es damit nichts.

Es wurde fieberhaft gearbeitet in den Kasernen. Röcke und Stiefel wurden verpaßt und ausgegeben; nachmittags war nur Kammerarbeit, und morgens ging es hinaus, um, Schützengräbenarbeiten und Zeltbau etc. noch einmal rasch in dem Gedächtnis der Leute aufzufrischen.

Zeigte sich ein Soldat in den neuen rohledernen Stiefeln auf der Straße, dann blieben die guten Hildesheimer stehen und staunten: ›Oh, kiek mol, dat sind die Kriegsstiebeln!‹ –

Überhaupt war die Bevölkerung wie verwachsen mit dem Regiment, stundenlang standen die Leute vor den Kasernentoren, um etwas von dem zu erhaschen, was dort drinnen vorging; die Offiziere sausten mit wichtigen Mienen aus und ein und die Spannung wuchs von Tag zu Tag. Einmal hieß es, es wird nichts draus, die Sache schläft wieder ein, und das andere Mal wieder hatte man schon fast die Mobilmachung erklärt.

Im Kasino ging es lebhaft her, unwillig schalten wir jungen Leutnants auf das lange Warten und die Verzögerung der Entscheidung; gab es doch für uns nichts Schöneres und Höheres, endlich einmal all das, was wir gelernt und unseren Leuten in langer Friedensarbeit beigebracht hatten, zu erproben und wirklich einmal Krieg zu spielen, nicht nur in Manövern und auf den Truppenübungsplätzen.

So hob sich die Stimmung im Kasino von Tag zu Tag mehr. Unter dem Grundsatze: ›So jung kommen wir nicht mehr zusammen!‹ und: ›Bezahlen tut's der liebe Gott!‹ floß der perlende Sekt, wir sahen uns schon draußen, von Sieg zu Sieg eilend und dann heimkehrend nach raschem, frischen, fröhlichen Krieg in das bekränzte Hildesheim unter den wehenden Fahnen!

Und nun liegen schon so viele von meinen treuen Kameraden, die mit uns geschwärmt hatten von Sieg und Heimkehr, unter dem kühlen Rasen und über ihre schlichten Heldengräber tanzt und braust der Herbstwind.

— — —

Ich hatte als Mobilmachungsorder, als Leutnant und Zugführer in die 11. Komp. des I. R 79 einzutreten, und freute mich darauf, nun wohl auch mit meinen alten Leuten, mit denen ich als Fahnenjunker in Reih und Glied gestanden hatte, ins Feld zu ziehen, mit meinen alten Unteroffizieren und meinem Hauptmann Böhm. Und das kam anders.

Sonnabend, am 1. August, war die Spannung auf das Höchste gestiegen; alles lag bereit und fix und fertig hätte das Regiment, ohne die Reserven, ausrücken können.

Ich war gerade auf dem Batl.-Geschäftszimmer und jedesmal, wenn das Telefon rasselte, hielten wir den Atem an und glaubten, die Mobilmachung wäre raus.

Die Menschen drängten auf den Straßen, keinen hielt es zu Hause und fiebernd stand die Menge vor den Zeitungsbüros und Telegraphenämtern.

Da endlich um 6¼ war es heraus: ›Die Mobilmachung ist angeordnet, als erster Mob.tag gilt der Sonntag, der 2. August. Ein Brausen ging durch die Welt, eine befriedigte Genugtuung machte sich bemerkbar; hatten wir doch nicht unüberlegt und überschnell die Mobilmachung befohlen, sondern sie erst angeordnet nach den Sticheleien und Grenzverletzungen der anderen Mächte.

Wir Offiziere aber jubelten. —

Mobilmachungstage

Als ich am Abend des Sonnabends über den Hohen Weg (in Hildesheim) ging, kam mir Beguelin entgegen: ›Wissen Sie schon, Elster, Sie sind zur Maschinen-Gewehr-Kompanie vom Reserve-Infanterie-Regiment 77, das hier zusammengestellt wird, kommandiert; haben Sie schon Sättel und Packtaschen usw.?‹

Ich traute meinen Ohren nicht, stürmte sofort auf das Rgtsgeschäftszimmer und erhielt da Gewißheit. Es stimmte! Aber ich hörte es immer noch wie im Traum, als blutjunger Leutnant von 1½ Monaten sollte ich zwei Pferde bekommen, beritten werden und nicht die Riesenmärsche zu Fuß zu machen brauchen.

Am Sonntagmorgen telegraphierte ich gleich an die Eltern: ›Bin zur MGK Res.Rgt. 77 kommandiert. Bleibe noch länger Brief unterwegs Gruß = Botho‹

Die waren inzwischen in aller Hast aus dem stillen Ostseebade Nest abgereist nach Berlin und waren nun unterwegs nach Hildesheim, um mich vor dem Ausrücken noch einmal zu sehen.

Inzwischen bekam ich den Mobilmachungskalender der M.G.K., da ich vorläufig als einziger Offizier vertreten war; der Kompanieführer Oberltn. v. Heugel, Elisabether Garderegt., kam erst laut dem Kalender am Montag, die beiden anderen Leutnants, Lt. d. Res. Faust und Lt. d. Res. Thiemann, erst am Dienstag. So half ich denn als Batl.adjutant mit bei der Aufstellung des Regiments.

Montag, den 3. Aug., kamen die Eltern und Grete seegebräunt und sonnverbrannt direkt aus Nest und hatten auch Onkel Adolf mitgebracht. Die Cafés mit ihrer improvisierten Kriegsmusik waren ihnen zu laut, so setzten wir uns in den Ratskeller; sie blieben über Nacht und am anderen Morgen bummelten wir bei dem sonnigsten Wetter durch Hildesheim. Mittags reisten sie ab, ich brachte sie zur Bahn und traf dort gleichzeitig mehrere Gardeoffiziere, meist Elisabether, die ich nun, da sie Hildesheim nicht kannten, zu dem Regtsgeschäftszimmer führte. Unter ihnen war auch Heugel, der zukünftige Komp.führer meiner M.G.K., wie sich gleich herausstellte.

Ich brachte ihn dann noch zu seiner Wohnung, übergab ihm den Mob.Kalender und hielt ihm Vortrag über die sofort notwendigen Anordnungen.

Nun kurz, die Mob.tage gingen hin im Fluge, von morgens bis abends war man auf den Beinen, die beiden anderen Leutnants kannte ich schon von früher her aus dem 79. Rgt.

Pferdemusterung, Mannschaftseinkleidung, Fahrzeug- und Waffenrevision, alles das ging hintereinander tagtäglich und man wußte nicht, wo einem der Kopf stand.

Aber eine stramme Zucht wurde von Anfang an innegehalten, was bei den Reservemannschaften zum Teil sehr nötig und zweckdienlich war.

Es klappte alles wie am Schnürchen, der Mob.machungskalender war hervorragend durchgearbeitet; alles bis auf den letzten Hufnagel und das letzte Schräubchen war angeführt und auf das Itüpfelchen vorhanden. Ich wurde Waffenoffizier und hatte dadurch viel Arbeit. Nur ein Übelstand war dabei, der unverantwortlich war: Lt. Thiemann war überhaupt noch niemals bei der M.G.K. gewesen und hatte überhaupt keine Ahnung, wie ein M.G. aussieht und Lt. Faust hatte als Reserveoffizier früher wohl mal bei der M.G.K. geübt, aber jetzt auch nicht mehr viel Ahnung.

Also hieß es Exerzieren und nochmal Exerzieren und zwar die beiden Offiziere! Es war eine zeitraubende Zugabe für uns. So gingen die Tage hin.

Die Pferde kamen, alles ungerittene Biester vom Kohlenwagen oder Möbelwagen, und so etwas sollte man nun reiten!

Ich bekam einen Schimmel und einen Rappen. Beide natürlich niemals geritten! Der Schimmel war ein hübsches Tier, gut gebaut und Sehnen wie Stahl. Der Rappe hatte einen Senkrücken, der sich nach hinten wohlgefällig abdachte und einen Entenbauch, an dem kein Sattelgurt saß.

Nun wurden sie erst etwas zurecht gestutzt, die Schwänze beschnitten, dto. die Mähnen, aber an ein Reiten im wirklichen Sinne war nicht zu denken, von Schenkeldruck und Hilfen keine Ahnung, sie reagierten überhaupt nicht darauf. Aber besser als gar nichts, sagte ich mir immer, und mit der Zeit würde ich sie wohl schon in die Zügel bekommen.

Sonnabendnacht wollten wir abrücken, morgens war noch einmal ein Scharfschießen bei Steuerwald.

Ich mußte als Jüngster früher heraus, um die Posten, die das Gebäude absperrten, zu revidieren, und kariolte infolgedessen bei Morgengrauen alleine los; mein Schimmel wurde mir vorgeführt, er witterte schon wieder Unheil und beschielte mich mißtrauisch; aber er ließ mich doch aufsitzen und hinaus ging's aus dem Kasernentore.

Ich segelte durch die Stadt, ich ritt den Gaul nicht, nein, ich ›fuhr‹ ihn sozusagen um die Häuserecken herum und ich mußte jeweilig am rechten oder linken Zügel ziehen, wie der Lohnkutscher auf dem Milchwagen. Draußen bei Steuerwald traf ich unseren Regtskommandeur, einen Oberst Wrigth (Reith), bei dem ich mich meldete und kurz darauf kam auch die M.G.K.

Die erste Ausfahrt mit den neuen Gäulen ging ganz leidlich von statten, außer daß einige Gäule zeitweise aus den Strängen geschlagen hatten.

Dann ging es ans Gefechtsexerzieren und Scharfschießen auf alle denkbaren Ziele; die Leute schossen, dafür, daß sie solange Zeit kein Maschinengewehr in die Hände bekommen hatten, ganz ausgezeichnet; wir Offiziere schossen auch, und da meine Leistungen doch etwas abstachen von denen der beiden andern Leutnants, was dadurch bedingt war, daß ich während meiner Fahnenjunkerzeit und auch später auf Kriegsschule am M.G. tätig gewesen war, so erzielte ich ganz gute Resultate und höre immer noch stolz die Worte Heugels: ›Mit Ihnen will ich die Franzosen schon klein kriegen! Wenn jeder so schießt wie Sie!‹

Mittags rückten wir wieder ein und abends war Ausmarsch. Noch ein letztes Abschiednehmen von allen Bekannten und Kameraden. Abends saß ich dann noch einmal mit Lt. Thiemann im ›Wienerhof‹ zusammen, schon feldmarschmäßig gerüstet. Hätte er damals gewußt, daß das seine Henkersmahlzeit sein sollte, der arme, liebe Kerl, und daß er nie wieder zurückkehren würde! – – –

Um 11:00 Uhr abends war das Verladen der M.G. auf dem Güterbahnhof angesetzt, um 10:30 Uhr war Abmarsch aus der Kaserne. Dicht gedrängt standen die Menschenmassen rechts und links der Straßen und von allen Seiten flogen uns Rosen zu – – Rosen, aber Dornen daran!

Dumpf rasselten wir durch die Stadt dem Bahnhofe zu. Hier auf den Kopf- und Seitenrampen des Güterbahnhofs zischten die grünlich leuchtenden Bogenlampen und legten sich mit einem geisterhaften Schein über das Gekribbel unter ihnen. Auch dort bekamen wir noch Blumen über Blumen von verschiedenen jungen Mädchen und Damen der Hildesheimer Gesellschaft, mit denen man schon in den Kasinoräumen getollt hatte.

Das Verladen der M.G.K. war hervorragend organisiert von der Eisenbahnverwaltung, und binnen 40 Minuten waren alle Fahrzeuge und Pferde fix und fertig verladen. So hatten wir denn noch lange Zeit bis zur Abfahrt um 1:40 Uhr und gingen noch einmal hinüber in den Wartesaal des Bahnhofes.

Einschub:

Nachstehend gebe ich die Abschrift einiger Briefe wieder, die ich während der Mobilmachung und vorher geschrieben habe.

Freitag, den 31. Juli 1914:
›Meine lieben Eltern! In Eile sende ich Euch diese Zeilen. Wir stehen in ernsten Stunden und warten jede Stunde auf den Mobilmachungsbefehl. Es ist alles geheim und geht auf Diensteid, also darf ich Euch mehr noch nicht schreiben. Es geht los, soviel ist sicher. Wir warten mit Gottvertrauen. Wenn es Euch bangt, seid ruhig, ich gehe mit Gott, aber Wiederkehr? Wir wollen stark sein. Wir kämpfen mit freier Brust für eine gerechte Sache. Heute kann ich Euch nicht mehr schreiben, ich habe zu viel zu tun. Morgen mehr. Mit den herzlichsten Küssen umarmt Euch in treuer Liebe Euer Botho.‹

Brief vom 2. August 1914:
›Meine lieben Eltern! Nun ist die Entscheidung gefallen. Der Krieg geht los! Und wir gehen mit freudiger Begeisterung hinein. Wir kämpfen für eine gute Sache und mit dem Bewußtsein, unsere ganze Pflicht getan zu haben und im Besitze unserer ganzen Kraft zu sein. Wohin uns die nächsten Tage hinberufen werden, weiß selbst der Oberst noch nicht. Am 5. Mob.tage, also am 6. Aug., rückt Regt. 79 aus. Ihr könnt Euch denken, was für eine Arbeit bis dahin noch geleistet werden muß. Ich hatte bis gestern die Mob.bestimmung, als Zugführer und Leutnant bei der 11/79 einzutreten. Gestern mittag wurde die vom Regiment geändert. Ich trete als Leutnant zur Maschinen-Gewehr-Kompanie des Reserve-Regiments 77!

Stellt Euch vor, habe ich nicht geradezu unglaubliches Glück! Ich werde beritten, bekomme zwei Pferde gestellt und bin auch am 7. Mob.tag schon mit im Felde. Daß ich vom Regiment wegkomme, tut mir ja leid, aber das geht vielen so, und ich kann noch von Glück sagen, daß ich im X. Korps bleibe und zum Res.R. 77 trete, das gleichzeitig mit den aktiven Regimentern mobil ist. Viele kommen zu den Ersatz-Bataillonen und müssen warten und warten.

Das Res.Rgt. 77 tritt hier in Hildesheim zusammen. Ich bin zum dritten Mob.tage stellvertretender Batl.adjutant I/R.R 77.

Nun wird alles umgestoßen. Ich brauche dadurch, daß ich zur M.G.K. komme, keinen Tornister mehr, dagegen muß ich mir zwei eigene Sattelzeuge kaufen, ebenso Sattel- und Packtaschen, 2 Zaumzeuge etc. Dazu meine Stiefelhosen in Reithosen umändern lassen usw. Na, ich sage Euch, eine dollere Schweinerei habe ich noch nicht erlebt!

Hurra, es geht los! Mein Säbel ist schon geschliffen!

Bleibt vorläufig in Berlin, ich bleibe noch bis zum 7. Mob.tage hier. Wir können uns immer noch sehen. Ihr riskiert evtl. nur, daß Ihr hier mehrere Tage liegen müßt, da von morgen und übermorgen ab die großen Truppentransporte losgehen.

Vorläufig viele, viele Grüße. Es umarmt Euch alle Euer treuer Botho‹

Zur festgesetzten Zeit fuhren wir ab, ein letzter Händedruck, ein letztes Lebewohl und Winken, dann tauchte der Zug immer mehr ins Dunkle und man war allein mit seinen Blumen, allein mit seinen Gedanken.

Der Zug stampfte und rollte der Grenze entgegen.

Die Fahrt an die Grenze – 9./10. August 1914 –

Die Maschine zog an, die Lichter des Bahnhofs und die winkenden Gestalten wurden immer kleiner, bis wir schließlich ganz im Dunkel untertauchten.

Wir waren allein, fuhren ›in den Krieg‹, wie wir sagten, und waren doch so übermütig, als ginge es ins Manöver.

Wohin es ging, ob nach den Russen oder den Franzosen, erfuhren wir Offiziere erst, als wir im Zuge saßen, da gab uns Heugel bekannt, daß wir Montag morgen – Sonnabendnacht waren wir abgefahren – in Zülpich bei Euskirchen westlich Köln ausgeladen würden und dann in Belgien einmarschieren würden. So etwas ähnliches hatten wir uns schon gedacht und waren nun befriedigt, ›die Bestätigung unseres Scharfsinns‹ zu erhalten!

Wir wünschten uns gegenseitig eine Gute Nacht und legten uns langgestreckt auf die Polster unserer II.-Klasse-Coupés und schliefen bald den Schlaf der Gerechten, bis uns am frühen Morgen das erste Frührot weckte.

Der Zug rollte noch immer.

Bald machten wir Halt – in Holzminden – und bekamen Verpflegung von den auf den Bahnhöfen eingerichteten freiwilligen und militärischen Verpfl.stationen.

In Holzminden hängte sich auch die M.G.K. R.I.R. 91 an unseren Zug an, der schier endlos wurde.

Ein wunderbarer frischer Hochsommertag brach an. Kein Wölkchen am Himmel und strahlender Sonnenschein überall. Es war, als hätte sich unser Heimatland zum Sonntag und Abschied noch einmal besonders schön gemacht. Um 8:00 Uhr morgens bekamen wir Mittagessen und nun ging es weiter von Station zu Station.

Wir hatten uns auf die M.G.-Fahrzeuge gesetzt und fuhren so durch das wunderbare Weserland und Westfalen. Und überall hilfreiche, segenspendende Hände und Glückwünsche auf fröhliches Wiedersehen und Freude und Jubel.

Unsere Fahrzeuge waren mit Eichenlaub bekränzt und kleine Fähnchen flatterten an den Waggons.

Fast von jeder Station sandten wir Karten nach Hause.

Wie wir nun so dauernd auf allen Stationen mit Kaffee, Limonade, Würstchen, belegten Broten, Kuchen, Schokolade, Zwiebelkuchen usw. und allem möglichen und unmöglichen anderem vollgestopft waren und abends durch Barmen-Elberfeld kamen, konnten wir wirklich nichts mehr bewältigen. Wir waren ›voll‹.

Auf der Fahrt bis Köln erfuhren wir dann, daß Lüttich völlig in unserem Besitz ist und der Jubel war unbeschreiblich.

Abends kamen wir nach Köln, wo es schon etwas kriegerischer aussah als im Inlande. Bahnhöfe dunkel und nur die riesigen Scheinwerfer tasteten am Himmel entlang. Hier standen schon endlose Züge von Militär auf den riesigen Bahnhöfen. Dann ging's bei Dunkelheit weiter und wir krochen wieder in unsere Coupés und schliefen so fest, daß wir erst aufwachten, als der Zug mit einem hörbaren Quietschen und Knirschen und einem unsanften Ruck stehen blieb: Wir waren in Zülpich, unserer Endstation, angelangt.

Vollständig verschmiert, verdreckt und verschlafen stiegen wir aus. Die Wagen wurden abgeladen, Pferde ausgeschirrt und hinein ging's bei Morgentau und Morgendämmerung nach Zülpich.

Unsere Reiseroute war gewesen: Hildesheim – Elze – Gandersheim – Holzminden – Stadtberge – Meschede – Arnsberg – Schwert – Hagen – Barmen – Elberfeld – Opladen – Mülheim – Köln – Euskirchen – Zülpich.

Abfahrt von Hildesheim war in der Nacht vom Sonnabend auf Sonntag um 1:40 Uhr, Ankunft in Zülpich Montag morgen um 3:15 Uhr.

Die letzten Tage in Deutschland und der Einmarsch in Belgien

In Zülpich wurden die Quartierzettel verteilt und im Nu war alles verschwunden. Um 10:00 Uhr war Appell und Fahrzeugreinigen und um 1:00 Uhr ging es per Fußmarsch weiter.

Die Quartiere waren nun meist so eingerichtet, daß immer zwei von uns 4 Offizieren ein Quartier bekamen. Da nun Heugel Kompanieführer war, hatte er auch als Ältester stets das beste Quartier zu beanspruchen. Mich nahm er als zweiten immer mit und so kam es vielfach, daß ich als jüngster bessere Quartiere hatte, als Faust und Thiemann.

Vielfach änderte sich die Sachlage aber auch dahin, daß wir, namentlich später in Belgien, alle vier zusammen lagen. Dann waren durch eine Tücke des Schicksals meist nur drei Betten da, und ich mußte teils grimmig, teils schadenfroh einem der drei anderen das schöne weiche Unterbett wegziehen und mich auf der Erde einnisten, während der Betreffende als Strafe auf der harten Matratze schlief, aber beileibe nicht das Zugeständnis machte, daß er härter oder gar schlechter geschlafen als ich auf der Erde: Er hatte doch ein Bett gehabt! So gab es vielfach Spaß und Stimmung durch diese Schlafgelegenheiten, namentlich wenn wir uns dann als Nachthemden die spitzendurchbrochenen Spinngewebe einer belgischen oder französischen Komtesse überstülpten – wir Barbaren!! Aber eins nach dem anderen, davon also später.

In Zülpich wohnten Heugel und ich bei einem Kommerzienrat Sieger. Der gute Mann tischte uns morgens um 8:00 Uhr schon ein Diner auf mit Rheinwein Ia. Dann gab es ein warmes Bad und für jeden ein wunderschönes sonniges Fremdenzimmer und blütenweiß und sauber legten wir uns hin und schliefen so wunderbar wie noch nie.

Aber lange dauerte diese Umschlingung von Morpheus Armen leider nicht. Die rauhe Wirklichkeit kam in Gestalt meines treuen Burschen und weckte mich mit einer geradezu vorschriftswidrigen Rücksichtslosigkeit und Ausdauer, wofür ich ihm, wie auch später, Dank schuldete, denn pünktlich mußte man sein.

Der Appell um 10:00 Uhr ging vorüber, dann bummelten wir noch in die Stadt und wollten einen Photographenapparat kaufen. Aber in dem gottverlassenen Nest gab es ein solches übernormales Kulturerzeugnis noch nicht und unser Bemühen war umsonst.

Um 1:00 Uhr war Abmarsch.

Die Sonne stach durch den Helm mit glühenden Strahlen und es war eine Hitze zum Umkommen. Zum Glück ging der Marsch nicht weit, 10 Kilometer. Aber zwischendurch übten wir, da wir allein marschierten, hatten wir Gelegenheit dazu, Geländefahren und Gefechtsexerzieren. Die Gäule waren natürlich noch gar nicht eingefahren und stutzten vor jedem Wiesengraben. Ein Fahrzeug mußte ausgeschirrt und von Mannschaften übergesetzt werden, na, kurz und gut, man ›schwitzte‹, wie es nur dieses schöne Wort in vollster Stärke ausdrücken kann und als wir am Spätnachmittag in Bürvenich ankamen, war von der ›blütenweißen Sauberkeit‹ des Morgens nicht viel übrig geblieben.

Heugel und ich lagen bei einem Herrn Brauereibesitzer Nagelschmidt im Quartier in einer Villa auf einem kleinen Berge über dem Dorfe. Als erste Begrüßung wurde uns von der Haushälterin mitgeteilt: ›Frau Nagelschmidt ist tot.‹ So, so, sagte Heugel und sieht mich an. Wir wurden nicht klug aus dieser seltsamen Begrüßung. Herr Nagelschmidt saß in der großen, wunderschön eingerichteten Villa mutterseelen allein. Alle Läden waren herabgelassen, wir trafen ihn im Dunkeln. Heugel stieß mich an und wir waren sichtlich bemüht, irgendein Scherzwort zu finden, um endlich unser uns in der Kehle sitzendes Lachen loszuwerden.

Den Herrn Nagelschmidt zu beschreiben, würde zuviel Platz wegnehmen, darum fasse ich seine ganzen Eigenarten kurz in der einen Bezeichnung zusammen: Er war ein sonderbarer Kauz; nebenbei schien er Sozialdemokrat, oder doch stark links zu sein, hatte kein Zutrauen zu unseren Waffen und zu den Offizieren nun schon gar nicht!

Unseren Vorsatz, ihn eines besseren zu belehren, besorgten wir dann am Abend mit 4 vereinten Zungen auch kräftig (Faust und Thiemann wohnten beim Pfaffen unten im Dorf). Mit einer eigenartigen ›Kriegsunverfrorenheit‹, die wohl auch zum großen Teil durch die merkwürdige Art des Herrn Nagelschmidt hervorgerufen war, verlangten wir ein warmes Bad und schön kaltes Bier, wonach wir uns bis zum Abendessen, das wir selbstherrlich auf ½ acht Uhr ansetzten, schlafen legen wollten. Statt des Gewünschten bekamen wir aber das Gegenteil, nämlich ein kaltes Bad – der Badeofen wäre kaputt – und warmes Bier – bei der Hitze ...

Dafür saufen wir Dir den Weinkeller leer, hatten wir uns vorgenommen.

Abends saßen wir dann auch wirklich auf der roterleuchteten Veranda bei einer ausgezeichneten Bowle zusammen. Ein wunderschöner Sommerabend dehnte sich über die friedlichen Dörfer. Weit sah man noch die erleuchteten Punkte der Bauernhäuser und hinten, am Horizont blitzte bisweilen etwas auf, die Scheinwerfer von Köln, das einzige was uns an den Krieg erinnerte. Wir fühlten uns immer noch wie im Manöver.

Plötzlich ein paar fröhliche Rufe, und Leutnant Faust und Thiemann nebst dem Pfaffen tauchten aus dem Dunkel auf und kommen auf die Veranda. Leider aber war die Bowle schon zur Neige gegangen, Herr Nagelschmidt stieg selbst in den Keller und holte Moselwein herauf, aber im Gegensatz zur Bowle einen solchen Saurius, daß sich der Besuch nach der ersten Flasche wieder verzog und dann unten beim Pfaff, wie mir Faust andern Tags erzählte, sich erstmal mit Rheinwein den Mund ausgespült hatte.

In aller Frühe ging es am nächsten Morgen weiter, für uns alle mit einem doch etwas schweren Kopf. Unser nächstes Ziel war Bergbuir.

In Bergbuir, einem geradezu idyllisch gelegenen Eifeldörfchen, quartierten wir am 11.8. Auf dem Marsche dorthin kam uns ein eigener Flieger mit dem Eisernen Kreuz entgegen. Jeder glaubte natürlich, es wäre ein feindlicher und es hat nicht viel gefehlt, hätten wir losgeschossen, das vorderste Maschinengewehr war schon fertig gemacht.

Bergbuir selber ist ein ganz kleines armseliges Dörfchen. Wir – die M.G.K., lag alleine in dem Dorfe. Ich bekam ein Quartier bei einer Witwe ..., eines alten Bauern Frau, deren Sohn auch noch im Hause war und sich diebisch freute, daß er Ersatz-Reservist war. Meine Pferde standen in einer Art Hühnerstall, ich selber wurde in die guten Stube, die voll von Heiligenbildern und Ablaßzetteln hing, auf ›das‹ Wachstuchsofa placiert und mußte eine Art Mittagessen zu mir nehmen, aus dem ich auch nach langem Nachdenken nicht klug wurde.

Um so besser schmeckte der Kaffee und das Weißbrot mit Butter und Gelée. Nach dem Essen Dienst abgehalten. In dem einzigen Wirtshaus, das aus einer Wirtsstube und einer sehr niedlichen, sauberen Wirtstochter bestand, vereinigten wir Offiziere uns dann und nahmen im Garten unter einem riesigen Birnbaum unsere Kaffeemahlzeit ein.

Später saßen wir noch lange beim Schein einer Lampe im schweigenden Garten und entkorkten des Wirtes letzten sauren Wein. Des Wirts Töchterlein war bei all ihrer Niedlichkeit leider zu schüchtern, so daß wir noch nicht einmal den üblichen Manöverkuß bekommen haben.

Abends krachte ich dann in das – vermutlich – einzige Bett in meiner Quartierwirtin armseligen Kate und suchte mir die schon ausgelegene Kuhle in dem Bett, um wenigstens sicher zu sein, mich nicht am nächsten Morgen neben dem Bette vorzufinden.

Heugel schreibt von Bergbuir: In B. liege ich bei einem kleinen Bauern in der Dachstube, wo ich tatsächlich unter dem Mittelbalken nicht stehen kann. Der Mann gibt sich aber Mühe, den ganzen Tag muß ich rohen Schinken fressen.«

Weiter reicht dieses »Kriegstagebuch« nicht. Man darf annehmen, daß die weiteren Ereignisse von solcher Wucht waren, daß es dem Tagebuchschreiber verging, diese in Schriftform und in der launigen Art wie bisher festzuhalten. Ganz sicher setzte sich das Kriegserlebnis nicht in der beschaulichen Form fort, wie es hier geschildert werden konnte. Noch nicht einmal die erste Schlacht, an der Botho teilnahm, hat er beschrieben und in Worten festgehalten. – – –

Botho wurde bereits in dem ersten der Marne-Schlacht folgenden Gefecht verwundet (12. September 1914, Granatsplitter rechter Unterschenkel).

Nach seiner Genesung trat Botho am 23.11.1914 zum Res.Inf.Reg. 259 und kämpfte ab Februar 1915 zunächst als Frontoffizier, sodann als Adjutant eines Bataillons im Feldzug gegen Rußland mit.

Im Mai 1915 wurde er bereits mit 21 Jahren Regiments-Adjutant. In dieser Stellung hat Botho über drei Jahre ohne Unterbrechung den Krieg im Osten und Westen bei einer Großkampfdivision miterlebt und durchgestanden.

Dem Kriegsranglisten-Auszug können wir die Gefechte entnehmen, an denen er mitgewirkt hat:

Zunächst an der Westfront:

21.08.1914	Gefecht bei Liberchies
23.08.1914	Gefecht bei Namur
04.09.1914	Gefecht bei Orbaiz
06.–09.09.1914	Marne-Schlacht
12.09.1914	Gefecht bei Changigny (Verwundung)

Dann an der Ostfront:

04.–22.02.1915	Winterschlacht in den Masuren
23.02.–06.03.1915	Gefecht am Bobr
09.–12.03.1915	Gefecht bei Seiny
18.03.–04.04.1915	Kämpfe in der befestigten Feldstellung zwischen Arys und Sowa
29.04.–09.05.1915	Vorstoß nach Litauen und Kurland
28.04.1915	Gefecht bei Kielmey
30.04.1915	Gefecht bei Schaulen (Schawli)
07.05.–13.07.1915	Gefechte an der unteren Dubissa
19.–26.05.1915	Gefecht um Rossimil
27.–29.05.1915	Gefecht bei Girdakol
04.–07.06.1915	Gefecht bei Sitoiviany
08.–09.06.1915	Gefecht bei Hyize
09.05.–13.07.1915	Gefechte am Windewski-Kanal und der oberen Windau
09.–15.05.1915	Gefecht bei Schaulen
14.–27.07.1915	Schlacht um Schaulen (Schawli)
30.7–07.08.1915	Schlacht bei Kupischki
12.–19.08.1915	Schlacht bei Schimanzy – Penedeli
29.08.–08.09.1915	Stellungskämpfe an der oberen Swenta und Jara
09.09.–01.11.1915	Schlacht vor Dünaburg
11.09.1915	Gefecht bei Verpl
12.09.1915	Gefecht bei Okmista

13.09.–01.11.1915	Kämpfe um den Brückenkopf von Dünaburg
17.09.1915	Gefecht bei Schödern und bei Rudset
21.–24.09.1915	Gefecht bei Stemensee und Römkensee
30.09.1915	Gefecht bei Grendsen
06.–09.10.1915	Gefecht bei Gorbmarka
09.10.1915	Gefecht bei Kutnikie Poppe
11.–13.10.1915	Gefecht bei Wildschany – Kokinsee
16.–31.10.1915	Kämpfe bei Schloßberg und Illuxt
01.11.1915–06.04.1917	Stellungskämpfe um Dünaburg

und wieder an der Westfront:

19.4.–08.05.1917	Stellungskämpfe im Oberelsaß
21.–27.05.1917	Doppelschlacht Aisne – Champagne
22.05.–06.08.1917	Stellungskämpfe am Chemin des dames
23.08.08.–14.10.1917	Erstürmung der 1.französ. Stellung westl. von Allomant; Erstürmung der französ. Stellung südöstl. Vauxaitlon; Stellungskämpfe vor Verdun
09.–12.10.1917	Abwehrschlacht bei Verdun (Verwundung)

Im Verlaufe dieser Kriegsjahre erhielt Botho bereits am 9. September 1914 das Eiserne Kreuz 2. Klasse. Das Eiserne Kreuz 1. Klasse wurde ihm am 9. April 1916 verliehen. Am 20. Juli 1917 erfolgte die Verleihung des Hamburgischen Hanseatenkreuzes, auf das er immer ganz besonders stolz war. Diese außerordentliche Auszeichnung wurde ihm immerhin vor seiner Beförderung zum Oberleutnant und vor seiner erst im Oktober 1917 erlittenen schweren Verwundung verliehen!

Er war damit als dreiundzwanzigjähriger Leutnant mit einer besonderen Auszeichnung geehrt worden! Weitere Auszeichnungen folgten: Herzog Ernst August zu Braunschweig und Lüneburg verlieh ihm am 3. Juli 1918 das Kriegsverdienstkreuz Erster Klasse. Das Kreuz der Ritter des Königlichen Hausordens von Hohenzollern mit Schwertern (Königlich Preußischer Orden) wurde ihm am 16. August 1918 verliehen.

Während der Schlacht um Verdun erlitt er am 10. Oktober 1917 eine schwere Verwundung am Kopf: Ein Granatsplitter durchdrang seitlich den Mund und verursachte schwerste Gebißschäden. Sein sicherer Tod wäre es gewesen, wenn der Splitter eine etwas andere Richtung oder Höhe gehabt hätte. So aber war er gerade noch davongekommen, trug zeitlebens eine deutlich sichtbare Narbe an der linken Wange davon und hatte immerfort mit erheblichen Zahnproblemen zu tun. Sie würden sich später noch einmal als entscheidend für seine weiteren Einsätze im Zweiten Weltkrieg erweisen.

Am 18. Oktober 1917 wurde Botho zum Oberleutnant befördert.

Während seiner unterschiedlichsten Verwendungen erwarb er sich die Qualifikation eines Generalstabsanwärters und erhielt im Februar 1918 ein Kommando zum Generalstabskursus nach Hagen i/Els.

Am 7. Juli 1918 wurde er Adjutant der 78. Res.Inf.Brigade und am 16.8.1918 der 213. Inf.Division als Brigade-Adjutant überwiesen. Als solcher hat er bei zwei Brigaden während der Großkämpfe an der Westfront bis zum Waffenstillstand Dienst getan.

Im November 1918 wurde er zum Bevollmächtigten Generalstabsoffizier des Chefs des Feldeisenbahnwesens beim Armee-Oberkommando der 5. Armee kommandiert und hat dort Eisenbahntransportangelegenheiten bearbeitet.

All diese besonderen Verwendungen kamen nicht von ungefähr. Die dienstlichen Beurteilungen, die über Botho im Ersten Weltkrieg abgegeben wurden, charakterisieren auf eindringliche Weise seine Persönlichkeit.

Der Kommandeur des Res.Inf.Reg. 259 urteilt über ihn am 10.7.1918:

»Oberleutnant Elster ist eine recht gute militärische Erscheinung von mittlerer Größe, körperlich sehr gewandt, guter Reiter. Seine Führung ist inner- wie außerdienstlich tadellos. Er hat gute gesellschaftliche Formen, ein liebenswürdiges, immer heiteres, sehr frisches bescheidenes Wesen und ist daher unter den Kameraden besonders beliebt. Sehr musikalisch (spielt gut Klavier) veranlagt, trägt er durch seinen Humor viel zur Erheiterung im Kameradenkreise bei. Dabei ist er bei seinem jugendlichen Alter von sehr ernstem und gesetztem Wesen. Dienstlich sehr befähigt. Seit drei Jahren Regiments-Adjutant, hat er als solcher dem Regiment im Feldzuge bei seinem Fleiß, großer Pflichttreue, Umsicht und besonders gutem taktischem Verständnis und schneller Auffassungsgabe hervorragende Dienste geleistet. Im Gefecht fällt er durch große Ruhe und Unerschrockenheit auf. Er eignet sich zur Verwendung in der höheren Adjutantur und im Generalstab. Ein in mannigfacher Beziehung besonders befähigter Offizier, ein ebenso sympathischer Mensch und Kamerad.«

Unter dem 9.8.1918 erstattet der Kommandeur der 78. Res. Inf. Brigade folgendes Dienstleistungszeugnis:

»Oberleutnant Elster hat sich in der Zeit der Vertretung des Brigade-Adjutanten seit 7.7.1918 und besonders in den Kampftagen ab 18.7. in jeder Beziehung voll bewährt. Er zeigte in den schwierigsten Gefechtslagen seine gleichbleibende Ruhe und den klaren Kopf. Seine vorausschauenden Vorschläge und Anordnungen waren wie seine Befehlstechnik mustergültig. Diese Eigenschaften lassen ihn in Verbindung mit seinen angenehmen

Umgangsformen zur Verwendung als Adjutant bei höheren Stäben sowie, bei weiterer Ausbildung, im Generalstabe als besonders geeignet erscheinen.«

Und weiter:

Am 18. 8. 1918 urteilt der Bataillonskommandeur im Res.Inf.Reg. 259 wie folgt:

»Oberleutnant Elster hat dem Regiment seit seinem Bestehen angehört und zunächst als Bataillons-Adjutant, von Mai 1915 an als Regiments-Adjutant an den Kämpfen desselben teilgenommen. Von sehr guter militärischer Veranlagung besitzt er ein klares taktisches Verständnis und ist infolgedessen seinen Kommandeuren stets ein ausgezeichneter Berater gewesen. In ernsten Kampftagen und schwierigen Lagen ist er nie versagt. Eine schnelle Auffassungsgabe verbunden mit logischer scharfer Denkweise ermöglicht es ihm, selbständig Entschlüsse zu fassen und Maßnahmen zu ergreifen. Er besitzt ein ausgesprochenes Organisationstalent. Infolge seines taktvollen Wesens im Umgang mit Vorgesetzten war er als Adjutant eine besonders geeignete Persönlichkeit, die es auch stets verstanden hat, die Pflege guter Kameradschaft und das Zusammengehörigkeitsgefühl im Offizierskorps des Regiments zu stärken und hochzuhalten. Oberleutnant Elster eignet sich nach seinen Fähigkeiten, Leistungen und nach seiner Persönlichkeit voll und ganz zum Adjutanten bei einem höheren Stabe.«

Ein in dieser Weise ausgezeichneter, mittlerweile bald 25-jähriger Offizier trat im Januar 1919 nach der Demobilmachung zum Friedenstruppenteil, dem Infanterie-Regiment Nr. 79, zurück, in das er 1913 mit knapp 19 Jahren als Fahnenjunker eingetreten war ...

Fortschritt

Was stand einem nun knapp Fünfundzwanzigjährigen bevor? Er hatte das Kriegshandwerk erlernt, war Infanterist, eingesetzt an der Maschinengewehrwaffe, im Nachrichten- und Kraftfahrwesen, doch was konnte er sonst? Die Versailler Verträge gestatteten dem Verlierer Deutschland ein sogenanntes Hunderttausend-Mann-Heer. War es realistisch, in diesem kleinen, reduzierten militärischen Aufgebot als qualifizierter Offizier ein Auskommen mit Perspektive zu finden, eine militärische Karriere? Auch in einer politischen Betätigung ergab sich keine vernünftige Aussicht für eine verantwortliche Lebensplanung. Seine bisherigen Handlungsstrukturen waren in keiner Weise politisch geprägt. Eine Einmischung in die herrschenden, gesellschaftlich bewegenden, ja umwälzenden politischen Strömungen jener Tage war dem aus dem Krieg entlassenen Offizier geradezu versperrt. Er konnte sich, wollte er einigermaßen verantwortungsvoll und gewissenhaft handeln, nicht blindlings irgendeiner politischen Strömung an den Hals werfen. Gerade noch hatte er seinen eigenen Kopf retten müssen. Da stand es ihm nicht danach, sich politisch zu engagieren, weder in sozialistischer noch in monarchistischer Richtung. Für einen Offizier der verlustreichen Armee, der sein ganzes junges Leben dem Kampf für das Vaterland gewidmet, ja geopfert hatte, war seine gesamte ideale Vorstellungswelt zusammengebrochen: Das Kaiserreich, für das er begeistert in den Krieg gezogen war, für das er gekämpft und Kopf und Kragen riskiert hatte, war verschwunden, aufgegeben, vernichtet, hinweg gefegt, umgewälzt, ja es schien verraten. Wofür hatte man sich vier lange Jahre unter immer wiederkehrender Lebensgefahr in grausamsten Kämpfen eingesetzt? War alles umsonst gewesen? Wofür hatte man sein Leben riskiert? Was war der Lohn des Vaterlandes, für das man dereinst in hoher Begeisterung ins Feld gezogen war? Welche Verwendung hatte nun dieses Vaterland für seine heldenhaften Kämpfer, die glücklicherweise nicht auf dem Feld der Ehre zurückgeblieben waren, sondern nun dastanden, als wären sie Missetäter und Versager?

Botho erhielt in seinem Stamm-Regiment Nr. 79 sofort ein Kommando als Adjutant zum Bezirkskommando Hildesheim.

Daß er sich ganz besondere Gedanken um seine Zukunft machte, belegt die Tatsache, daß er sich in dieser Zeit mit einer förmlichen Bewerbung um den Eintritt in die *chilenische Armee* bemühte. Auf mündlich wie auch schriftlich erteilten Bescheid wandte er sich an den Militärattaché Major I. C. Perez bei der chilenischen Gesandtschaft in Berlin. In seiner Bewerbung weist Botho auf seine militärische Laufbahn während des Weltkrieges hin, wobei er den Frontdienst und die in der höheren Adjutantur und auf dem taktischen Gebiet der Generalstabstätigkeit genossene langjährige Durchbildung hervorhebt. Er verweist auch auf seine herausragenden Sprachkenntnisse, die Beherrschung der tschechischen und der französischen sowie die Kenntnisse der russischen und der englischen und (in Anfängen) der spanischen Sprache.

Mit diesen Fähigkeiten ausgestattet wäre es ihm sicher gelungen, nicht nur in die chilenische Armee aufgenommen zu werden, sondern dort auch eine aussichtsreiche Karriere zu beginnen. Die Bedingungen des Versailler Friedensvertrages (deutsche Offiziere durften das Land nicht verlassen) ließen eine Verwirklichung dieses Planes aber nicht zu.

Noch im April 1919 erfolgte auf seinen Antrag hin seine Versetzung als Kompaniechef zum Infanterie-Regiment Nr. 19 nach Hannover. Bei diesem tat er zunächst als Adjutant des ersten Bataillons, sodann als Führer einer Rekruten-Kompanie bzw. als Führer der Nachrichtenabteilung Dienst.

Auch in dieser Position erhielt Botho ein allerbestes Dienstleistungszeugnis (vom 1.3.1920):

»Oberleutnant Elster ist mir seit Mai 1915 bekannt. Er war damals Regiments-Adjutant im Res.Inf.Reg. 259. in dem ich etwa 3 Jahre ein Bataillon führte.

Bei Aufstellung des Bataillons (April 1919) übernahm er zunächst die Adjutantengeschäfte, bis der Regiments-Adjutant des Füsilier-Regiments 73 ihn ablöste. Er führte dann die 2. Kompanie kurze Zeit, bis er zum Führer der Nachrichten-Komp. ernannt wurde.

Oberleutnant Elster ist ein außergewöhnlich begabter Offizier. Ich kann ihn als den befähigsten und tüchtigsten Offizier des Bataillons bezeichnen.

Seine Stelle als Regiments- und Brigadeadjutant im Felde hat er mustergültig ausgeführt. Taktisches Verständnis, Beweglichkeit des Geistes, Intelligenz und schnelle Auffassungsgabe zeichnen ihn aus. Seinen Kommandeuren war er im Felde ein hervorragender Gehilfe, dem Offizierskorps ein wertvoller Vermittler.

Auch als Friedensoffizier trat Oberleutnant Elster weit über den Durchschnitt hinaus.

Für sein militärisches Fortkommen ist es außerordentlich wertvoll, daß er jetzt ein Truppenkommando hat. Seine Erfahrungen werden sich hier erweitern, damit er später bei höheren Kommandobehörden nutzbringend verwendet werden kann.

Er hat sich auch mit großer Schnelligkeit in den Truppendienst eingelebt und kann jetzt schon als ein vorzüglicher Führer bezeichnet werden. Seine Untergebenen haben das größte Vertrauen zu ihm. Er gehört zu den Menschen, die jeder gern haben muß.

Charakterlich zeichnet ihn eine besondere Offenheit, Herzlichkeit und Liebenswürdigkeit aus. Aus einer Soldatenfamilie stammend besitzt er ein ritterliches Wesen und ist bei Untergebenen und Kameraden gleich beliebt.«

Dennoch hielt es Botho nicht im Reichsheer.

Zu seiner damaligen Motivationslage sagte er später (1948):

»Nach dem Kriege wurden wir demobilisiert. Ich wurde nach Hannover versetzt, wo die Anfänge der Reichswehr entstanden. Ich mußte bald feststellen, daß diese Reichswehr gar nichts taugte. Es war eine Horde zusammengewürfelter Menschen, die zu faul waren, zu arbeiten. Sie flüchteten sich also zu dieser Reichswehr. Das Offizierscorps zeigte einen unberechtigten Hochmut und Stolz und war auch nur dort untergetaucht aus reiner Angst, sich den Lebensunterhalt selbst zu verdienen. Man wurde in dieser Zeit von allen Parteien beschimpft, sogar angespuckt, aber man biß eben die Zähne zusammen. Kurz und gut, der ganze Laden gefiel mir nicht mehr. Das ganze Wesen der Reichswehr entsprach nicht meinen Empfindungen, ich wußte nicht, wie ich auf diesem Wege weiterkommen sollte. Ich war durchaus nicht dazu geneigt, den Kopf in den Sand zu stecken. Ich lebte mit meinem Freunde Ernst Jünger in Hannover zusammen in einer Junggesellenbude und der Kommiss kotzte uns beide an. Wir reichten also unseren Abschied ein.«

Am 30.6.1920 wurde Botho – also auf seinen aus eigenem Antrieb gestellten Antrag auf Abschied – mit dem Charakter als Hauptmann a.D. verabschiedet. Nach einer Gesamtdienstzeit von 7 Jahren und 123 Tagen war damit seine militärische Laufbahn im deutschen Reichsheer beendet.

privat 1920 (Botho rechts)

Botho hatte einen anderen Bereich gefunden, in dem er seine Fähigkeiten sinnvoll verwenden konnte: Er trat am 1. Juli 1920 mit 26 Jahren in die Sicherheitspolizei Hannover ein.

Ein Jahr später erfolgte seine Beförderung zum Polizei-Hauptmann.

Die Bestallungs-Urkunde vom 20. Juni 1921 lautet:

Bestallungsurkunde vom 20. Juni 1921

»Ich ernenne zum Polizei-Hauptmann der Schutzpolizei in Hannover den bisherigen Oberleutnant der Schutzpolizei BOTHO ELSTER, nachdem er seine Befähigung zu diesem Dienstgrade hinlänglich nachgewiesen und Proben seiner Geeignetheit abgelegt hat. Er soll alle mit diesem Dienstgrade verbundenen Rechte frei genießen, soll aber auch die damit verbundenen, ihm bekannt gegebenen Pflichten aufs Genaueste erfüllen, insbesondere soll er die Verfassung gewissenhaft beobachten und schützen, alle gegebenen Vorschriften und Befehle treu ausführen, sich stets als pflichteifriger und tapferer Beamter der Schutzpolizei erweisen, über alle ihm vermöge seines Amtes bekannt gewordenen Angelegenheiten auch nach Auflösung seines Dienstverhältnisses die nötige Verschwiegenheit beobachten; er soll endlich im öffentlichen und politischen Leben die Zurückhaltung bewahren, die seine Stelle als Diener der Gesamtheit erforderlich macht.

Berlin, den 20. Juni 1921

Der Minister des Innern gez. Dominicus«

Aus einer Disziplinarsache vom April 1922 können wir einige interessante Einzelheiten über das Leben des Polizei-Hauptmannes in Hannover erfahren.
Das Polizei-Präsidium Hannover bestrafte Botho am 25. April 1922 mit einem einfachen Verweis. Die Gründe: »Als Polizei-Hauptmann Elster vom Kommando zum Theaterdienst kommandiert werden sollte, wurde er auf seinen Antrag infolge einer eben überstandenen Krankheit von diesem Dienste und auch von der Ausübung der Adjutanten-Dienste befreit. Trotzdem hat er sich während dieser Zeit bis in die späten Abendstunden in einem Lokale aufgehalten. Trotzdem ihm Vorhaltungen gemacht wurden, hat er dieses Lokal bis in die spätesten Abendstunden wieder besucht. In einer Meldung an seinen Vorgesetzten hat er sich in einer ungehörigen Weise geäußert.«

Diese »ungehörige« Meldung hat folgenden Wortlaut:

»Ich habe mich am Sonnabend, den 15.4.22, bei meinem Abtlgs-Kommandeur, Herrn Major Bruckmann, persönlich gesund gemeldet und am gleichen Tage einen Erholungsurlaub beantragt, dessen Dauer ich vom ärztlichen Untersuchungsbefund abhängig zu machen bat.
Nach meiner Gesundmeldung auszugehen, hielt ich für erlaubt, zumal ich bereits vorher ein entsprechendes Gutachten des Arztes der Abteilung vorgelegt hatte.
Nachdem ich seit 5 Wochen, von denen ich 4 im Bett gelegen, durch die Gelbsucht, deren tatsächliches Bestehen durch Dr. Schlosshauer sowohl wie

durch Dr. Kluge geprüft wurde, an die Wohnung gefesselt war, bin ich nunmehr nach meiner Gesundung des öfteren ausgegangen.

Durch das arktische Klima des heurigen Frühlings sind meine Kohlenvorräte zur Neige gegangen. Um nicht täglich in der kalten Wohnung den ganzen Tag zu verbringen, treffe ich mich des öfteren, wie eine große Anzahl der unverheirateten Kameraden der Reichswehr und der Schutzpolizei, im Bristol, wo der Aufenthalt billiger ist als die Kosten einmaligen Heizens der Wohnung.

Sonstige Lokale der Stadt besuche ich gewohnheitsgemäß nie.

Mein gesellschaftlicher Verkehr, mein Besuch zahlreicher Vorträge, der Oper und des Schauspiels, meine sportliche Betätigung im Skilauf, Tennis u. Hockey, meine Neigung zur Beschäftigung mit der Literatur und meine damit verbundene intensive schriftstellerische Tätigkeit sind Gebiete, die sich der Beurteilung mehr entziehen, als das Sitzen im Bristol, mit dem sich meine geistigen Interessen nicht erschöpfen.

Ich bitte gehorsamst, dies ohne jede Absicht einer Schärfe bemerken zu dürfen, da ich es für der Erwähnung notwendig halte, um mich dem Vorwurf eines verflachten Lebenswandels gegenüber rechtfertigen zu können.

Bis zum Tage meiner Gesundmeldung habe ich meine Wohnung nur auf 1–2 Tagesstunden, und auch dies nur in der letzten Krankheitswoche, verlassen.«

Diese dienstliche Stellungnahme wirft ein Schlaglicht auf das Leben und den Charakter dieses jungen Hauptmannes. Mit feinem Humor geißelt er scharf die borniert Haltung seiner Vorgesetzten. Dies vor allem dürfte ihm den Verweis eingetragen haben.

Ein anderes Zeugnis der seelischen Verfassung Bothos zu jener Zeit liefern uns erhaltene Briefe an seine damalige Freundin. Den folgenden schrieb Botho am 17.6.1921:

»Liebste Ruth!

Nun wirst Du meinen gestrigen Brief schon haben und gewiß sehr traurig sein, daß ich nicht kommen kann. Aber ich kann ja nicht über meine Zeit verfügen, wie ich will. Sonst würde ich es schon möglich machen. Und so muß es eben so auch gehen und wir müssen uns bescheiden.

Am Dienstag abend kam ich aus Norderney wieder. Die paar Tage haben mir gutgetan. Ich mußte mit meinen Gedanken mal in andere Umgebung. Ich ersticke auf die Dauer hier in Hannover, wo keine neuen Eindrücke mich von dem einen großen dauernd quälenden Gedanken an Dich und mich abbringen. Aber in N. war es auch nicht anders.

Die Saison ist noch nicht eröffnet. Es war noch verhältnismäßig leer. Das Wetter war nicht allzu warm, ab und zu Strichregen und trübsinnig, aber vom Baden bei herrlichem Seegang hielt uns nichts ab. Der Strand hat sich ganz verschoben. Das Meer schlägt direkt an den Steindamm der Strandpromenade und hat dort den ganzen Sandstrand weggerissen und 1000m weiter östlich wieder angespült. So liegt der ganze Badestrand rechts heraus und die Lage der Villen ist verkehrt. Der Seesteg wurde gerade aufgebaut, da sind wohl vor 8 Jahren Deine kleinen Füße auch schon drübergetrippelt. In meiner zerrissenen Stimmung faßte mich bald die Lust zum Tanz, bald hätte ich den ganzen Tand zum Teufel gewünscht. Und nachts donnerte die Flut gegen die Mole und das Rauschen drang ins Zimmer.

Ich habe dann oft am dunklen Fenster gestanden und hinausgestarrt in diese mondüberglänzte Brandung. Und jede neue Welle, die in grandioser Wucht angerollt kam, begeisterte mich. Es war mir wie der Pulsschlag des Lebens, was ich da spürte, wie am Steuer im Flugzeug, im Auto, am Motorrad, auf dem Gaul – da reißt mich in einem überschäumenden Hochgefühl des Lebens die Begeisterung mit. Und bin ich dann im täglichen Dreh und dem Kleinkram des Gebundenseins, dann drückt's mich nieder und ich zerquäle mich in namenloser Sehnsucht nach diesem Etwas, das in mir rollen muß, wie das zitternde Vibrieren des Fußbodens eines großen Maschinenhauses.

Diese Sehnsucht reißt mich hin und her. Diese Unruhe liegt mir im Blut, solange ich bewußt lebe, sie überzeugt mich mit wachsender Deutlichkeit von Jahr zu Jahr mehr, daß ich zum ruhigen Leben, wie es ¾ aller Leute führen, nicht geschaffen bin. Ich bin zum ewigen Gleichmaß eines Beamtentums oder Offiziertums (heutiger Zeit) ungeeignet. Ich kann mich nicht allmählich durch die alltäglichen Kleinigkeiten und kleinen Sorgen des Lebens einspinnen lassen in dies Philistertum, was aufwächst und alt wird und wieder vergeht, im ruhigen Gleichschritt eines Droschkengauls. Ich bin ungeeignet zum Verzichten. Ich will das Leben leben, spüren in allen Fingerspitzen, durch die Tat. Ich kann nicht ein Leben leben in vier Wänden, was z.B. aus Büchern und deren schweigendem Wert mir restlose Befriedigung gibt. Oder was in kleiner Stellung mit engumgrenztem Ziel mich einnummeriert in die Kategorie der Masse. Mein bisheriges Leben entspricht nur dem, was ich hier sagte. Die fünf Jahre Krieg habe ich mich an den Fronten herumgetrieben in ewigem Zigeunerleben, jedem Tag jubelnd entgegen gestürzt – immer im Hochbetrieb – so kam ich mir jetzt seit 2 Jahren manchmal vor wie ein gefangenes Tier, das man an die Kette gelegt hat! Durch all dies wurde auch meine Sehnsucht geboren, ins Ausland zu gehen – mir schnürt es hier im Alltagsdreh manchmal die Kehle zu.

Und so liege ich jetzt hier auf dem Sprunge und warte darauf, daß ich im nächsten Jahr ins Freie kann – im Inland oder draußen – ganz gleich, daß ich was unter die Finger bekomme, aus dem ich mir das Leben dann zimmern kann, denn dieser Beruf des Sipoffiziers gibt mir nicht die Möglichkeit dazu, dieser Beruf, bei dem man sich auf 20 Jahre im voraus ausrechnen kann, daß man als 45jähriger dann vielleicht 300,– Mark monatlich mehr verdient und 5 Tage länger Urlaub hat im Jahre.

Ich will raus aus diesem kümmerlichen Groschendasein!

Siehst Du, Ruth, das bin ich, ungebändigt und angefüllt bis zum Zerspringen mit Wünschen an die Zukunft. – Und in sowas verliebst Du Dich! Und solch ein Mann fesselt Dich, so ein Mann soll Dich mit fortführen, dem willst Du folgen, der stürmt und drängt und zerrt und ein unruhiger Gast auf Erden ist. Ich persönlich komme schon durch, gehe unter oder komme hoch, kehre zurück oder bleibe draußen in Sumatra oder Chile oder wo sonst, komme wieder oder bin verschwunden – in allen Fällen habe ich mein Leben gelebt. Sind wir zu zweit, bin ich doppelt glücklich, aber ich muß den Wirkungskreis danach haben, muß Dich durchs Leben tragen können, will Dir das Leben nicht mit Sorgen vergällen, will Dich verwöhnen und Dir die Welt zeigen, wie schön sie sein kann und wie anders, als wenn man sie von einer ›Zweizimmerwohnung mit Küchenbenutzung‹ und einem Monatsgehalt, was zum Leben zu wenig und zum Sterben zuviel ist, ansieht.

Denn Du bist weich und zart und ohne Kenntnis, wie hart und rücksichtslos das Leben ist. Du bist keine Kampfnatur. Du mußt hineingesetzt werden in ein sorgloses Leben, gerade weil Du so ein Sonnenkind bist, das deshalb auch Sonne haben muß.

Ich weiß, daß ich mit Dir sehr, sehr glücklich werden würde, denn bei Dir schöpft man als Mann die Kraft zur Arbeit, Du erhellst den trübsten Gedanken. Sehr glücklich, Ruth, a b e r : als Grundlage für ein Leben ist's noch gar nichts. Die Weisheit der Courths-Mahler-Romane und verträumter Jungmädchenköpfe, die da heißt: zwei Menschen, die sich lieb haben, haben an sich selbst genug und die Liebe ersetzt ihnen alles Andere, alle anderen Lebensverhältnisse, diese Weisheit ist wahr, solange es eben noch verträumte Jungmädchenköpfe sind, die so denken. Wenn aber 20 Jahre ins Land gegangen sind, hat manch solche überschäumende Seligkeit in den Alltagssorgen das Blühen vergessen und verkümmert. Glaub mir das, Ruth, sieh Dir das Leben an in Beispielen, die um Dich sind.

Ich bin sehr ernst geworden, viel zu ernst für einen so lieben, blonden, 19jährigen Mädelkopf. Und weiß auch nicht, ob Du mich recht verstehst, und weiß nur, wie weh ich Dir tue – mir schneidet's ja selbst das Herz ab. Aber Du sollst klar und offen mich vor Dir sehen und aufrecht bleiben. Ich bin ja selbst so hin und her gerissen vom Wollen und Können, vom Meiden-müssen und Besitzen-mögen, daß ich nicht weiß, wie es mir im Kopf ist. Hab Geduld mit mir, Ruth und suche mich zu verstehen, wie ich es bei Dir versuche. Sei rückhaltlos offen zu mir, bleib so, wie Du bist – laß Deine Gedanken nicht ins Schlepptau nehmen von den meinigen, sag mir Dein Wollen, Dein Wünschen, Deine Liebe, Deine Ansicht, Deine Pläne, Deinen Kummer.

Wäre ich bei Dir, es wäre ja alles umso vieles leichter, die Feder ist zu langsam und der Worte sind zu viele, die man sich zu sagen hat, und habe ich diesen Brief geschlossen, dann liegen noch hundert Gedanken da und bleiben ungesagt. So sind Briefe nur ein kümmerlicher Notbehelf.

Mein Dienst überanstrengt mich in keiner Weise. Der Kommandeur ist auf Urlaub, die paar Adjutantengeschäfte, die ich zu erledigen habe, sind minimal, so sitze ich jeden Morgen von 7–10 auf dem Gaul, nachmittags schwimme ich, spiele Tennis oder brause mit dem Motorrad los, die ganze Zeit mit Kameraden zusammen, da gehen die Tage rasch hin. Der Klub schlummert seinen Sommerschlaf. Sonst ist Hannover leer, alles auf Reisen.

Heute ist es erst 8 Tage her, daß Du abfuhrst und doch dünkt es mich eine Ewigkeit.

Leb wohl, liebstes Mädel. Wie gern würde ich Dir die Rosen erneuern in Deinem Zimmer. Wie gern Deine lieben Hände küssen und in Deine fröhlichen Augen sehen.

Behalte mich lieb Dein Botho«

Hier tritt das Psychogramm eines innerlich ruhelosen, zerrissenen, unzufriedenen, an seinen Ketten zerrenden, aber auch sehr nachdenklichen jungen Mannes zu Tage. Ein Kriegshaudegen von mittlerweile 27 Jahren tritt einem 19jährigen »Mädel« gegenüber und wird zwischen zärtlicher Liebe und der harten Lebensrealität hin und her gestoßen. Man spürt förmlich, daß diese Verbindung zerbrechen könnte. So folgt denn nur drei Monate später dieser Brief (12.9.1921):

»Meine liebe, liebe Ruth!
Dein Brief ist da. Er liegt als unabänderliche Tatsache vor mir, seit Sonnabend trage ich ihn mit mir herum, ungezählte Male habe ich ihn gelesen. Also Abschied, Lebewohl, Farwell! Das soll er heißen, er spricht von Trennung und Verlieren und der Zwecklosigkeit weiterer Zukunftsgedanken.

Was soll ich Dir noch antworten? Ich bin in einer derartigen seelischen Verfassung, daß ich eigentlich gar nicht in der Lage bin, die Feder vernunftgemäß zu führen. Deshalb auch wartete ich 2 Tage, ehe ich nun schreibe. Und doch ist es immer das gleiche noch. Nun liegt mein Herz wieder zertreten am Boden und all meine Glückseligkeit daneben. Ich habe es ja geahnt vom ersten Tage an und hätte mehr Vernunft haben sollen. Aber ich empfand die süße Seligkeit, sich einzuspinnen und eingesponnen zu fühlen in Deine tiefste Seele von Tag zu Tag, von Monat zu Monat stärker, und doch schnürte mir, je länger desto stärker die Angst, Dich wieder verlieren zu können, Dich doch vielleicht wieder hergeben zu müssen, das Herz zusammen. Mein Gott, ich will nicht ungerecht werden und bittere Vorwürfe häufen auf mich und Dich und alle, die unser Kreis umschließt. Schuld und Vorwurf trage ich allein. Daß ich den Wahnsinn nicht gleich erfaßte, der es ist, wenn ein armer Offizier nach Sternen greift. Sieh, Ruth, während ich dies schreibe, tropfen mir die Tränen auf die Hände und mir ist so weh im Herzen, daß ich lieber den Kopf in die Kissen legen möchte, als hier noch diesen selbstquälerischen Brief schreiben. Ich sehe Dich noch vor mir stehen, damals im März in Hannover, als der Frühling ins Land kam. Da kam die Liebe mit dem ersten Blick und hat mich eingefangen mit Leib und Seele, und keine andere Gedanke war täglich, stündlich in mir seit diesem Tage als Du – einen ganzen strahlenden Sommer lang. Was hast Du aus mir gemacht, Ruth? All die Freuden und Leiden einer tiefen Liebe, all die Höhen und Tiefen von Glücklich- und Unglücklichsein, in all dem ist mein Herz hin und her geworfen wie eine Feder im Sommerwind. Du hast es in deinen Händen getragen und niemandem gehörte es als Dir. Und nun kommt ein Brief und zerklirrt alles in tausend Scherben. Mit leeren Händen stehe ich davor und suche mir die Reste meines Selbstbewußtseins wieder zusammen. Sieh, Ruth, ich erzählte Dir einmal von den zwei Menschen, die wir früher schon einmal mehr gewesen waren, als nur gesellschaftliche Erscheinungen. Beide aber waren nur ein flüchtiges Bild, die tiefere Kette war noch nicht geschmiedet, der Krieg und das Leben, die haben uns gar nicht erst näher kommen lassen. Aber Dich, Ruth, Dich habe ich liebgehabt mit allen Gedanken meines innersten Wesens, darum auch trifft mich dies so unendlich schwer. Dich habe ich liebgehabt wie bis jetzt noch keinen zweiten Menschen im Leben. Es ist ja so sinnlos und quälend, das alles noch einmal zu sagen. Das Spiel ist aus und ich muß alleine weiter zu wandern suchen. Und warum das alles? Es ist schwer, nicht bitter aufzulachen und all dies kultivierte Leben für ein Narrenhaus zu erklären – warum das alles? Nicht, weil diese beiden jungen Menschenkinder nicht zusammen paßten, nicht, weil sie sich nicht verständen, nicht liebten, nicht glücklich miteinander würden, – nein, am Gelde liegt's, am schmutzigen, zerrissenen Geld, – darum das Nein, darum das Herz robust zertreten, darum zwei Menschen um ein paar Erfahrungen reicher und um ein paar Ideale am Leben ärmer gemacht! Weiß Gott, es ist schwer, nicht verbittert zu sein. Und doch liegt die Schuld an mir nur allein. Ich hätte allein mit mir und meiner Liebe zu Dir fertig werden sollen. Dann wäre jetzt nicht alles so schwer. Aber noch zwinge ich es, ich gehöre nicht und will nicht zu denen gehören, die das Leben zerbricht und unterkriegt. Manch braven Freund hat die Kugel neben mir erschlagen und ich habe die Faust und die Arbeit auf den Schmerz gesetzt und bin gewandert. Und auch jetzt balle ich die Faust und zerdrücke den Sommer, der mich so glücklich sah und nun doch so unglücklich gemacht hat. Und es wird gehen, weil es ja nun einmal gehen soll und gehen muß. Und um die glückliche Erinnerung an Dich und manche harte Erfahrung reicher werde ich weitergehen. Und sogar ein Nutzen dabei, daß ich eingesehen habe, daß der Rock, den im Felde manche Kugel umpfiff, nicht mehr taugt zu der heutigen Zeit. Veraltet und unbrauchbar. Wieder einmal habe ich das empfinden müssen und darum an den Nagel damit und ein Leben her, wo Geld und Glück dieselben Worte sind. – Sobald ich kann, wird er ausgezogen und ich werde das befreiende Gefühl haben, nicht mehr bemitleidet zu werden. Dann liegt die Bahn wieder frei vor mir und ich werde wohl doch noch nach Sumatra oder in ein anderes lustig blödsinniges Eckchen der Welt wandern.

Siehst Du, Ruth, laß Dich noch einmal einfangen von den Erinnerungen und unseren lachenden, sonnigen Stunden, laß noch einmal all die Stunden lebendig werden, in denen wir glückliche verliebte Kinder waren, laß mich noch einmal in Deine tiefen Augen schauen und Dir die Hand geben – Du hast keinen treueren Freund gehabt als mich. So ist's im Frühling aufgeblüht und der Herbst schüttelt es mit den gelben Blättern in die Winde! Lustig, lustig – es war ja nur ein armes kleines Soldatenherz.

Nun mag ich nicht mehr, Mädel. Jeder Satz, den ich schreibe, ist neuer Schmerz. Ich gebe nach. Erlaß mir weitere Worte.

Deiner letzten Bitte wegen des Bildes werde ich nachkommen, sobald es mir möglich ist, eins zu beschaffen. Darf ich dann die gleiche Bitte aussprechen, zu behalten, was Du mir schenktest. Ich nehme es stillschweigend an.

Und so stehen wir am Scheidewege. Dies alles ist mir, wie zwei Züge, die auf weiter Strecke sich begegnen, aus dem Dunkel unbekannten Wegs der eine und so auch der andere; streben zueinander, entgegen, dann sind sie sich einen Augenblick ganz nah, man sieht ins hellerleuchtete Innere und kurz darauf – vorbei und beide streben fernen Zielen zu. – So nah, so leuchtend, so lebend habe ich Dich gespürt, Liebstes, und doch konnte ich Dich nicht aufhalten.

Erlaß mir alles, Ruth. Leb wohl, leb wohl! Ich bleibe Dein treuester Freund Dein Botho.«

Dieser ergreifende Abschiedsbrief war dennoch nicht das Ende der Verbindung. Sie sollte bis in das Jahr 1923 hinein halten, ja sich vertiefen und zur Verlobung führen. Schließlich aber stellten sich doch die großen gesellschaftlichen Unterschiede als zu tiefgreifende, unüberbrückbare Merkmale heraus. Das deutet sich in einem Brief Bothos an Ruth vom 5.2.1923 an:

»Mein liebes gutes Ruthimädchen!

Das gestrige Telefongespräch war mir eine große Freude. – Ich verstand Dich so brillant und Du warst so fröhlich und unbekümmert, daß ich Dich noch 100mal mehr her wünschte, als so schon die ganze Zeit. Ja, mein Dummerchen, Vater den Brief zu lesen zu geben, war sehr danebengegriffen, denn er ist – das spüre ich in den Fingerspitzen, obwohl Du es mir ja nur sehr gelinde andeutest – nun kolossal aufgebracht gegen Deinen Bräutigam! Du sagst mir das nicht ganz, aber ich merke es auch so, obwohl ich nichts darüber hörte, weil Du, mein Liebes, in der Beziehung mir zuviel

Schonung angedeihen läßt und glaubst, wenn Du alles ehrlich berichtest, würde der Konflikt verschärft. Dem ist aber nicht so, denn ich habe weder Grund noch irgendwie Berechtigung, auf Vater böse zu sein. Schließlich ist er ja doch derjenige, der das Geld evtl. uns geben müßte und hat infolgedessen wohl auch das unbestreitbare Recht, seine Ansicht zu äußern und auch danach zu handeln. Und es wäre eine ganz grobe Undankbarkeit meinerseits, ihn deshalb irgendwie angreifen zu wollen. Ich beuge mich ja durchaus seiner Erfahrung und seinem Willen. Ich bin sachlich genug, um zu erkennen, welche Opfer wir dauernd von Vater gefordert haben, oder besser gesagt, ihm gekostet haben und daß es an sich eine sehr anspruchsvolle Bitte ist, nun auch noch diesen Ausbau von ihm zu wünschen! Mancher Vater würde sich einfach vor die Stirn deuten und sagen, daß wir bescheidener werden und nicht so undankbar sein sollten. Ich verwünsche deshalb auch den Tag, an dem wir überhaupt diese Ausbaugeschichte angeregt haben, weil es das erste und bislang einzige Mal gewesen ist, daß ich direkt um etwas bat. Ich habe in der ganzen Aussteuergeschichte nie eine Bitte oder einen übertriebenen Wunsch ausgesprochen, im Gegenteil, ich war dafür, mit dem Kleinsten anzufangen, auf Auktionen zu kaufen, bei Schwarzer damit zu rechnen, daß er ein paar tausend Mark billiger war usw. – Ich habe mich über jedes Stück, das wir bekamen, gefreut wie ein Junge und habe meine Dankbarkeit dafür im Herzen. – Nun aber beging ich die Unvorsichtigkeit, diesen Wunsch des Freibauens zu äußern. Und habe dabei darauf gedrungen, das Geld, wenn überhaupt Vater uns dieses große Opfer zu bringen willens war, gleich zu zahlen. Weshalb denn drang ich darauf? Doch nur aus der guten Absicht heraus, Vater es noch möglichst billig zu machen, weil ich weiß, welch Zeiten wir in finanzieller Hinsicht entgegen gehen. Und schrieb das Vater auch, worauf Du mir ja seine Ansicht beantwortetest, die ich dann am Telefon auch von ihm selber hörte. Der Brief, den ich Dir nach dem Telefongespräch schrieb, war hingepfeffert in der ersten Aufwallung darüber, wie wenig mein Rat, mit dem ich es wirklich nur gut gemeint habe, gewertet wurde und wie sehr mir die Verkennung weh getan hat, als nähme ich solche 3½ Millionen als Pappenstiel und glaubte, so etwas wäre nur eine Kleinigkeit. – So habe ich diesen Brief am Mittwoch auch nur an Dich gerichtet, da Du der einzige Mensch warst, dem ich mein Herz ausschütten konnte, obwohl es besser gewesen wäre, erst den Tag darüber vergehen zu lassen. Wie oft schon sagte ich Dir, Du solltest Dir meine impulsiven Äußerungen nicht immer als meine abgeklärte Ansicht deuten, – ich bin nun mal ein temperamentvoller Mensch, der im Pendelschwung des Gefühls auch mal über ein Ziel hinaus schießt. Und wenn's auch eine Dummheit war, daß Du ihn Vater zu lesen gabst, so kann ich Dich doch verstehen, daß Du es tatest, eben aus demselben Gefühl heraus, daß Du mit mir einer Ansicht bist und den Brief als einen Trumpf brauchen wolltest, um zu sagen: Hier, da steht eine andere Meinung! – Die unzweideutige Wirkung wurde die, daß Vater mich anspruchsvoll, undankbar schalt und in seinem Herzen mir gegenüber ein Riß entstanden ist, der bleiben wird. Genauso damals, als ich ihm riet, für 2 Millionen das 12-Zimmerhaus zu kaufen.

Ich werde nichts mehr raten, Liebstes, verlaß Dich darauf! Und ich wünschte, Du wärst arm wie ich, dann brauchten wir nicht über dies häßliche Geld zu reden, was mir zeitlebens so unsympathisch gewesen ist. Daß Du mein guter Kamerad bist, weiß ich nun zuversichtlich und fest, sei es nun aber auch in der Wohnungsgeschichte, Liebes, und wenn es mit der Junggesellenwohnung noch etwas werden sollte, dann sag auch bedingungslos ja! Du liebes Mädel, Du hast auch einen schweren Stand da in Dortmund, mußt alles über Dich ergehen lassen und in meinem Namen alles auf Deinen Buckel nehmen! Ihr macht Euch das Leben ja so schwer, so schwer! Und Vater und Mutter müssen dann auch mal her und herauskommen aus der Gewohnheit. Ruthikind, meine Mutter ist jetzt nach Vaters Tod unser aller Geschwister gutes liebes Kind geworden, für die wir sorgen müssen und wollen, die Zeit ihres Lebens auch wie ein Kind in der weichen Hand meines Vaters geführt wurde. So sind seit Vaters Tod Deine Eltern ganz besonders auch meine Eltern geworden und es täte mir leid, wenn sich da ein Schatten zwischen uns stellen sollte.

Siehst Du, wenn ich nun so lange über diese ganze dumme Geschichte rede, dann tue ich es nicht deshalb, weil mich die Wohnungsgeschichte so betrübt, sondern weil es mir persönlich an die Nieren geht, daß ich in Vaters Augen als so undankbar und unbescheiden hingestellt werde. Das ist ein Angriff auf mein Wesen, was bis jetzt solche Vorwürfe noch nicht einmal sich selbst gegenüber hat machen brauchen. Ich bin bislang glücklich gewesen ohne Tand und Luxus und habe in meinem einen blauen Anzug seligere Stunden verlebt mit 100 gepumpten Mark als mancher Mensch mit einem Schrankkoffer! Also. Liebes, lassen wir das Geld aus unserer Liebe heraus und laß uns heiraten ohne Freibau mit Gaskocher und ohne Küche. Aber Du mußt dann auch wollen! Du bist bislang großgezogen in einer Art, daß Dir jeder Wunsch erfüllt wurde und Du Mangel nicht kennen lerntest; bon – nichts gegen einzuwenden. Wenn Du nun aber dem weiteren Leben gegenüber Wünsche vorbringst, deren Erfüllung bislang immer geschah, dann schilt man Dich anspruchsvoll! Sonderbare Urteile! Ich kann Dich nicht schelten, daß Du nicht magst, wenn ich Dir solch beschränkende Vorschläge mache, Du bist es eben bislang nicht gewohnt gewesen. Aber wir müssen, Döpken, es hilft nichts. Und so sehr Dir Deine Eltern das harte Leben bislang ferngehalten haben, so sehr muß ich es jetzt an Dich heranbringen, weil es nun mal nicht anders geht. Behalt mich trotzdem lieb, Döpken, – daß ich's pekuniär nicht besser kann, hat doch schließlich mit meinem Charakter nichts zu tun! Und die Wohnungsnot wird nach Vaters Urteil ja auch binnen einem Vierteljahr behoben, wenn erst die deutschen Arbeiter nach Frankreich zum Wiederaufbau weggehen. Also kann's nicht lange dauern. – Spaß muß sein! –

Ich suche also weiter!

Was die Holzrohrwerke AG anbelangt, so fahre ich morgen nach Braunschweig, um meinem Onkel Vorschläge über die Beteiligung mit 5 Mill. zu machen. Es liegen bereits derart große Aufträge vor, daß man die größten Hoffnungen hegen kann. Gontermann – Siegen arbeitet auch mit, wofür eine ganz neue Anlage gebaut wird. Ebenso die Eisenbahnbaudirektion Hamburg, Schweden pp. Ich lege so großen Wert darauf, weil die Verdienstmöglichkeit glänzend und die Aussicht auf eine Stellung in der Leitung hier in Hannover sehr groß ist. Ich will hoffen, daß das glückt. Sonst muß ich verzichten. Meine Papiere sind gut. Ich habe Mittelland zum Höchstkurs von 290.000,- Mark pro Aktie verkauft, dito ›Ahrberg‹ mit doppeltem Gewinn. Lindener Brau ist von 58.000,- Mark auf 178.000,- Mark gestiegen und gibt jetzt junge Aktien heraus. Dito Harbger Eisen und Bronze. Tietz – die Dein Vater ja auch hat – kaufte ich 6 à 80.000,- Mark, die ja auch wieder erholt sind. Man muß aber auf dem Posten sein und herumhorchen. Die Preise steigen ja entsetzlich. Wo soll das noch enden? Ein Anzug 450.000,- Mark!

Bei Kaisers war es sehr nett und gemütlich. Pummel erwartet bald ihr Baby. Ich brachte ihnen eine Hutschenreuther Tasse in Blau und Gold mit als Dank für meine Duldung. Herr Fleck hat sich mit einem Dollarmädchen verlobt, sehr schick und mondän. Vater Kaiser geht es besser. Pauli hat Offz. v. Dienst. Club Hannover ist eingeschlafen à conto des Tanzverbots. Morgen früh ist um 7:00 Uhr Dienst.

Also, mein liebes, gutes Mädchen, behalte mich so lieb, wie wir uns bisher hatten und halt die Ohren steif. Ich sah heute ein so süßes Kleid hier im Schaufenster, daß ich immer wieder davor stand und Dich mir darin vorstellte: Taft elegant grün – blau mit einem entzückenden Schulterkragen und Ärmelchen. Ohne sonstigen Schmuck, nur der Faltenwurf und wie es gerafft war. Ich war von dem brennenden Wunsch erfüllt, Du ständest bei mir!

Leb wohl, leb wohl – grüß die Eltern und sag ihnen, sie sollten nicht gar zu sehr schimpfen, ich werde auch nie mehr etwas sagen!

Du bleibst mein liebes gutes Döpken, Dein getreuer Botho.«

Aus der Heirat wurde nichts. Botho löste die Verlobung auf, er konnte das reiche Leben, das seine Braut gewohnt war, auf die Dauer nicht ertragen. Letzten Endes war die Distanz zwischen einem »armen Offizier« und einem »Mädel« aus begütertem Hause zu groß, um eine dauerhaft harmonische Verbindung entstehen zu lassen. Manchen Äußerungen in dem erhalten gebliebenen Briefwechsel zwischen den Brautleuten war ja bereits die

Skepsis Bothos zu entnehmen, die er in seiner Beziehung zu Ruth im tiefsten Grunde hatte.

Botho hatte im Dezember 1922 seinen Vater, Otto, seinen besten Freund, wie er einmal sagte, verloren. Bis zuletzt hatte er an dessen Sterbebett ausgeharrt, Otto starb wenige Tage nach seinem 70. Geburtstag. Botho war nun fast 29 Jahre alt und widmete sich fortan ganz seinem Beruf als Polizei-Offizier. Er muß wohl allmählich auch seine Rastlosigkeit und träumerischen Anwandlungen von einem Leben in fernen Ländern abgelegt haben. Die Einsicht in die nüchterne Realität gewann Oberhand, spätestens nach der Trennung von Ruth.

Im April 1924 wurde Botho von der Schutzpolizei Hannover zur Schutzpolizei Altona versetzt. Ein Jahr später erfolgte seine Versetzung zur Schutzpolizei Hildesheim als deren Führer. Hier bekam er im August 1925 folgende gute Beurteilung:

»Elster ist ein sehr gut befähigter, tüchtiger und brauchbarer Bereitschaftsführer, der es mit regem Interesse und Streben versteht, seine theoretischen Kenntnisse geschickt in die Praxis umzusetzen. Elster ist ein lebhafter, geistig und körperlich sehr beweglicher Mensch, der anregend auf seine Untergebenen wirkt und die Dienstfreudigkeit fördert. Seine jetzige Stellung als selbständiger Bereitschaftsführer, die er in verhältnismäßig jugendlichem Alter erlangt hat, stellt erhöhte Anforderungen an seine Reife und Charakterstärke. Bisher hat er seinen Posten zu meiner Zufriedenheit ausgefüllt. Die für die Tätigkeit eines selbständigen Bereitschaftsführers recht bedeutungsvolle Ausbildung als Leiter eines Polizeireviers fehlt Elster noch und wird im Hinblick auf die hiesigen Polizeiverhältnisse in Hildesheim auch nicht bewerkstelligt werden können.«

Ein weiteres Jahr später wurde Botho auf Grund einer Verfügung des Oberpräsidenten der Provinz Hannover, Noske, nach Wesermünde (heute: Bremerhaven) versetzt, hatte aber zuvor noch bis Oktober die Auflösung der Schutzpolizei in Hildesheim zu organisieren.

Schon ein halbes Jahr später, unter dem 25.10.1926, noch vor dem eigentlichen Dienstantritt in Wesermünde, stellte Botho folgendes Versetzungsgesuch:

»Ab 1.11.1926 trete ich meinen Dienst bei der Schutzpolizei Wesermünde an.

Ich bitte gehorsamst, mich bei Gelegenheit von der Schutzpolizei Wesermünde zur Schutzpolizei Altona-Wandsbek oder Berlin versetzen zu wollen und zwar aus nachfolgenden Gründen:

Ich habe im letzten Jahre wieder begonnen, meine früheren Sprachkenntnisse in Tschechisch, Französisch und Englisch zu vervollkommen. Ich habe in meiner Jugend vollkommen perfekt tschechisch gesprochen, da meine Eltern bis zu meinem fünfzehnten Lebensjahre in Böhmen wohnten und ich auch Schulunterricht in der tschechischen Sprache genossen habe. Französisch habe ich vielfach im Elternhause gesprochen und beherrsche es leidlich. Zur Auffrischung dieser Sprachkenntnisse ließ ich mich in diesem Sommer fünf Wochen nach Paris beurlauben, wo meine Schwester fremdsprachliche Sekretärin in der deutschen Botschaft ist. Ich war außerdem in Reims, Rouen und Le Havre, um mein Studium der französischen Polizei und der verkehrspolizeilichen Fragen zu erweitern. Die englische Sprache beherrsche ich in den Anfängen, russischen Unterricht, der mir durch die sprachliche Verwandtschaft des Russischen mit dem Tschechischen leichtfiel, habe ich fast ein Jahr lang auf der Kriegsschule in Glogau genossen und später im Felde praktisch verwertet.

Zu einer Weiterbildung auf diesen Sprachengebieten fehlt mir in Wesermünde die Gelegenheit. Ebenso kann ich mein in Hannover begonnenes Studium hier nicht fortsetzen. Ich war in Hannover an der Technischen Hochschule immatrikuliert (gem. beil. Matrikel) und beabsichtige, den Dipl.-Ing. zu machen.

Intensive Fortschritte auf sprachlichem Gebiet ermöglicht mir nur der Besuch eines Sprachenseminars, wie es der Universität in Hamburg oder Berlin angegliedert ist.

Ich verfolge mit diesem Sprachstudium den Zweck, mir bei weiterer Ausbildung die Eignung dafür zu erwerben, in Verkehrsabteilungen großer Städte, in der Bearbeitung der ausländischen Presse, besonders der Fachpresse, bzw. im vergleichenden Studium der ausländischen Polizeien und ihrer Verkehrsabteilungen mit Nutzen Verwendung zu finden, eine dienstliche Verwendungsart, für die, wie mir Herr Regierungsdirektor Dr. Mosle vom Polizeipräsidium Berlin mitteilte, sprachkundige Polizeioffiziere dringend gebraucht werden.

Ich spreche daher die Bitte aus, mir durch eine gelegentliche Versetzung in einen der genannten Dienstorte die Möglichkeit zur weiteren Fortbildung zu geben.«

Botho sollte trotz dieses Gesuchs bis zum Jahr 1932 weitere sechs Jahre in Wesermünde bleiben. Seinem Gesuch wurde also nicht entsprochen. Über die Gründe hierfür kann man nur spekulieren. Es mag sein, daß es der Polizeiführung schlicht nicht gefiel, daß ein junger Polizeioffizier, kaum nach seiner Versetzung an einen neuen Dienstort, schon mit einem Versetzungsgesuch aufwartete, dem man zudem entnehmen konnte, daß die erfolgte Versetzung nach Wesermünde nicht eben freudig angenommen wurde. Der Versetzte hat die Stirn, seiner Führung Vorschläge zur Personalentwicklung zu machen, um gezielt seine künftige Verwendung vorzubereiten! Da soll er doch erst einmal schmachten. Über die Aus-, Fort- und Weiterbildung entscheidet man höheren Orts aus eigener Initiative zu gegebener Zeit und nicht auf – verfrühte – Anregung des Betroffenen selbst.

Botho mußte sich fügen, fand auch mehr und mehr Gefallen an Wesermünde und der Küste. So hat er tatsächlich im Laufe der Jahre eine tiefe Liebe zur Waterkant und zur Nordsee entwickelt, und damit die mit diesem unergründlich gewaltigen Meer, seinen Tiden und seinen Weiten verbundenen Empfindungen verinnerlicht, die so sehr das Auf und Ab des Lebens, seine Unerforschlichkeit und Unberechenbarkeit ebenso wie seine Schönheit aber auch seine Gefahren widerspiegeln. Er wurde begeisterter Segler und war oft mit von der Partie auf der Yacht seines Freundes Heinz Rogge, einem Holzkaufmann in Wesermünde.

Er blieb aber der drängende, nie ganz zufriedene, vorwärts strebende junge Polizeioffizier. Das zeigt sich wieder sehr deutlich in seiner Reaktion, als das Ministerium des Innern am 24. August 1927 folgenden Erlaß herausgab:

»Die Chilenische Regierung hat um Namhaftmachung von zwei Polizeibeamten gebeten, die geeignet und bereit sind, Organisation und Ausbil-

Auf dem Deich in Wesermünde, 1929

dung der Sicherheits- und Kriminalpolizei in Chile zu übernehmen. Die Beamten sollen dem Chef der chilenischen Polizei als technischer Beirat beigegeben werden.. Anstellung erfolgt zunächst auf drei Jahre. Als Vergütung sollen monatlich an unverheiratete Beamte 75 engl. Pfund, an verheiratete Beamte nicht unter 100 engl. Pfund, sowie Vergütung für Aus- und Rückreise nebst Umzugsgut und Zoll gewährt werden. Ich ersuche ergebenst, mir bis zum 1.9. ds. Jahres geeignete Persönlichkeiten namhaft zu machen. Es kommen ältere Polizei-Hauptleute oder jüngere Polizei-Majore und Kriminal-Oberkommissare oder jüngere Kriminal-Polizeiräte in Frage, die zunächst auf ein Jahr ohne Gehalt beurlaubt werden.«

Botho, der ja schon 1919 nach Chile gewollt hatte, ergriff sofort diese Chance und bewarb sich mit folgendem Schreiben vom 27. August 1927:

»Unter Bezugnahme auf den Erlaß des Ministeriums des Innern vom 24.8.27 bitte ich, mich für die Stellung eines Instrukteurs bei der chilenischen Polizei in Vorschlag bringen zu wollen.

Ich habe vom Juli 1920 bis Mai 1924 – zunächst 1 Jahr als Polizei-Oberleutnant, dann drei Jahre als Polizei-Hauptmann bei der Schutzpolizei Hannover Dienst getan. Hier habe ich zunächst die Aufstellung der Schutzpolizei mitgemacht, war Zugführer in einer Bereitschaft, Adjutant eines Abteilungs-Stabes, Nachrichten-Offizier, leitete die Aufstellung einer Nachrichten-Hundertschaft sowie die Einrichtung der Fernsprechzentrale und der Funkstation beim Polizeipräsidium, führte dann die Nachrichten-Hundertschaft und war schließlich lange Zeit Führer der 3. Polizei-Bereitschaft. Zwischendurch wurde ich über ein halbes Jahr zusammen mit Polizei-Major Waitz nach Hildesheim entsandt, um dort die Aufstellung der Polizeischule und der Schutzpolizei-Kommandos der Provinz Hannover mit zu bearbeiten. Mit der 3. Polizei-Bereitschaft nahm ich aktiv an der Bekämpfung aller damaligen Unruhen teil und wurde, auch außerhalb Hannovers, vielfach selbständig mit meiner Bereitschaft mit Sonderaufträgen entsandt.

Vom Mai 1925 bis November 1926 war ich Führer der Schutzpolizei Hildesheim, wodurch ich neben meinen Aufgaben als selbständiger Führer Gelegenheit hatte, den Dienstbetrieb einer kommunalen Polizei-Verwaltung kennen zu lernen. Drei Monate vertrat ich den Sachbearbeiter für Polizei-Angelegenheiten beim Regierungspräsidenten in Hildesheim und als solcher auch den damals dort fehlenden Landjägerrat. Die mannigfachsten Aufgaben außerhalb der Stadt führten mich in selbständigem Auftrage in den Regierungsbezirk.

Seit November 1926 versehe ich Dienst bei der Schutzpolizei Wesermünde. Sieben Monate lang war ich hier Revier-Vorsteher des Polizei-Reviers Lehe (40.000 Köpfe), dann Führer der 1. Polizei-Bereitschaft. Daneben leite ich die Sonderausbildung der hier vorhandenen 28 Offiziers-Anwärter. Im hiesigen Dienstort habe ich Gelegenheit, meine dienstlichen Erfahrungen in einer Hafenstadt (wie vordem in Altona) zu erweitern.

Ich darf annehmen, daß durch die geschilderte bisherige Verwendung meine Dienstkenntnisse in der Schutzpolizei und ihrer Organisation nicht einseitig geblieben sind und gerade meine Erfahrungen aus der dauernden Praxis heraus nutzbringende Verwendung finden könnten.

Meine militärische Dienstlaufbahn samt Zeugnissen ist aus meiner Personalakte und aus dem darin enthaltenen Lebenslauf ersichtlich. Ich stand vor dem Kriege als Leutnant im Infanterie-Regiment Nr. 79 in Hildesheim, bin als Maschinengewehr-Offizier ins Feld gerückt, war dann Kompanie-Führer. Bataillons-, Regiments-und Brigade-Adjutant, war 1918 auf einem Generalstabs-Kursus und schließlich bei Kriegsende beim Eisenbahnbeauftragten Generalstabsoffizier beim A.O.K. Für Transportangelegenheiten bei Heimführung des Heeres. Nach dem Kriege war ich zunächst Adjutant beim Bezirkskommando Hildesheim, später Führer einer Reichswehr-Kompanie und einer Nachrichtenstaffel im Reichswehr-Infanterie-Rgt. Nr. 17 in Hannover. Ich war 10 Jahre lang beritten und bin guter Reiter.

An Sprachen spreche ich gut Französisch und Tschechisch; Russisch und Englisch teilweise. Spanisch habe ich 1919 betrieben, beherrsche es in den Anfängen und habe das Studium in diesem Jahre wieder aufgenommen.

Z. Zt. befindet sich von mir bei dem Polizeiverlag Gersbach & Co. ein Lehrbuch über den Straßen- und Geländekampf der Schutzpolizei im Druck (mit zahlreichen Abbildungen, Skizzen, Karten und Tabellen). Titel: ›Polizei-Taktik‹. Ein zweites Buch für den Union-Verlag Stuttgart habe ich in Bearbeitung; es handelt sich um einen in der Reihe Berufswahlbände erscheinenden Band ›Berufswahl. Schutzpolizei, Kriminalpolizei und Landjägerei‹.

Neben den sonstigen dienstlichen Kenntnissen halte ich die ernstliche Beschäftigung mit gerade diesen beiden Wissensgebieten für eine günstige Voraussetzung für jemanden, der in einer fremdländischen Polizei analoge Fragen zur Bearbeitung übernehmen will.

Meine Gesundheit ist fest, nennenswerte Krankheiten habe ich nie durchgemacht. Ich bin unverheiratet.

Mein Wunsch, nach Chile zu gehen, bestand schon im Jahre 1919. Ich habe damals mündlich und schriftlich eingehend mit dem damaligen Militär-Attachè der chilenischen Gesandtschaft, Major IC Perez verhandelt und war für eine Übernahme als Instrukteur in der chilenischen Armee vorgesehen. Der Versailler Vertrag bewirkte dann aber, daß die chilenische Regierung von der Absicht der Übernahme Abstand nahm.

Ich bitte gehorsamst um wohlwollende Prüfung meines Gesuches.«

Der Kommandeur der Schutzpolizei Wesermünde leitete dieses Gesuch mit seiner wärmsten Befürwortung weiter:

»Seine außergewöhnlichen Sprachkenntnisse, seine sehr gewandten Umgangsformen und seine körperliche Gewandtheit – er ist ein guter Reiter – lassen ihn für die in Rede stehende Stelle besonders geeignet erscheinen. Ich zweifle nicht daran, daß er auch bei der chilenischen Regierung Anerkennung finden und Deutschland Ehre machen würde.«

Warum aus dieser Bewerbung nichts wurde, ist nicht bekannt. Wenn es an den fehlenden Sprachkenntnissen in der spanischen Sprache gelegen haben sollte, wäre das für den Sprachbegabten ein besonders unglücklicher Umstand gewesen.

Botho bemühte sich unterdessen unverdrossen weiter, sich fortzubilden. So besuchte er vom 26.9.–20.12.1927 einen Lehrgang für Polizeihauptleute an der Höheren Polizeischule sowie einen Lehrgang vom 18.6.–13.7.1928 an der Polizeischule für Leibesübungen in Spandau.

Unter dem 15.8.1928 erhielt er als Führer der 1. Polizeibereitschaft der Schutzpolizei Wesermünde folgende Beurteilung des Polizeimajors und Führers der Schutzpolizei Wesermünde:

»Polizeihauptmann Elster ist ein Polizeioffizier mit sehr guter Veranlagung auf allen Gebieten der Schutzpolizei. Sowohl in praktischer als auch in polizeiwissenschaftlicher Beziehung hat er bei Führung der Bereitschaft und des Reviers das Beste gezeigt. Falsches Strebertum liegt ihm nicht, weshalb er auch von seinen Vorgesetzten und Beamten als ein durchaus vornehmer Kamerad angesehen wird. Er ist Verfasser des im vergangenen Jahre im Druck erschienen Lehrbuches ›Polizeitaktik‹. Im Druck befindlich ist sein Buch für die Reihe der Berufswahlbände des Unionverlags in Stuttgart über ›Die Dienstlaufbahn in der Schutzpolizei, Landjägerei, Kriminal- und Verwaltungspolizei der deutschen Länder‹. Nach dem Erlaß des Herrn Preußischen Ministers des Innern vom 4.4.28 steht er voraussichtlich im Laufe des Rechnungsjahres 1928 zur Beförderung heran.«

Wieder ein Jahr später gibt folgende Beurteilung Aufschluß über die noch immer ausbleibende Beförderung:

»... Ich habe den allerbesten Eindruck von ihm gewonnen. Bei einer von mir vorgenommenen Besichtigung seiner Bereitschaft hat er diese mir in recht guter Verfassung vorgeführt. Ich glaube vor allem, daß Elster es in hervorragender Weise versteht, die ihm unterstellten Polizeioffiziere und Polizeiwachtmeister auszubilden und zu leiten und zu treuer Pflichterfüllung und Hingabe an den Staat zu erziehen. Im Vertrauen auf seine umsichtige und sichere Führung wird sich jeder ihm gern anvertrauen. Elster hebt sich aus der Masse heraus, über dem Durchschnitt stehende Begabung und Fleiß kennzeichnen ihn. Seine schriftstellerische Tätigkeit ist bekannt und anerkannt. Sein dienstliches und außerdienstliches Auftreten ist in jeder Beziehung einwandfrei.

Schon jetzt scheint mir seine Eignung zum Polizeimajor zweifelsfrei, wenn er einen Polizeimajor-Anwärterlehrgang mit Erfolg besucht hat.«

Es kam also weiter entscheidend darauf an, daß der erfolgreiche Besuch eines solchen Lehrganges stattfand.

Unter dem 1.8.1930 wurde über Botho – immer noch in Wesermünde – folgendes berichtet:

»Polizeihauptmann Elster ist ein Polizeioffizier, der sich in jeder Weise aus der Masse hervorhebt. Sehr gut veranlagt, rege und interessiert hat er auf allen Gebieten der Schutzpolizei ausgezeichnete Leistungen zu verzeichnen. Logische klare Gedankengänge, ein sicheres Urteil und schneller Ent-

An der Waterkant, 1930

schluß sind ihm eigen. Seine Bereitschaft hat er in sehr guter Verfassung vorgeführt. Den Sonderlehrgang für Polizeioffizier-Anwärter, der ihm auch in diesem Jahr wieder übertragen worden war, hat er mit viel Geschick geleitet. Hervorzuheben sind seine besonders guten Leistungen in der Polizeiverwendung und seine erzieherische Begabung. Gewandt, vermittelnd und liebenswürdig weiß er mit festem Willen und Energie die ihm unterstellten Polizeioffiziere und Polizeiwachtmeister in die von ihm gewollten Bahnen zu lenken und versteht es, alle zu treuer Hingabe an den Staat, zur Pflichterfüllung und Disziplin zu erziehen und ihnen sein reiches Wissen zu vermitteln. Dabei zeigt er stets ein Herz für seine Beamten und hält mit Frische und Humor die Dienstfreudigkeit aufrecht. Dieselbe Gewandtheit zeigt er im Verkehr mit anderen Behörden und mit der Bevölkerung, wozu ihm besonders seine tadellose Erziehung und seine vielseitige Bildung auf fast allen Gebieten befähigen. Sein vornehmer Charakter und sein liebenswürdiges Wesen sichern ihm allseitige Beliebtheit.

Elster füllt seine Stelle sehr gut aus. Ich halte ihn zu bevorzugter Beförderung für geeignet. Elster wäre auch zur Verwendung auf dem Polizeiinstitut geeignet, und zwar besonders zur Bearbeitung wissenschaftlicher Fragen auf dem Gebiet der Polizeiverwendung sowie der Ausbildungsvorschriften auf diesem Gebiet.«

Noske befürwortete daraufhin (26.9.1930) seine vorzugsweise Einberufung zum Polizeimajor-Anwärterlehrgang.

Am 11. Oktober 1930 sprach der Minister des Innern, Severing, Botho seine besondere Anerkennung aus für die Leistungen seiner Beamten und für die Art seiner Ausbildung.

Endlich konnte Botho an einem Beförderungslehrgang zum Polizeimajor an der Höheren Polizeischule in Eiche/Potsdam teilnehmen, und zwar vom 5.1.–24.3.1932.

Am 23. März 1932 war es dann endlich soweit: Botho wurde zum Polizeimajor befördert. Er hatte damit mit inzwischen knapp 38 Jahren eine ganz wesentliche Stufe seiner Karriere-Leiter erklommen.

Einer unmittelbar folgenden Versetzung nach Krefeld-Uerdingen (wo ihm dieselben guten Beurteilungen zuteil wurden – *Pol.major Elster ist hervorragend tüchtig; sein natürliches, resolut-männliches Wesen wirkt dabei besonders angenehm –*) folgte Ende 1932 seine Versetzung zum Polizei-Institut Berlin. Dort übertrug Severing ihm die wissenschaftliche Abteilung der Polizeien des Auslands, der internationalen Polizeiverträge, die internationalen Verhandlungen über Polizei-Fachfragen und die Betreuung ausländischer Studienkommissionen.

Damit hatte Botho endlich eine ganz hervorragende »Verwendung« gefunden. Seine weitere Karriere gipfelte zunächst darin, daß er von Severing bereits 1932 als Sachverständiger für das Polizeiwesen zum Völkerbund nach Genf geschickt wurde. Es wurde Botho dementsprechend in Genf auch eine *Carte d'Entrèe Permanente Personelle* ausgestellt.

Auch im Jahre 1933 wurde Botho mit Erlaß des Preußischen Ministers des Innern vom 10. März 1933 »zum Zwecke der Auskunfterteilung über Einzelheiten der Preußischen Polizeiorganisation als Vertreter des R.M.d.I. bei den Verhandlungen der Abrüstungskonferenz in Genf« abgeordnet.

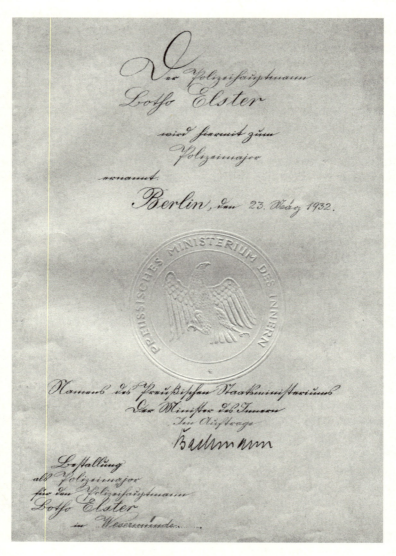

Ernennungsurkunde vom 23. März 1932

Widerstand

Botho hatte als Polizeimajor eine besondere Stufe erreicht: Mitglied der diplomatischen Vertretung des Reiches auf der Abrüstungskonferenz in Genf! Und das 13 Tage vor dem sog. Ermächtigungsgesetz vom 23.3.1933, mit dem die gesamte Staatsgewalt dem Nationalsozialismus überantwortet wurde!!

Botho war in Frühsommer 1933 mehrfach im Reichsauftrage in Genf, also bereits auf diplomatischer Ebene tätig. Eine glänzende Karriere hätte ihm beschieden sein können, wenn er sich den Nationalsozialisten angeschlossen hätte. Die »Braunen« entsprachen jedoch absolut nicht seinen politischen Einstellungen. Er war zutiefst überzeugt, als Polizeioffizier die Republik verteidigt und damit einer guten Sache gedient zu haben. Seine politischen Einstellungen waren zudem weithin bekannt.

Es war nicht vergessen, daß Severing (Preuß. Minister des Innern) in öffentlicher Rede im Reichstag sowohl Bothos Publikation »Polizeitaktik« als auch ihn selbst als Autor gegenüber Angriffen oppositioneller, nationalsozialistischer Abgeordneter verteidigt hatte. Das in Deutschland und im Ausland weit bekannt gewordene Lehrbuch über den Einsatz der Polizei bei der Aufrechterhaltung der öffentlichen Ordnung (es wurde von ausländischen Verlagen auch ins Englische, Französische, Spanische und Japanische übersetzt) enthielt u.a. Beispiele zur Bekämpfung der nationalsozialistischen Umtriebe.

Ein Ausschnitt aus diesem Buch sei hier wiedergegeben:

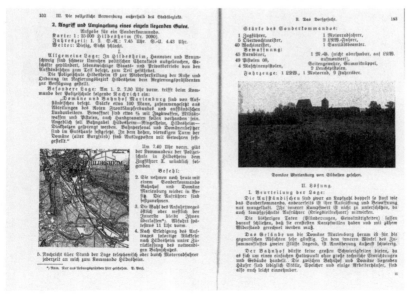

154 III. Die polizeiliche Verwendung außerhalb des Stadtbezirks.

Die Gebäude der Domäne selbst aber sind infolge ihrer alten, burgartigen Bauart sehr gut verteidigungsfähig und schwer angreifbar. Der hohe Turm beherrscht weithin das Gelände. (Siehe Abbildungen.)

Andererseits wirkt sich das Flußdreieck für die Aufrührer insofern ungünstig aus, als ihnen ein Rückzugsweg sehr leicht verlegt werden kann. Auch gestattet die Höhe östlich der „Scharfen Ecke" ein In-Schach-halten der Aufständischen im Tal und eine völlige Abriegelung nach Osten zu mit verhältnismäßig schwachen Kräften.

Die Beschaffenheit des Geländes und der Lauf der nicht durchwatbaren Flüsse zwingt den Zugführer von selbst zum Angriff von Südwesten her, der insofern auch viel für sich hat, als die Aufrührer wohl einen Angriff von entgegengesetzter Richtung, nämlich von Hildesheim her, erwarten und sich darauf einrichten werden.

Es wird um 5 Uhr nachm. dunkel. Bis dahin muß die Domäne gesäubert sein. Je eher der Angriff einsetzt, desto leichter wird die Durchführung sein, da jede Verzögerung den Aufrührern Zeit zum festen Einnisten gibt.

Das Wetter (Februar) ist diesig, die Sicht schlecht, also für den Anmarsch günstig. Die Flüsse sind offen, also nicht überschreitbar.

155 E. Das Dorfgefecht.

Aus diesen Erwägungen heraus kommt der Zugführer zu folgendem
II. Entschluß:

Anfahrt des Sonderkommandos mit LKW. ohne eine Radfahrergruppe von Hildesheim über Ochtersum, Marienrode, 95,6 nordöstlich Söhre, weiter vor auf Chaussee nach Marienburg.

Anfahrt der Radfahrergruppe auf Chaussee östlich der Innerste von Hildesheim auf Marienburg. Sie wird Abriegelungsgruppe auf der Höhe östlich der „Scharfen Ecke".

Angriffsrichtung des Sonderkommandos von 89,2 aus in nordöstlicher Richtung.

Zwei Angriffsabschnitte:
a) Bahnhof und Arbeiterhäuser.
Darauf Sammeln und weiter Angriff auf
b) Domäne.

Der Zugführer entschließt sich, um 9 Uhr vorm. abzufahren, so daß gegen 10 Uhr vorm. der eigentliche Angriff einsetzen kann.

III. Besondere Anordnungen gibt der Zugführer auf dem Hofe der Polizei-Unterkunft vor der Abfahrt, und zwar:
1. Bahnhof und Domäne Marienburg sind von Aufrührern besetzt. Sonderkommando nimmt den Ort noch heute wieder in Besitz.
2. Ausrüstung pro Beamter 60 Karabinerschuß, 30 Pistolenpatronen, 2 Handgranaten, M.-P.-Bedienung je 6 Trommel-Magazine. Rest der Handgranaten und 4000 Schuß geguriete M.-G.-Munition sowie 1000 Schuß M.-P.-Munition auf LKW.
3. Gruppe A (Stärke 1, 8) erhält 9 Fahrräder, 2 Maschinen-Pistolen und 1 Leuchtpistole mit je 10 Schuß roter und grüner Signalpatronen.
4. Gruppe B und C als Stoßtrupps erhalten je 1 M.-P.
5. Gruppe D stellt 4 Beamte als M.-G.-Bedienung und Schutz des Wagens zum LKW. Rest der Gruppe als Gefechtsläufer zu mir.
6. Gruppe E Karabinergruppe.
7. Sanitätsbeamter, Verpflegung usw."

IV. Darauf erteilt der Zugführer mündlich folgenden Befehl, der er mit zusätzlichen Erläuterungen, die hier wegen Platzersparnis und, weil nicht unbedingt nötig, wegbleiben, an Hand der Karte bekannt gibt:
„1. Lage (s. oben).
2. Sonderkommando X hat den Auftrag, in Marienburg die Ruhe wiederherzustellen und die Aufrührer festzunehmen.
3. Abfahrt des Sonderkommandos, ausgenommen Radfahrergruppe A, mit LKW. um 9 Uhr vorm. von Hildesheim über Ochtersum, Marienrode und 95,6 nordöstlich Söhre. Dort wird abgesessen und entfaltet vorgegangen, Gruppe B und C südlich der Chaussee nach Marienburg, Gruppe E nördlich der Chaussee. LKW. mit schußbereitem M.-G. folgt bei 600 m. Hinliegen bei Wegegabel 89,2 und weiteren Befehl abwarten.

156 III. Die polizeiliche Verwendung außerhalb des Stadtbezirks.

4. Motorradfahrer (in Zivil) und Beifahrer (Oberwachtmeister der Gruppe D, in Zivil) fährt gruppenweise Strecke voraus und klärt auf, insbesondere, wo Gegner südwestlich des Bahnhofs Marienburg erste Posierungen hat. Meldungen erreichen mich im LKW. auf genannter Strecke. Abfahrt 8.30 Uhr vorm.
Ausweise und sonstige Adressenpapiere sind zurückzulassen.

Domäne Marienburg von Norden gesehen.
Im Vordergrunde die Innerste mit Straßenbrücke an der „Scharfen Ecke".

5. Gruppe A mit 2 M.-P. und 9 Fahrrädern fährt 9 Uhr vormittags auf Chaussee nach Marienburg soweit bis zur Höhe östlich „Scharfe Ecke" vor, als dies, ohne vom Gegner gesehen zu werden, möglich ist. Darauf Absitzen und unter Ausnutzung der Sichtdeckung östlich der Höhe sich zum Justsützungen bereitlegen. Durch Späher Gegner beobachten.

6. Sonderkommando X (ohne Gruppe A) wird Bahnhof und Domäne Marienburg von Südwesten her gegen 10.30 Uhr vorm. angreifen. Beginn des Angriffs wird der Gruppe A durch rote Leuchtkugeln bekannt gegeben, die als Verstandenzeichen zu wiederholen ist.

157 E. Das Dorfgefecht.

Darauf hat Gruppe A auf Höhe östlich „Scharfe Ecke" in Stellung zu gehen und Innerstebrücke sowie alle lohnenden Ziele in der Domäne unter Feuer zu nehmen. Zweck: Feuerschutz, Abriegelung und Absplitterung eines Angriffs.

7. Einstellen des Feuers durch Gruppe A auf Domäne (weiter auf Brücke), sobald Angriff auf Domäne selbst beginnt, was durch grüne Leuchtkugel bekanntgegeben wird, zu erwidern ist. Ein Entweichen des Gegners nach Osten über die Innerste ist mit allen zu Gebote stehenden Mitteln zu verhindern.

8. Verwundeten- und Gefangenensammelstelle zunächst Söhre, dann Bahnhof Marienburg.

9. Ich befinde mich beim LKW. bzw. auf der Chaussee Söhre—Marienburg, später im Bahnhofsgebäude.

Domäne Marienburg
von Osten gesehen.
Im Vordergrunde die Innerste.

Ergänzungsaufgaben:
1. Wie gestaltet sich der Angriff auf die Domäne nach Einnahme des Bahnhofs und der Arbeiterhäuser?
2. Welche Sondermaßnahmen werden zur Bekämpfung der Turmschützen ergriffen?
3. Wie wird der verbarrikadierte Toreingang genommen?
4. Wie handelt die Radfahrergruppe?

Es war auch nicht vergessen, daß Botho im März 1932 in Wesermünde mit seiner Bereitschaft eine nationalsozialistische Demonstration auseinander geschlagen hatte. Botho wurde damals nicht nur in der nationalsozialistischen Oppositionspresse, sondern auch in der gesamten rechten Presse auf das schärfste angegriffen und in der Stadt vielfach öffentlich beschimpft. Vor den entscheidenden Preußenwahlen erhielt er am 25.4.1932 einen mit einem Totenkranz und schwarzem Trauerrand versehenen Drohbrief der Nationalsozialisten mit folgendem Inhalt: »*Morituri nos salutant!!!! Preußenwahl 1932.*«

Spätere Berichte bestätigen diesen aufsehenerregenden Polizeieinsatz gegen die nationalsozialistische Demonstration.

In einem an Botho in das Kriegsgefangenenlager Munsterlager gesandten Brief vom 12.12.1946 bestätigte der damalige Chef der Polizei in Bremen, Helmut Yström:

»Über Ihren langen Brief habe ich mich herzlich gefreut, umso mehr, als man wieder von ein paar alten Kameraden hört, die einem wichtig sind ... Auf den von Ihnen berührten Vorfall in Wesermünde-Geestemünde besinne ich mich sehr wohl noch, vor allen Dingen deshalb, weil Ihnen damals verdacht wurde, daß Sie gegen ›Rechts‹ eingeschritten seien. Irgendwelche Zeitungsnotizen aus dieser Zeit kann ich nicht beibringen. In Wesermünde ist das ja alles verbrannt und polizeiamtliche Akten sind nicht zu bekommen.

Ich bestätige Ihnen, daß Sie kurz vor der Machtergreifung – auf den Tag kann ich mich nicht mehr besinnen – bei einer großen Demonstration ›rechts‹-gerichteter Leute in Wesermünde unbeirrt Ihre dienstliche Aufgabe auf Grund des damals geltenden Gesetzes zum Schutze der Republik gelöst haben. Ihnen sind seitens der ›rechts‹-gerichteten Bürgerschaft und auch in der Presse schwere Vorwürfe gemacht worden und man hat Ihre Versetzung betrieben. Ich kann aus der damaligen Zeit nichts anderes sagen, als daß Sie ein politisch neutraler Polizeioffizier waren.«

Und in einem Brief eines Georg Sprickerhoff, Wesermünde, vom 22.10.1946 heißt es:

»... Du wolltest gern etwas über die damalige Auseinandersetzung mit den Nazis wissen, ich kann Dir ziemlich genaue Angaben machen, da man mich im Zusammenhang damit ebenfalls in der Zeitung angriff. Angegriffen hat man uns im »Unterweser-Stürmer«, dem sog. Offiziellen Parteiorgan. Das ganze fand im Jahre 1932 und zwar im Frühjahr statt. Du vertratest Heling als Kommandeur; es war ein Sonnabend Abend; Ort des Schauspiels: vor dem Atlantic in Geestemünde. In Preußen herrschte damals Uniformverbot, die Nazis provozierten in übler Weise, was Du Dir nicht sehr lange hast gefallen lassen. Es folgte dann bald der von der ersten Bereitschaft nicht ungern gesehene Befehl: Gummiknüppel frei, Einhauen!

Ich würde vorschlagen, sich einmal an Yström zu wenden, der s. Zt. in Bremerhaven war und sicherlich die Vorfälle genau kennt und in seiner heutigen Stellung als Polizeipräsident von Bremen amtlich bestätigen wird. Mir sind leider sämtliche Unterlagen verbrannt, ich bin aber selbstverständlich gern bereit, etwa notwendige Erklärungen eidesstattlich abzugeben. Aus unserer Einstellung gegenüber den Braunen haben wir ja schon damals keinen Hehl gemacht und sind dieser Einstellung auch treu geblieben.«

Als Botho im Sommer 1933 aus Genf zurückkam, sah er sich mit gänzlich veränderten Verhältnissen konfrontiert.

Seine damalige Lage zeichnete er rückblickend in seiner Einlassung vor der Beschlußkammer im Entnazifizierungsverfahren (1948) wie folgt nach:

Nach meiner Rückkehr fand ich eine völlig veränderte Lage vor durch den Umsturz der NS. Der maßgebende Mann im Innenministerium war Daluege (Ministerialdirektor und Leiter der Organisationsabteilung). Man erklärte mir, ich solle mir meine politischen Ansichten an den Hut stecken. Im übrigen seien sie jetzt am Ruder. Bei der Abrüstungskonferenz waren ja auch die Herren Krüger und (Heinrich) Heydrich dabei und hatten sich dort im NS-Sinne gezeigt. Auf ihre Veranlassung war die Hakenkreuzfahne gehisst worden. Es wurde darauf hingewiesen, daß diese Flagge noch gar nicht anerkannt sei. Die Abnahme der Flagge wurde gefordert und die Herren reisten ab. Bei meiner Rückkehr wurde ich von Daluege zur Rede gestellt und es wurde mir vorgeworfen, daß ich wegen der Abnahme der Flagge nicht protestiert hätte. Ich wurde auch gleich gefragt, ob ich die Parteimitgliedschaft hätte. Ich wurde in kurzer Zeit kaltgestellt. Mir wurde eröffnet, daß ich mit einer weiteren Beförderung nicht mehr zu rechnen hätte. Auf diese Weise wurde ich allmählich hinausgeekelt.«

In der von Botho im Entnazifizierungsverfahren vorgelegten Verteidigungsschrift heißt es zu der damaligen Entwicklung:

»Ich kehrte von Genf nach Berlin ins Ministerium des Innern zurück und fand dort eine durch den Umsturz der Nationalsozialisten völlig veränderte Lage vor. Die Personalpolitik war nunmehr völlig einseitig auf Heranziehung und Bevorzugung solcher Polzeioffiziere abgestellt, die schon vor 1933 ihre Sympathien mit dem Nationalsozialismus durch heimliche Mitgliedschaft dargetan hatten. Mein Name war nach den vorangegangenen Zwischenfällen und Veröffentlichungen weit bekannt als der eines Vertreters des bekämpften republikanischen Systems. Mein offener Kampf gegen die Partei, meine schriftstellerische Tätigkeit und meine Zugehörigkeit zur Abrüstungskonferenz stempelten mich in den Augen der Nationalsozialisten, besonders des damals als Ministerialdirektor und Leiter der Polizei-Abteilung im Ministerium des Innern eingesetzten Daluege als untragbar. Es wäre mir damals ein Leichtes gewesen, Parteimitglied zu werden, wie mir dies Daluege persönlich des öfteren nahe legte, da ihm daran lag, anerkannte Polizeifachleute zu gewinnen. **Ich bin nicht unter die Märzgefallenen gegangen**, wie das damals in der Polizei und in allen anderen Beamtenkategorien üblich war! Während um mich herum andere und besonders jüngere Polizeioffiziere im Ministerium auftauchten und wie wild befördert wurden, sah ich mich daraufhin in bewußter Ablehnung kaltgestellt. Die wissenschaftliche Abteilung für das Studium und die Verbindung mit den ausländischen Polizeien wurde in ihren Geldmitteln und Personal beschnitten, kurz darauf aufgelöst. Mir selber wurde von Daluege eröffnet, daß ich im Ministerium des Innern nicht mehr benötigt werde und auf weitere Beförderung nicht mehr rechnen könne.

Ich sah klar, daß mir damit mein erwählter Lebensberuf zerschlagen war, in dem ich mir als polizeilicher Fachmann bereits einen guten und bekannten Namen gemacht hatte. Da ich die rapide fortschreitende völlig parteipolitische Entwicklung der Polizei und ihre Abkehr von ihrer neutralen und unparteiischen Stellung voraussah, entschloß ich mich, den Polizeidienst, der meinen Ansichten von den Pflichten dieses Berufes nicht mehr entsprach, zu quittieren. Der Übertritt in das freie Berufsleben gelang mir trotz zahlreicher Versuche bei der damaligen katastrophalen Wirtschaftslage aber nicht, zumal auch dort politische Verfolgung und Bespitzelung um sich griff und ich mich der Parteimitgliedschaft nicht rühmen konnte.«

Organisationsverfügungen belegen diese Darstellung. Am 10.3.1933 erging ein Rund-Erlaß des Ministeriums des Innern:

Die Höhere Polizeischule in Eiche/Potsdam wird mit Wirkung vom 1.4.1933 von dem Polizei-Institut in Berlin-Charlottenburg abgetrennt und wie vor dem 6.2.1931 dem Minister des Innern wieder unmittelbar unterstellt.

Und es folgte eine weitere Verfügung des Preuß. Ministers des Innern vom 19. Dezember 1933:

»Sofort! Polizeimajor Elster und Polizeihauptmann Reichardt, Höhere Polizeischule in Eiche (Polizei-Institut Berlin-Charlottenburg), ordne ich im Interesse des Dienstes sofort in mein Ministerium ab und übertrage ihnen die weitere Bearbeitung des Gebietes ›Fremde Polizeien‹. Mit dem 1. Januar 1934 versetze ich diese Polizeioffiziere im Interesse des Dienstes von der Höheren Polizeischule in Eiche zur Technischen Polizeischule in

Berlin unter Aufrechterhaltung ihrer Verwendung beim Chef der Schutzpolizei im Ministerium des Innern.«

»Im Interesse des Dienstes« war dies also geschehen. Unmittelbare Aufsicht und Unterordnung unter das Ministerium des Innern war die klar erkennbare Absicht, um stets die enge Überwachung der Tätigkeit der betroffenen Polizeibeamten zu gewährleisten.

Ein »Abschließender Vermerk« vom 30. Dezember 1933 gibt Aufschluß über die dramatisch veränderte Lage:

»Polizei-Major Elster gehörte seit dem 15.11.1932 dem Polizei-Institut an.
Vom 1.4.1933 ab gehörte er zur Höheren Polizeischule und galt als zum Polizei-Institut abgeordnet.
Die Unterstellung der Abteilung ›Fremde Polizeien‹, deren Leiter Polizei-Major Elster war, unter die Höhere Polizeischule wurde mit dem 1.12.1933 aufgehoben. Die Bearbeitung dieses Gebietes erfolgt seit diesem Zeitpunkt im MdI.
Gemäß Erlaß MdI vom 19.12.1933 erfolgte mit sofortiger Wirkung die Abordnung des Polizei-Majors Elster in das MdI und mit Wirkung vom 1. 1. 1934 die Versetzung zur Technischen Polizeischule unter Aufrechterhaltung der Abordnung zum MdI.
Polizei-Major Elster lag die verantwortliche federführende Bearbeitung der nichtpreußischen Polizeien ob.
Im Rahmen dieser Aufgabe hat er auch das gesamte Gebiet der Organisation der deutschen Polizei als Unterlage und Hilfe für die deutschen Vertreter in der Genfer Abrüstungskommission bearbeitet. Er hat hiermit – ebenso wie durch seine vielfache propagandistisch wirksame öffentliche schriftstellerische Tätigkeit – der deutschen Polizei beste Dienste erwiesen. Seine Arbeit ragte über das gemeinhin vom Polizeioffizier Verlangte hinaus. Er hat sich im Auftrage des Reichs mehrfach in Genf aufgehalten.«

Organisatorische Verfügungen führten zum bewußt herbeigeführten Abbruch der im Jahre 1932 so hoffnungsvoll gestarteten Karriere des Polizeifachmannes Botho Henning Elster! Mit einem Parteimitglied wäre man so gewiß nicht umgesprungen.
Dennoch gibt es einen sozusagen überparteilichen letzten Beurteilungsbericht zum Abschluß der Laufbahn Bothos als Polizeioffizier, den der Amtschef des Reichsstabes der Landespolizei, Oberst d.L.P. Henrici am 20.5.1935 verfaßt hatte und dem der Chef des Reichsstabes der Landespolizei, Oberst d. L. P. Witthöft am 13.6.1935 zustimmte:

„Major Elster ist z.Zt. Leiter des Abwehrdienstes für die Landespolizei und zugleich Sachbearbeiter für alle mit dem Versailler Vertrag und dem Locarnovertrag zusammenhängenden Rüstungsfragen, die die gesamte Polizei betreffen. Infolge seiner Sprachgewandtheit, seiner weltmännischen Umgangsformen und seiner genauen Kenntnis der Materie war er wiederholt im Reichsauftrage als Sachverständiger zu den Verhandlungen des Effektivkommitees der Abrüstungskonferenz in Genf herangezogen.

Elster ist eine selbstsichere, abgeklärte, sehr vielseitig gebildete Persönlichkeit; ein vornehmer, offener, ausgeglichener Charakter.

Persönlich ist er mir seit Jahren aus verschiedentlicher unmittelbarer Unterstellung genau bekannt.

Bei seiner im dienstlichen Auftrage ausgeübten schriftstellerischen, propagandistischen Tätigkeit, wie bei privaten schriftstellerischen Arbeiten bewies er eine gewandte Feder und journalistisches Geschick, deshalb untersteht ihm auch die Pressestelle des Kommandos der Landespolizei. Elster hat guten militärischen Blick, taktisches Verständnis, schnelle Auffassungsgabe, gesundes Streben und ist klar und bestimmt bei Vortrag und Anordnungen. Ein den Durchschnitt weit überragender Offizier, der besondere Beachtung und Förderung verdient.

Guter Gesellschafter, gern gesehener humorvoller Kamerad, musikalisch.

Schlußurteil: Ein in mannigfacher Beziehung besonders befähigter Offizier, ein ebenso sympathischer Mensch und Kamerad. Zur Übernahme in das Reichsheer besonders geeignet.«

Mit diesem letzten Satz zeichnete sich bereits die künftige Entwicklung ab. Wenige Wochen später wurden die Landespolizeien per Gesetz in die Wehrmacht überführt.

Privates Glück

Botho stand in dieser Zeit durchaus mehr der Sinn nach privater Betätigung, um sich abzulenken von den unbefriedigenden dienstlichen Belangen.

Der fast 40jährige Junggeselle sah sich in der Berliner Gesellschaft um, ohne daß man sagen könnte, er sei gezielt auf Brautschau gegangen.

Auf einem zur Faschingszeit des Jahres 1934 veranstalteten Maskenball lernte er ein reizendes »Mädel« kennen. Der schicksalhafte Zufall wollte es, daß Botho sich in eine charmante junge Dame verliebte, die sich zu dieser Zeit ihren Lebensunterhalt als Sekretärin einer Berliner Rechtsanwaltskanzlei verdiente. Es war die am 7. Mai 1907 geborene Tochter des Hildesheimer Amtsgerichtsdirektors Friedrich Riehl, Gisela Riehl. Sie hatte in Hildesheim eine Kunstgewerbeschule absolviert, was dem Broterwerb jedoch nicht besonders förderlich war, weswegen sie sich nach anderen Erwerbsquellen umsah und so Ende der zwanziger Jahre in die Metropole Berlin gelangte. Während sich ihre drei Jahre ältere Schwester schon 1923 mit dem einer Hildesheimer Rechtsanwalts-Dynastie entstammenden Rechtsanwalt Dr. Hans Beitzen vermählte, war sie im Jahre 1934 mit ihren knapp 27 Jahren noch immer ungebunden. So fügte es sich, daß sich zwei Freigeister trafen und als füreinander bestimmt fühlten.

Sie hatte den Mann ihres Lebens gefunden, er hatte das weibliche Wesen entdeckt, dem er sich bedingungslos anschließen wollte.

Vor dem Standesamt 1935

Ein Jahr später heirateten sie am 21. März 1935 in Berlin-Charlottenburg standesamtlich. Trauzeugen waren der Schwager Bothos, der 41jährige Kammergerichtsrat Dr. Wilhelm Berg und der beste Freund Bothos, der 36jährige Polizeihauptmann Rolf Pauli.

Die Hochzeitsreise unternahmen sie nach Venedig in einem Opel-Cabriolet, dem einzigen Auto, das Botho in seinem Leben besaß und das er sehr liebte.

Der Altersunterschied zwischen Botho und Gisela von 13 Jahren war ebensowenig jemals ein Thema wie das unterschiedliche religiöse Bekenntnis (er: evangelisch, sie: katholisch), das beide ohnehin nicht mit Überzeugung vertraten. Es wurde eine von tiefer, inniger Liebe geprägte harmonische Ehe, wenn auch belastet durch schwere Jahre der Trennung. Die glücklichste Zeit stand dem jungen Paar in den nächsten 4 Jahren bevor.

Hochzeitsgesellschaft

Pflichterfüllung

In Vollzug des Gesetzes vom 3.7.1935 über die Überführung von Angehörigen der Landespolizei in die Wehrmacht kam es im Sommer 1935 zur Übernahme Bothos in das Reichsheer.

So fand sich Botho wieder als Soldat im Heer, ohne daß er auch nur das geringste dafür oder dagegen hätte tun können. Seine Karriere als Polizeioffizier war damit endgültig beendet, ganz unabhängig von den geschilderten Friktionen wegen seiner politischen Einstellung. Im Zuge der Übernahme in die Wehrmacht wurde zum Hohn auch noch Bothos Besoldungsdienstalter vom 1.4.1932 (Beförderung zum Major) auf den 1. Juni 1934 verlegt, was ihm ein monatliches Minus von 58,33 RM (oder 7 %) eintrug!

Der Oberbefehlshaber des Heeres, Freiherr v. Fritsch, ließ sich in einem Brief vom 1.8.1935 an Generalleutnant (der Herr Ministerialdirektor hatte avanciert!) Daluege wie folgt dankend aus:

»Sehr verehrter Herr Generalleutnant Daluege!

An dem Tage, an dem die Landespolizei in die Wehrmacht überführt wird, habe ich das Bedürfnis, Ihnen und damit der gesamten Landespolizei meinen Dank zu sagen für die tatkräftige Mitarbeit bei der Durchführung der Vorarbeiten, die mit dem heutigen Tage ihren Abschluß finden.

Insbesondere bitte ich allen beteiligten Stellen des Reichspolizeistabes meinen besonderen Dank und Anerkennung zu übermitteln für die hervorragend verständnisvolle Arbeit in den letzten Monaten.

Offiziere und Wachtmeister der bisherigen Landespolizei werden als Soldaten und Kameraden von allen Angehörigen des Heeres am heutigen Tage freudig als die Ihren begrüßt! Heil Hitler«

Gisela vermerkte später auf der Abschrift dieses Briefes neben den beiden Namen lakonisch:

Daluege: *gehenkt 1946* v. Fritsch: *Selbstmord.*

1935 konnte keiner diese so glossierte spätere Entwicklung voraussehen. Zunächst hatte man als Staatsdiener die auf Grund der Beamtengesetze auferlegte Pflicht zu erfüllen und den Kommandos Folge zu leisten. Für Botho lautete er:

IM NAMEN DES REICHS

wird der Major der Landespolizei Botho Elster
mit dem 15. Oktober 1935 als

Major

im Heere und zwar als Kommandeur der Panzer-Abwehrabteilung 3 mit einem Rangdienstalter vom 1. Juni 1934 (25) angestellt.

Ich vollziehe diese Urkunde in der Erwartung, daß der Ernannte, getreu der Reichsverfassung und den Gesetzen, seine Berufspflichten zum Wohle des Reichs erfüllt und das Vertrauen rechtfertigt, das ihm durch diese Ernennung bewiesen wird.

Zugleich sichere ich ihm den besonderen Schutz des Reichs zu.

Berlin, den 30. August 1935
Der Führer und Reichskanzler gez. Adolf Hitler

Mit Schreiben vom 19. September 1935 wurde Botho »mit dem 11.10.1935 zur Dienstleistung im Reichsheer als Kommandeur zur Panzerabwehrabteilung in Frankfurt/Oder versetzungsgleich kommandiert. Bis zu Ihrer endgültigen Übernahme tragen Sie die Polizeiuniform mit den bisherigen Dienstgradabzeichen. Die durch die Kommandierung entstehenden Kosten werden von der Heeresdienststelle getragen.« Kurz darauf wurde das Datum in 1.10.35 geändert.

Wenn er auch ohne sein aktives Zutun nun wieder Soldat war und die Karriere als Polizeioffizier der Vergangenheit angehörte, so war Botho doch insgesamt nicht unzufrieden mit dieser Entwicklung: Er war dem unmittelbaren Zugriff der Partei, die seinerzeit noch keinen allzu großen Einfluß in der Wehrmacht hatte, entkommen. Auch hatte er mit der Kommandeurstellung eine recht ansehnliche Position inne.

Die Frankfurter Oder-Zeitung berichtete über den Einzug der Panzer-Abwehr-Abteilung 3 am Sonntag, dem 20. Oktober 1935:

»Am Sonntag bezog die Panzerabwehrabteilung 3 die für sie bestimmten Kasernen in der Dammvorstadt. Verwendet worden für die Unterbringung sind die Kaserne der Artillerie an der Wachsbleiche und die sogenannte Schupokaserne an der Schwiebuser Straße. Diese sind durch den Ankauf des Hartungschen Grundstücks zu einem zusammenhängenden Komplex vereinigt worden. Es liegen nun in den Gebäuden der Schupokaserne die 1. und 2. Kompanie und in dem aufgestockten Kasernement der Artillerie die 3. Kompanie. Neugebaut sind ein Stabsgebäude, eine große Reparaturwerkstätte und mehrere teils heizbare große Fahrzeughallen. Vorhandene

Im Namen des Reichs

wird der Major der Landespolizei
Botho E l s t e r
mit dem 15. Oktober 1935 als
M a j o r
im Heere und zwar als Kommandeur der Panzer-Abwehrabteilung 3
mit einem Rangdienstalter vom 1. Juni 1934 (25) angestellt.

Ich vollziehe diese Urkunde in der Erwartung, daß der Ernannte, getreu der Reichsverfassung und den Gesetzen, seine Berufspflichten zum Wohle des Reichs erfüllt und das Vertrauen rechtfertigt, das ihm durch diese Ernennung bewiesen wird.
Zugleich sichere ich ihm den besonderen Schutz des Reichs zu.

Berlin, den 30. August 1935.
Der Führer und Reichskanzler.

Urkunde vom 30. August 1935

kleinere Gebäude sind neu hergerichtet oder durch Anbauten und Umbauten dem jetzigen Zweck dienstbar gemacht. Das Hartungsche Kontorgebäude ist erhalten und wird im Erdgeschoß u. a. zunächst noch die Bauleitung aufnehmen, während in den oberen Räumen die Kranken- und Arztstuben vorgesehen sind. Eine große Tankanlage mit vier Zapfstellen ist für alle drei Kompanien bequem zu erreichen. Eine Fernheizanlage ist auch hier angelegt worden; diese Anlage machte auf der Dammvorstadt erhöhte Aufwendungen wegen des hohen Grundwasserstandes nötig. In verhältnismäßig kurzer Zeit ist hier eine Riesenarbeit geleistet worden, an der zeitweise über 100 Firmen und etwa 900 Arbeiter beschäftigt waren.

Gewaltige Menschenmassen erwarteten am Sonntag vormittag in den Straßen der Stadt und besonders in der Dammvorstadt die Panzer-Abwehr-Abteilung 3, die bald nach 11 Uhr auf dem mit den Fahnen des Reichs und Girlanden reich geschmückten Roßmarkt eintraf, wo sie im Namen des Standortältesten von dem Grafen von Brockdorff-Ahlefeldt willkommen geheißen wurde. Er brachte ein Sieg-Heil auf den Führer und obersten Befehlshaber der Wehrmacht Adolf Hitler aus.

Alsdann begrüßte Oberbürgermeister Albrecht die Abteilung im Namen der Bürgerschaft. Er erinnerte kurz an die Zeit nach dem Weltkriege, wo das alte Heer aufgelöst werden mußte. Wohl niemand habe damals gedacht, daß in so kurzer Zeit, besonders so kurze Zeit nach der Machtübernahme durch die NSDAP in Deutschland, die Wehrfreiheit wieder hergestellt sein werde. Das sei einzig und allein das Verdienst des Führers und Reichskanzlers und seiner Mitkämpfer. Ohne diese stünde heute die Abteilung nicht auf diesem Platze und ohne diese wären auch nicht die vielen neuen Kasernen in Frankfurt (Oder) entstanden.

Der Oberbürgermeister gab dem Wunsche Ausdruck, daß die Truppe sich hier in der neuen Garnison stets wohlfühlen möge, und brachte ein dreifaches Sieg-Heil auf diese aus.

Der Kommandeur, Major Elster, dankte für die Begrüßung und gab seiner Freude Ausdruck, daß die Truppe, deren Aufgaben er kurz umriß, hier in der Oderniederung ein für sie geeignetes schönes Übungsgelände vorfände. Er brachte ein dreifaches Hurra auf die Bürgerschaft aus, dankte dann den Ehrengästen für ihr Erscheinen und bat sie, nach dem Vorbeimarsch in das Kasernement zu kommen und dieses zu besichtigen.

Unter den Ehrengästen sah man den Kreisleiter Kargert und den Geschäftsführer der NSDAP, Stadtrat Richter, Gruppenführer Manthey, die Kommandeure der in Frankfurt (Oder) liegenden Truppenteile, Oberstleutnant Mühlmann und Major Lehmann, Regierungsdirektor Graf Hue de Grais, die Oberregierungsräte Woge und Hartmann, den Präsidenten der Reichsbahndirektion Osten, Uttech, Generalleutnant a. D. Petri und viele andere.

Botho als Oberstleutnant

In der Sonneburger Straße fand der Vorbeimarsch der Truppe vor dem Vertreter des Standortältesten statt; die Abteilung fuhr dann durch ein dichtes Spalier von Menschen zu ihrer Kaserne. Dort fand die feierliche Schlüsselübergabe durch Heeres-Baurat Heidenreich statt, der auf die Entstehung des Kasernements hinwies und die schnelle und reibungslose Arbeit, die eine Riesenleistung war.

Der Vorstand der Standortverwaltung überreichte die Schlüssel dem Kommandeur mit den besten Wünschen für sein und der Truppe Wohlergehen und gab der Hoffnung Ausdruck, daß die Truppe sich dort stets wohlfühlen möge, und daß die einzelnen Angehörigen sich auch nach ihrer Dienstzeit des Aufenthaltes in diesen Kasernements stets gern erinnern möchten.

Der Kommandeur dankte, wies auf die unerhörte Fürsorge hin und brachte mit dem Hinweis, daß eine solche Arbeitsleistung in so kurzer Zeit Deutschland niemand nachmache, ein dreifaches Sieg-Heil auf den Führer und Obersten Befehlshaber der Wehrmacht aus.

Gisela

Unter den Klängen des Deutschland- und des Horst-Wessel-Liedes wurden die Kriegs- und Reichsflagge auf den Gebäuden der Panzer-Abwehr-Abteilung 3 gehißt. Ein Rundgang durch die Kasernen und ein Essen, das alle, Soldaten, Arbeiter und Unternehmer, Ehrengäste und Bürger, in echter Verbundenheit vereinte, beschlossen den feierlichen Einzug.

Ein Jahr später wurde Botho mit Wirkung zum 1. Oktober 1936 zum Oberstleutnant befördert. Er hatte weiter das Kommando über die Panzerabwehrabteilung 3 und erfreute sich in Frankfurt/Oder großen Ansehens.

Ein recht launiger Brief des »jungen« Paares vom 2.10.1936 an Bothos Mutter Louise läßt uns Einblick nehmen in die Lebensumstände und die seelische Verfassung der beiden:

»Meine liebe Mama! Dieser Brief soll Euch eine Überraschungsfreude bringen: ich bin heute zum Oberstleutnant befördert worden! Ihr werdet über die Schnelligkeit, mit der das erfolgte, ebenso überrascht sein wie wir selber. Ich hatte damit frühestens zum Januar oder zum Frühjahr gerechnet. Nun ist der Segen schon zu Hindenburgs Geburtstag über uns niedergegangen und die Freude ist groß. Zumal es geldlich auch eine kleine Aufbesserung ist, monatlich gibt es 66,92 RM mehr und die 92 Pfennige habe ich Gisela gleich zur Erhöhung ihres Haushaltsgeldes ausgesetzt! Immer großzügig! ... Zum Sonntag hatten wir uns schon vor Kenntnis dieses Ereignisses bei Hanns-Martin und Dorette im Grunewald angesagt und vorgeschlagen, daß Bergs auch dorthin kommen. Hans-Christian bat, in den Herbstferien nach hier kommen zu können und ich habe zugestimmt. Er wird ab 12. Okt. mit einem Freund zusammen bei mir in der Kaserne wohnen und auch essen. Das ist ja was für die Jungens. Und Sybille will gleich mitkommen. Auch das kann geschehen und Dorette scheint selig zu sein, die Kinder mal abgeben zu können. Also her damit, zumal Gisela sich schon sehr auf die kleine Kröte freut ... Unsere Arbeit hat nach den Manövern wieder angefangen: Aufbau und Bildung zweier neuer Kompanien, die am 6. 10. ins Leben treten. Ich habe zwei sehr nette frische Hauptleute hereinversetzt bekommen ... Vor Weihnachten bekomme ich 14 Fahnenjunker zur Truppe, dann krame ich meine eigenen Junkererinnerungen aus und stelle mir mich selbst vor meinem damaligen Kommandeur vor. Nun bin ich selbst der Kommandeur und sehe sinnend auf den raschen Lauf der Jahre, und es will mir noch gar nicht behagen, daß man nun schon so würdig sein soll. An stillen Abenden haben wir jetzt die Kriegsbriefe von mir und Euch aus der Truhe gegraben und Gisela liest sie vor. Da rutschen die Jahre zusammen wie Monate und man zählt verwundert nach, daß das schon 20 Jahre her sein soll.

Wir sind nun nicht weggefahren und ich lasse 3 Urlaubswochen schießen, aber es ging nicht hier mitten im Aufbau. So gleiten wir unmerklich in den Winter über. Heute kam die erste Einladung zur Treibjagd beim Ritterschaftsrat N.-L.. Sein Sohn ist bei mir Reserve-Offizier. Wir hoffen nun, daß sich der Landverkehr diesen Winter recht lebhaft entwickelt, denn hier in Frankfurt/Oder selber ist nichts zu holen. Die letzten netten Leute Regierungspräsident Dr. B. mit seiner Frau sind per Telegramm Knall und Fall beurlaubt worden. Jetzt wird wohl irgendein Pg einziehen ... Ein paar Rebhuhnjagden brachten guten Küchenschmaus; ansonsten aber ist mein Tagewerk Dienst und allabendlich bleiben wir zu Haus, da Frankfurt/Oder in keiner Form lockt. Gestern starteten wir den ersten Kaffee des Offizierskorps mit ihren Damen in unserem Kasino, das wirklich reizend geworden ist und allgemein hohe Anerkennung erntet. Wir wollen es in diesem Winter tüchtig beleben als einzigen gesellschaftlichen Punkt wie alle Kasinos der Wehrmacht, die noch die einzigen sind, die in alter Form die Geselligkeit pflegen; alle anderen, zuletzt jetzt auch der Reg.präsident, machen es ja nicht mehr, so daß sich die gebildete Schicht gänzlich fremd bleibt und man sonst keine Leute kennen lernt.

Aber wir halten hier die Wacht im Osten aus, bis wir hoffentlich dann mal wieder irgendwo im Westen aufwachen.

Das Rundschreiben wegen des Familientages (die Gründung des Familienverbandes Elster geht auf umfangreiche archivalische Forschungen von Otto zurück) hast Du wohl erhalten. Ich hoffe sehr, daß er nun bald zustande kommt. Und dann müßt Ihr anschließend zu uns kommen und das jetzt schon ganz fest versprechen! Mit vielen lieben Grüßen und Wünschen Euer Botho«

Gisela fügte noch hinzu:

»Jawohl, das will ich auch. Und jetzt als Oberstleutnants-Frau habe ich zu befehlen und Ihr müßt gehorchen. Also wehe, wenn Ihr nicht kommt ... Bothos Freude über seinen Stern ist leider etwas geteilt, weil er dadurch wieder etwas höher gerutscht ist und alleiniger dasteht. Ich freue mich aber umso mehr, vor allen Dingen über die mehrigen Däuser ... Ich habe im September die ganze Faulheit des Sommers wieder wett gemacht: 80 Pfund abgezogene Zwetschgen sind eingeweckt, Gurken, Tomaten und Fliedersaft. Ich bin stolz wie ein Spanier und alle Gläser sind zu -u!

PS: Ich habe Botho befohlen, er soll nur hinten Oberst und vorne Leutnant sein. Damit meine ich natürlich nur den Haarschopf!«

Auf einer erhalten gebliebenen Fotografie, die während einer Divisionsübung in Ost-Brandenburg im Sommer 1938 entstand, ist Botho am Kartentisch zusammen mit Prinz Friedrich von Preußen (geb. 1911), Enkel von Kaiser Wilhelm II., zu sehen, der in Bothos Einheit Fahnenjunker war.

Im Oktober 1938 führte Botho seine Abteilung ins Sudetenland (Schatzlar, Trautenau, Johannisbad).

In diesem Oktober 1938 (27.) kam Bothos und Giselas zweites Kind, ein Sohn, in Hildesheim zur Welt (die erstgeborene Tochter im Jahre 1937 war leider eine Totgeburt).

Botho hatte seiner Frau dringlichst empfohlen, das Kind nicht in Frankfurt/Oder zur Welt zu bringen. Seine frühe Erkenntnis der Lage Deutschlands äußerte er in den Worten: »Später einmal weiß man vielleicht nicht mehr so genau, wo denn dieses Frankfurt/Oder überhaupt liegt«.

Es war gerade das sog. Münchener Abkommen am 29. September 1938 geschlossen worden. Dieser durch Hitler, Neville Chamberlain, Daladier und Mussolini geschlossene Vertrag sollte der Lösung der »Tschechischen Frage« dienen. Die Krise war von den seit der Einverleibung Österreichs sich

WELF-BOTHO

DIE GLÜCKLICHE GEBURT EINES GESUNDEN JUNGEN
ZEIGEN IN GROSSER FREUDE AN

OBERSTLEUTNANT ELSTER
FRAU GISELA ELSTER, GEB. RIEHL

STUTTGART-BÖBLINGEN, 27. OKT. 1938
Z. ZT. HILDESHEIM, ST. BERNWARDSKRANKENHAUS

Geburtsanzeige

rasch steigernden Forderungen der Sudetendeutschen Partei Konrad Henleins ausgegangen, die zuerst Autonomie, dann Selbstbestimmung innerhalb des tschechoslowakischen Staates anstrebte. Durch das Drängen der nationalsozialistischen Politik verschärfte sich die Forderung zum Verlangen der Loslösung der sudetendeutschen Gebiete und wurde wegen der ultimativen Forderungen Hitlers zur drohenden Kriegsgefahr. Die Tschechoslowakei war auf der Münchener Verhandlung nicht vertreten. Sie mußte an das Deutsche Reich die deutschbesiedelten Randgebiete Böhmens, ferner Gebietsteile an Polen und an Ungarn abtreten, wofür ihr Bestand und ihre Sicherheit garantiert werden sollte.

Botho gab seinem Sohn den Vornamen Welf-Botho. Dies geschah ganz bewußt in Abkehr von der damaligen offiziellen Linie und stellte eine Reminiszenz an die Traditionen des welfischen Herzogtums Braunschweig-Lüneburg dar, die Bothos Vater in der von ihm gegründeten Braunschweigischen Landesrechtspartei politisch vertreten hatte.

Am 5. November 1938 dedizierten Angehörige der Panzer-Abwehr-Abteilung 3 »ihrem hochverehrten Kommandeur« ein großes Silbertablett mit vielen Unterschriften. Anlaß war die Übergabe der Abteilung durch Botho an seinen Nachfolger, Major v. Natzmer. Botho war das seit kurzem in Böblingen/Stuttgart stationierte Panzerregiment 8 als Kommandeur übertragen worden. Er mußte von Frankfurt/Oder Abschied nehmen, um sich mit der ihm eigenen Tatkraft der neuen Aufgabe in schwäbischen Landen zu stellen.

In Böblingen bezog er mit seiner Familie eine schöne Villa in der Waldburgstraße, die hinauf zu der in den Wäldern gelegenen Kaserne führte.

Das Panzerregiment 8 bestand im Oktober 1938 aus 2 Abteilungen mit je 4 Kompanien.

Mit Wirkung vom 1. August 1939 wurde Botho, sicherlich in Anerkennung seiner Leistungen beim Aufbau des Panzerregiments, zum Oberst befördert. Die Nachricht über die Beförderung erreichte ihn auf dem Truppenübungsplatz Milovice/Prag (die sog. Rest-Tschechei war zuvor besetzt worden). Schon wenige Wochen später mußte Botho mit diesem Panzerregiment in den Zweiten Weltkrieg ziehen. Am 1. September 1939 ließ Hitler Polen überfallen.

Das Panzerregiment 8 war der 10. Panzer-Division der Heeresgruppe Nord als Reserve unterstellt. Im Verband des II. Armeekorps der 4. Armee überschritt es am 3.9.1939 die Grenze zwischen dem Reich und dem Korridor. Im weiteren Verlauf des Feldzuges hatte dieses PzRgt. 8 den Auftrag, die Festung Brest-Litowsk anzugreifen und zu nehmen.

Am 17.9.1939 fiel diese Festung. Der Kommandierende General der Panzertruppe Guderian, Generalkommando des XIX. Armeekorps, erließ am 15. 9. 1939 folgenden Tagesbefehl:

»Dem Panzerregiment 8 spreche ich für seine hervorragenden Leistungen im Kampf um die Einnahme von Brest meine Anerkennung und meinen wärmsten Dank aus.

Besondere Anerkennung gilt dem Rgt.-Kommandeur, Oberst Elster, für sein erfolgreiches, selbständiges Handeln, dem in erster Linie der schlagartige Einbruch in Brest zu danken ist ...«

Einem Aufsatz des Generalmajors a. D. Heinrich Felix Beckmann, Das Panzerregiment 8 – Panzerkampf in zwei Kontinenten (Teil I), erschienen in *Das Schwarze Barett* Nr. 11, März 1994 kann ebenso Anschauliches wie Erschütterndes über die Kämpfe um diese Zitadelle entnommen werden:

»... (Aufgrund der Erkenntnisse von Erkundungsgruppen) meldet der RgtKdr an die Division, daß die (vor der eigentlichen Zitadelle gelegenen) Forts noch nicht besetzt sind und das Rgt sofort gegen die Zitadelle angesetzt werden könne. Die Division ist zunächst in Sorge, das PzRgt ohne Artillerie- und Luftunterstützung sowie ohne Infanterie angreifen zu lassen. Schließlich erhält das Rgt. die Erlaubnis zum Antreten. Der Befehl lautet: Das PzRgt. 8 stößt über die Fortlinie in einem Zuge von Norden, in die Stadt einbrechend über die Bahnanlagen und den Flugplatz bis zu den Eisenbahn- und Straßenbrücken über den Bug vor und bahnt der nachfolgenden Infanterie den Weg zum Sturm auf die Zitadelle. Um 14:30 Uhr antretend, rollen die Kompanien mit hoher Geschwindigkeit auf die Fortlinie vor. Über Kopfsteinpflaster, durch Schlaglöcher, durch Furten, an zerstörten Brücken vorüber jagen die PzKpfWg nach vorn. 40 Std/km zeigen die Tachometer. Quer rutschen die PzKpfWg durch die Kurven. Vorbei am Fort II, weiter vorbei an dem großen Fort erreicht die Spitze den Flugplatz.

Eine startbereite Maschine wird zerstört. Im Keil greifen die Kompanien in Richtung Bahnhof an. Ein Eisenbahnzug versucht im Volldampf in ostwärtiger Richtung zu entkommen. Acht Schüsse aus einer 2 cm KWK sitzen mitten im Kessel der Lokomotive; sie bleibt stehen, die Waggons schieben sich ineinander. Nach Überschreiten der querverlaufenden Bahnlinien um 15:39 Uhr setzt heftige Gegenwehr der Polen aus Panzern, Pzbüchsen, Pak, Feldartillerie und schweren Maschinengewehren ein. Die Polen haben starke Artilleriekräfte um und in der Zitadelle konzentriert, die ständig verstärkt werden. In Stellung gehende Artillerie wird durch MG-Feuer vernichtet. Die P III und P IV schießen die polnischen Panzer vom Typ Renault FT-17 (3,7 cm-Kanonen) ab, die in den Schrebergärten nördlich der Zitadelle Stellung bezogen hatten. Zwölf Pz werden erkannt und bekämpft. Die 5. Kp meldet den Abschuß von 3 Pz und die Vernichtung von 5 Geschützen, die 6. Kp schießt 3 Pz ab und zerstört 4 Geschütze. Die 7. Kp schießt 4 Pz ab. In den Schrebergärten hat sich das Gefecht der Kompanien in Kämpfe der Züge und der einzelnen PzKpfWg aufgelöst. Es kommt zu regelrechten Zweikämpfen zwischen PzKpfWg und Pz und zwischen KpfWg und Geschützen. Die polnische Artillerie schießt Sperrfeuer. Aus den Sappen und Wallscharten werden die PzKpfWg in direktem Beschuß mit MG, Pzbüchsen, Pak und 7,5 cm Art. beschossen. Der Zugführer – KpfWg des 3. Zuges der 5. Kp erhält zwei Art-Volltreffer Kal. 10,5 cm, die das Laufwerk zerstören und die linke Turmseite aufreißen. Der Zugführer Ofw Böckel ist sofort tot, der Fahrer wird schwer verwundet, es gelingt ihm aber noch, den PzKpfWg zu verlassen und Deckung zu nehmen. Im Lazarett stirbt er zwölf Tage später. Der Funker Gefr. Weber kann den PzKpfWg leicht verwundet verlassen und muß einige polnische Soldaten, die auf ihn schießen, mit seiner Pistole abwehren. Gefr. Weber findet Deckung in einem Grabendurchlaß und wird nach einigen Stunden von der 6. Kp aufgenommen. Da Weber die polnischen Widerstandsnester beobachten konnte, können diese jetzt durch die 6. Kp bekämpft und ausgeschaltet werden. Trotz sich verstärkendem Feindwiderstand erreicht die II. Abt. mit Anfängen die Bugübergänge, noch sind die Brücken intakt. Rasch entschlossen fährt Olt. Schefold, Adjutant der II. Abt. mit seinem P II auf die Straßenbrücke, um für die folgende Infanterie einen Übergang zu schaffen. Kaum ist der PzKpfWg auf der Brücke, da wird diese durch Fernzündung gesprengt. Die Brückenfelder knicken ein und der PzKpfWg rutscht ab und wird eingeklemmt. Olt. Schefold, leicht verwundet, kann mit der Besatzung ausbooten und teilweise schwimmend das feindliche Ufer erreichen. Bei Anbruch der Nacht werden sie durch die eigene Infanterie, die inzwischen gefolgt ist, aufgenommen. Nach Beendigung der Kampfhandlungen kann der P II fast unbeschädigt geborgen werden. Die II. Abt., gefolgt vom RgtStab, dringt weiter in die Stadt ein, aus den Häusern und von den Dächern schlägt den PzKpfWg rasendes MG- und Gewehrfeuer entgegen. Durch schweres Artilleriefeuer aus der Zitadelle entstehen weitere Verluste und Ausfälle. Der KpfWg von Olt. Semerak, Chef der 6. Kp, erhält einen Art-Volltreffer, der Turm wird aufgerissen und Olt. Demerak getötet, sein schwer verwundeter Fahrer Uffz Thust wird beim Ausbooten durch polnische Dachschützen erschossen. Fw. Ladendorff (6. Kp) wird tödlich verwundet. Der KpfWg des RgtKdr wirft, durch Art-Treffer vor dem Wagen, eine Kette und ist nicht mehr fahrfähig. **Oberst Elster** steigt im Feuer der Dach- und Baumschützen auf den neben ihm fahrenden PzKpfWg auf. Auf der Kettenabdeckung liegend muß sich der RgKdr mit der Pistole gegen die polnische Infanterie wehren. Lt. Eichberg (5. Kp) deckt den RgtKdr mit seinem PzKpfWg, dabei erhält der PzKpfWg einen Treffer, die Besatzung bleibt aber unverletzt. Bei Einbruch der Dämmerung ziehen sich die Polen aus der Stadt in die Zitadelle zurück. An vielen Stellen der Stadt sind Brände ausgebrochen, sie beleuchten das Geschehen. Der Versuch, im Nachdrängen die Zitadelle im Handstreich zu nehmen, scheiterte daran, daß die Polen einen Renault-Panzer im Eingangstor quergestellt hatten, so daß die PzKpfWg nicht eindringen konnten. Bei Einbruch der Dunkelheit stellt das Rgt den Angriff ein und rollt zum Sammelpunkt hart nördlich des Flugplatzes. Nach und nach treffen auch liegengebliebene und teilweise stark beschädigte PzKpfWg ein, die von ihren Besatzungen wieder fahrbereit gemacht wurden. Viele Besatzungen tragen Kopfverbände oder den Arm in der Binde.

Für den, für den 16.9. angesetzten Angriff der 10 PzDiv und der 20. (mot)-Div. auf die Zitadelle hat das Rgt die wesentlichste Voraussetzung geschaffen. Am 17.9. früh wurde die riesige Zitadelle durch das InfRgt 76 genommen. Damit war die starke Festung Brest-Litowsk fest in deutscher Hand. Diesen stolzen Erfolg mußte das PzRgt 8 mit schmerzlichen Verlusten bezahlen. Bis zum 17.9. hatte das Rgt folgende Verluste: 2 Offiziere tot, 6 Offiziere verwundet, 4 Unteroffiziere tot, 3 Unteroffiziere verwundet, 7 Mannschaften tot, 9 Mannschaften verwundet ... Für das PzRgt 8 war ein gewisser Abschluß der Kämpfe erreicht. Gleichzeitig erfuhr es, daß die Russen von Osten im Anmarsch wären. Da der Bug als Demarkationslinie festgelegt worden war, mußte die Festung den Russen überlassen werden. Bis zum 22.9. hatte das Rgt den Raum Brest, der so viel Blut gekostet hatte, zu räumen.«

Wenn sich Botho in diesem Kampf auch initiativ und mutig gezeigt hatte, so wird doch sein innerer Zwiespalt offenbar. Er erfüllte zwar bei der Vorbereitung und in der Durchführung des Sturms auf die Festung seine soldatische Pflicht in der gegebenen Situation – und das mit durchschlagendem Erfolg, zugleich blieb aber sein innerer Widerwille gegen die Kriegshandlungen überhaupt bestehen. Ein Pazifist war er zunächst nur ideell, der augenblickliche Kampfauftrag war dennoch zu erfüllen.

Nach diesem Gefecht wurde Botho mit seinem Regiment zunächst nach Ostpreußen verlegt. Hier hatte er bereits am 22. September 1939 einen schweren Zusammenstoß mit dem Kreisleiter der NSDAP in Sensburg. Botho hatte beim Verlassen von Brest hilflos herumliegende Flüchtlingsfamilien und Geistliche auf seinen Wehrmachtsautos gerettet und in langen Märschen mit über die deutsche Grenze zurückgenommen.

In Sensburg verlangte er von dem dortigen Kreisleiter der NSDAP Quartier und Betreuung für die Flüchtlinge durch die Ortsgruppe der NSV. Als dieser ablehnte und verleumderische und abfällige Bemerkungen über die Armee machte, kam es zu Tätlichkeiten, die damit endeten, daß Bothos Offiziere den Kreisleiter blutig zusammenschlugen, so daß dieser bettlägerig wurde. Die folgenden monatelangen Untersuchungen des Falles führten schließlich dazu, daß Bothos militärische Laufbahn durch geheimen Vermerk in seinen Personalakten über seine antinationalsozialistische Einstellung abgebremst wurde. Ganz entgegen sonstiger Gepflogenheit, d. h. Beförderung in Anerkennung militärischer Leistungen im Krieg, blieb er gut drei weitere Jahre lang Oberst, der er schon vor Kriegsausbruch geworden war, und dies trotz seiner militärischen Leistungen bei Brest.

Opposition

Der nächste entscheidende Schlag der Wehrmacht war der Feldzug gegen Frankreich. Botho nahm daran mit seinem Panzerregiment 8 im Rahmen der 10. Panzerdivision vom 9. Mai bis 4. Juli 1940 teil.

Ein Vierteljahrhundert nach seinen ersten blutigen Einsätzen als junger Leutnant an der Westfront in Frankreich war er nun, als mittlerweile 46jähriger, der wider Willen in den Panzer kriechen mußte, wieder als Teil einer Kampftruppe in diesem von ihm so geliebten Land, dessen Sprache er fließend beherrschte. Aus dem jungen Maschinengewehr-Leutnant von damals war ein Regimentskommandeur geworden. Aber der neuerliche Kampfauftrag erfüllte ihn in keiner Weise mit Freude. Eine tiefe Ablehnung gegenüber diesem Angriffskrieg erfüllte ihn, sodaß er die Befehle nur ungern und pflichtgemäß ausführte, weil es in dem großen Getriebe einfach nicht anders ging.

Die innere Haltung Bothos fand ihren äußeren Ausdruck in einer – zunächst vorsichtigen – Opposition gegen seine weitere Verwendung in einer Kommandostellung, die sich in einem Einsatz in Nordafrika unter Rommel abzeichnete.

Am 7. März 1941 schrieb Botho folgenden Brief an das Heerespersonalamt, Oberst Linnarz, in Berlin:

»Lieber Linnarz!

Mein Div. Kdr., General Kühn, wird Sie bereits in Kenntnis gesetzt haben, daß ich nicht tropendienstfähig bin und damit für die weitere Verwendung in dieser Division ausfalle.

Stärkste Paradentose verbunden mit dadurch verursachten Magenstörungen ist der Grund. Der Kadaver will nicht mehr so wie der Geist und Wille. Und ich erhalte nun die Quittung dafür, daß ich seit Einzug in die Tschechei zwei Jahre lang weniger an die Erhaltung meiner Gesundheit als an den Dienst gedacht habe. Zwischendurch angefangene Behandlungen wurden immer wieder durch Verlegungen der Division, ›kriegsmäßige Einlagen‹, Alarmzeiten gegen England und Vichy und schließlich durch Abgabe des Regiments an diese neue 15. Pz.Div. unterbrochen. Und hier wollte und konnte ich auch nicht als erstes wieder fehlen. Denn z.Zt. liegen wir in Baumholder und rüsten auf Tropen um!

Da es nun zwangsläufig durch die Tropendiensttauglichkeits-Untersuchungen einen Wechsel in der Regimentsführung geben muß, bewegt mich in erster Linie meine Nachfolgeschaft stark. Ich habe das Regiment jetzt 2½ Jahre und es ist mir ans Herz gewachsen. Seit 4 Monaten ist Oberstleutnant Cramer bei mir zur Einarbeitung. Ich habe ihn in dieser Zeit als pflichttreuen, eisernen Soldaten, besten Offizierstyp alter Schule und vollendeten Gentleman kennengelernt. Er bietet m. E. in wünschenswerter Weise die

Gewähr dafür, daß das Regiment einer festen und zielsicheren Hand übergeben würde. Er ist voll tropendienstfähig. Sein eigener Wunsch deckt sich mit meiner obigen Anregung.

Was man über meine weitere Verwendung beschließt, muß ich dem dortigen Urteil über meine Verwendungsmöglichkeiten überlassen. Da aber zwangsläufig der Wechsel nun zu meinem größten Leidwesen eintreten muß, darf ich mich dazu auch kurz äußern.

Sie wissen, lieber Linnarz, daß ich noch nie einen Wunsch geäußert habe und nicht zu denen zähle, die dauernd Ihnen in den Ohren liegen. Und zumal jetzt, wo Ehre und Vaterland einzige Parole sind, hat man seine Pflicht dort zu tun, wo man hingestellt wird. Aber nun ist es soweit, daß nicht ich, sondern mein Corpus ein Anliegen hat. Kann ich in der neuen Verwendung Zeit finden, mich in ärztliche Behandlung zu begeben, ohne daß ich alle 3–4 Wochen woanders hinziehen muß, dann bin ich in kurzer Zeit wieder zu allen Schandtaten bereit, ohne daß mir inzwischen alle Zähne ausgefallen sind, wie mir das die Ärzte z. Zt. androhen, wenn keine konstante Behandlung einsetzt.

Will man mir diese Möglichkeit geben, dann bitte ich zunächst, wenn man mir überhaupt eine Brigade geben will, um die französische Beutebrigade. Und zwar deshalb, weil ich annehme, daß sie noch für einige Zeit festliegt und ich damit also die Gelegenheit habe, mich in derselben Klinik zu Ende behandeln lassen zu können. Die geplante Besetzung mit dem General Haarde ist wohl nicht mehr akut, da er sich dagegen auf das Stärkste sträubt, wie mir sein Bruder sagte. Andere Brigaden sind z. Zt. wohl kaum frei. Die 4. Pz.Brig. würde ich, solange H. das Pz.Rgt. 7 hat, nur ungern übernehmen. Zudem verhindern diese dauernd in Bewegung befindlichen Brigaden meine z. Zt. notwendige konstante Behandlung. Über sonstige andere Stellen, die in Frage kämen, haben nur Sie den Überblick. Ich möchte dabei aber nur den einen Wunsch aussprechen, daß man mich nicht absteigend verwendet und zum alten Eisen legt. Ich bin, nach einer gewissen Erholungspause, wieder voll da und und stehe dann weiter voll zur Verfügung. Ich weiß, daß Sie wie überhaupt das Personalamt diese Dinge ganz richtig auffassen und wie immer in wohltuend klarer und wohlwollender Form überdenken und regeln.

Ich bedaure den langen Schrieb ob Ihrer knappen Zeit. Es soll nicht wieder vorkommen! Besser gehts mündlich, aber ich bin hier z. Zt. nicht abkömmlich. Ich wäre Ihnen dankbar für Ihre schriftliche oder telefonische Ansicht und Rat (Telefon Baumholder auf Heeresleitung über Wiesbaden, dann Lager Aulenbach verlangen und dort mich).

In alter kameradschaftlicher Verbundenheit stets Ihr ...«

Die Universitätsklinik und Poliklinik für Mund-, Zahn- und Kieferkranke in Heidelberg hatte Botho bescheinigt:

»Bei Herrn Oberst Elster handelt es sich um eine vorgeschrittene Paradentose, die den Verlust eines großen Teils der noch vorhandenen Zähne zur Folge haben wird. Außerdem finden sich neben einer Wurzelcyste mehrere Granulome. Bei dem gegenwärtigen Befund ist Tropendienstfähigkeit auszuschließen. Die stationäre Behandlung wird für erforderlich gehalten. Die gesamte Behandlungsdauer bis zur Wiederherstellung der Kriegsverwendungsfähigkeit wird auf etwa 12 Wochen geschätzt.«

Die wohlbegründeten Erwägungen Bothos verfehlten ihr Ziel nicht.

Oberst Linnarz schrieb postwendend unter dem 11.3.1941 zurück:

»Lieber Elster! Unter der Voraussetzung, daß Sie tatsächlich nicht tropendiensttauglich bleiben sollten, käme für Sie als Panzer-Brigade eine im Juni in Frankreich neu aufgestellte Panzer-Beute-Brigade in Betracht. Sie würden unmittelbar nach Ernennung Ihres Nachfolgers zur Panzer-Brigade 100 zur Einarbeit kommandiert werden.
Mit kameradschaftlichen Grüßen Ihr Linnarz«

Die nachfolgend durchgeführten ärztlichen Untersuchungen führten schließlich zur Feststellung der Tropendienstuntauglichkeit.
Und mit Fernschreiben vom 12. Februar 1942 wurde vom Heerespersonalamt verfügt:

»An Heeresgruppe D
Mit sofortiger Wirkung wird ernannt:
Oberst Elster, Stab H.Gr. D., zum Kommandeur Panzer-Brigade 100.«

Damit hatte Botho sein Ziel erreicht: Er wurde nicht in Nordafrika eingesetzt, erhielt seinem inneren Wunsch gemäß also kein Kampfkommando mehr, nachdem er schon den Überfall auf Frankreich innerlich nicht gebilligt, sondern an ihm nur widerwillig teilgenommen hatte. Er bekam statt dessen das Kommando über die sog. Beutebrigade, die in Paris stand. Er mußte allerdings sein Panzerregiment 8 in ein wenig verheißungsvolles Schicksal nach Nordafrika ziehen lassen. Damit hatte er sich, der er bereits zum damaligen Zeitpunkt – von Deutschland war am 11.12.1941 den USA der Krieg erklärt worden – weitere Kampfhandlungen für verfehlt und letztlich aussichtslos hielt, in die innere Emigration zurückgezogen, ohne offenen Widerstand leisten zu müssen, was mit sofortiger kriegsgerichtlicher Verurteilung zum Tode geahndet worden wäre.
Die Untersuchungen zur Tropendiensttauglichkeit wurden jedoch fortgesetzt.

Darüber gibt folgender Brief Bothos an Oberst Linnarz vom 12. 12. 1942 Aufschluß:

»Lieber Linnarz!

Als vor einigen Wochen das Heerespersonalamt die erneute Untersuchung meiner Tropendienstfähigkeit anordnete, mußte ich mich den Ärzten stellen, die mich sonst nicht in die Finger bekommen hätten. Man ließ 4 Ärzte auf mich los, die meine dauernde Tropen DU feststellen und mich zu erneuten Untersuchungen nochmals beorderten, weil sie irgendetwas gefunden hatten, was sie bedenklich stimmte. Die Einzelergebnisse dieser Untersuchung sind mir nicht bekanntgegeben, wie das beim Kommiss ja so üblich ist. Wahrscheinlich frißt mich demnächst der Krebs oder sonst was auf.

Jedenfalls soll ich höchstens g. v. feld sein. Die Heeresgruppe soll Ihnen das zugeschickt haben, was ziemlich unnötig ist.

Ich lege Wert darauf festzustellen, daß der Anstoß dazu nicht von mir ausgegangen ist, sondern die befohlene Tropenuntersuchung die Sache ins Rollen brachte! Das bitte ich doch ganz eindeutig betonen zu dürfen.

Daß ich gesundheitlich wacklig bin, wußte ich von mir selbst schon lange, habe es aber niemals jemandem gesagt. Nun ist es auf diese Weise an die große Glocke gekommen, was niemals meine Absicht war.

Ich möchte nämlich weiter bei Ihnen als honoriger Mensch gelten, lieber Linnarz, und nicht als irgendein Armleuchter! Ich mache meinen Dienst überall, solange wie es geht und damit hat sich's. Daß das Grundübel meines Zustandes ein Schuß im Weltkrieg durch meine Fresse ist, tröstet mich nur unvollkommen.

Bitte sagen Sie mir mit ein paar Worten, daß Sie mich verstanden haben und bügeln Sie damit meine derzeitige bescheidene Stimmung etwas aus.

In alter Kameradschaft Ihr getreuer Elster«

Oberst Linnarz antwortete prompt am 24. 12. 1942:

»Mein lieber Elster!

Ich habe das ärztliche Attest nicht bekommen, brauche es aber auch gar nicht. Ich suchte seinerzeit nur einige Herren zum Einsatz in Afrika. Irgendeine Veranlassung, daß Sie schlechter Laune sind, besteht nicht. Daß wir langsam klappriger werden, ist eine Tatsache, die bekannt ist, aber erstens leben Sie noch, zweitens haben Sie noch 2 Arme und 2 Beine und obendrauf noch einen Kopf (wenn auch etwas weich). Als Sie mir den Brief geschrieben haben, haben Sie entweder einen Kater gehabt oder zu wenig getrunken. Ich empfehle Ihnen zum neuen Jahr so tüchtig auf mein Wohl zu trinken, daß die gute Laune von selbst kommt.

Ich drücke Ihnen zum Jahreswechsel die Hand und verbleibe mit kameradschaftlichen Grüßen und den herzlichsten Wünschen für 1943 Ihr Linnarz»

Damit war die Angelegenheit »Tropendienst(un)tauglichkeit« endgültig abgeschlossen. Für Botho war aber vor allem wichtig, daß er dabei seine Ehre gewahrt hatte und keinesfalls als Drückeberger dastand.

Botho hatte mit seiner umsichtigen, mit Krankheit getarnten Opposition immerhin das erstrebte Ziel erreicht, daß er nicht mehr für eine aktive Teilnahme am Kampfgeschehen verwendet werden konnte. Dies entsprach ganz seiner ablehnenden Einstellung zu den offiziellen Kriegszielen, die er schon lange als nicht mehr zu verwirklichen angesehen hatte (die militärische Lage Anfang 1943 gab ihm recht).

Seine Opposition drückte sich aber vor allem in seiner Mitwirkung in der Widerstandsbewegung aus. Botho war in den Widerstandskreis um v. Witzleben eingebunden, der damals noch Oberbefehlshaber im Westen war. Er wurde beauftragt, in geheimen Sondierungen die Haltung der Offiziere im Falle eines geplanten Sturzes von Hitler in Erfahrung zu bringen. Es gibt naturgemäß keine schriftlichen Belege über diese Widerstandstätigkeit Bothos, doch immerhin folgende Eidesstattliche Erklärung des Generalleutnant a. D. Freiherrn von Boineburg vom 23.12.1946:

»Ich gebe hiermit folgende Eidesstattliche Erklärung ab:
Etwa am 15. Februar 1942 erschien der mir gut bekannte damalige Oberst Elster im Stabe des Oberbefehlshabers West bei mir in meinem Stabs-Quartier Paris, um im Auftrage des Generalfeldmarschalls v. Witzleben festzustellen, ob ich mich der Widerstandsbewegung zur Beseitigung Hitlers und seines Regimes anschließen würde.

Ich sagte rückhaltlos zu und wir besprachen dann noch in einer längeren Unterredung die erforderlichen Personalfragen für die mir unterstellte 23. Panzer-Division.

Oberst Elster hatte weitere Unterredungen in dieser Angelegenheit.
Es ist mir weiter bekannt geworden in meiner späteren Stellung als Kommandant von Groß-Paris, daß Generalmajor Elster als Feldkommandant von Marseille und Mont de Marsan in einem besonders erfreulich gutem Verhältnis zur französischen Bevölkerung stand, deren Rechte er gewissenhaft und aufrecht vertrat.

Durch die rechtzeitige Kapitulation in hoffnungsloser Lage an der Loire im September 1944 rettete er 25.000 Mann das Leben und wurde dafür vom Reichskriegsgericht in Torgau zum Tode verurteilt.

Wegen seiner bekannten, ablehnenden Haltung gegenüber dem verflossenen Regime wurde Generalmajor Elster nicht mehr in führenden Stellungen verwandt.«

Damit ist zumindest aus einer verläßlichen Quelle verbürgt, daß Botho bereits Anfang des Jahres 1942 aktiv in der Widerstandsbewegung gegen Hitler mitgewirkt hat.

Es darf aber auch die eigene Einlassung Bothos zu dem damaligen Geschehen als Beleg für diese Widerstandsbewegung angeführt werden (Entnazifizierungsverfahren 1948):

»Nach dem Westfeldzug nahm mich Generalfeldmarschall von Witzleben in seinen Stab des Oberbefehlshabers West, Heeresgruppe D, Paris. Ich kannte ihn seit langen Jahren aus Berlin und Frankfurt/Oder, wo er sehr oft mit mir zusammen bei gemeinsamen Freunden wohnte und jagte. Er kannte meine dem Nationalsozialismus gegenüber völlig ablehnende Haltung und ich die seine. So wurde ich erneut in den Kreis der engsten politischen Vertrauten aufgenommen und von ihm im Winter 1941/42 mit Reisen politischen Auftrags betraut, die u. a. dahin gingen, die Kommandeure verschiedener Panzer-Divisionen und Truppen aufzusuchen, um ihre Stellung im Falle eines Staatsstreichs und die Zuverlässigkeit ihrer Truppenkommandeure und Truppen zu sondieren und dafür zu werben. Ich arbeitete auf das Engste mit den auch nach dem 20. Juli 1944 hingerichteten Major i. G. Voss und Oberleutnant d. R. Graf Schwerin-Schwanefeld zusammen.

Im Winter 1941/42 unterstand mir der Sohn Goerdelers, der bei mir als Oberleutnant diente. Er hatte in hohem jungen Idealismus eine Denkschrift verfaßt, die die Schäden in der Erziehung der HJ und SS und die Irreführung der Jugend im Heere über den wahren Ernst der Kriegslage und die Wege zur Besserung dieser unerträglichen Verhältnisse behandelt. Diese Denkschrift wurde durch einen vermeintlichen Freund und gleichaltrigen Kameraden verraten. Goerdeler jun. drohte die Anklage des Landesverrates und der Zersetzung der Wehrkraft. Sein Vater kam in höchster Sorge aus Deutschland zu mir nach Frankreich. Nach langen und vertraulichen Unterredungen unter sechs Augen zwischen Genfm. v. Witzleben, Goerdeler und mir war ich in der Lage, den Sohn aus den Fängen der engstirnig auf ihren Paragraphen beharrenden Kriegsgerichtsbarkeit zu retten. Goerdeler jun. ist dann kurz darauf im Osten in seinem Panzer gefallen.«

Gleichwohl wurde Botho mit Wirkung vom 1. März 1943 zum Generalmajor befördert, eine schlichte Folge beamtenrechtlicher Bestimmungen, eine sogenannte Planbeförderung. Als eine Anerkennung seiner Leistungen während der Feldzüge gegen Polen und Frankreich konnte diese Beförderung keineswegs betrachtet werden, war es doch die erste Beförderung seit seiner Ernennung zum Oberst, die noch in Friedenszeiten vier Jahre zuvor stattgefunden hatte. Es sollte die letzte Beförderung gewesen sein. Botho hatte den Generalsrang erreicht, was ihn jedoch angesichts der allgemeinen Umstände jener Zeit nicht sonderlich erfreuen konnte.

Er wurde dann alsbald zur Übernahme des Postens als Feldkommandant und Leiter des Hauptverbindungsstabes nach Marseille entsandt, um dort als Gebietsverwalter (Kommandant von Marseille) zwischen den souveränen französischen Behörden und den deutschen Operationstruppen zu fungieren. Sein Vorgänger hatte durch die Verhängung des Belagerungszustandes, die Sprengung des Hafenviertels und andere bedrückende Maßnahmen die französischen Behörden und die Einwohnerschaft der Millionenstadt in höchste Erregung versetzt. Botho setzte sich dagegen zum Ziel, durch maßvolle Haltung die Gegensätze auszugleichen. Er widmete dort ein volles Jahr seine Arbeitskraft, seine Überzeugung und sein ganzes Herz dieser Aufgabe, um alles in seinen Kräften stehende zu tun, die Leiden und Opfer der im Waffenstillstand mit der Besatzung befindlichen französischen Bevölkerung zu mildern und auf ein erträgliches Maß zurückzuführen.

Einige Sätze aus einem Brief Bothos vom 14. 9. 1943 an seine Mutter in Braunschweig beleuchten die Situation in Südfrankreich sehr anschaulich:

»Wir haben hier schwerste Arbeitsmonate hinter uns, die sich in den letzten 14 Tagen zum Superlativ steigerten. Der Abfall und die Entwaffnung der Italiener brachte für mich hier, da in Marseille ja auch noch Italiener saßen, geradezu dramatische Ereignisse. Am 8. September mittags empfing ich noch den italienischen General zur Besprechung über zukünftige gemeinsame Arbeitspläne. Am gleichen Abend um 12 Uhr nachts fuhr ich bei seinem Hause vor und schnappte ihn und seinen Stab 5 Minuten vor der Abfahrt der beladen stehenden Autos, als sie sich wie die Diebe aus dem Staube machen wollten! Ich setzte sie fest und ließ sie entwaffnen. 4 Tage vorher war ich zusammen mit anderen deutschen Generälen und Admirälen bei einem gemeinsamen Frühstück mit den italienischen Generälen und dem ital. Admiral von Toulon bei der Armee zusammen, wo dicke Trinksprüche gewechselt wurden. Nein! – diese ehrlose Bande, die hier am 8. September ihre Waffen, Lebensmittel und Fahrzeuge an die französischen Schwarzhändler verkloppte, verdient keine bessere Behandlung. Sie haben in die Weinfässer hineingeschossen, weil sie sie selber nicht mehr aussaufen konnten. Das sind schon wahrhafte Bundesgenossen gewesen! Pfui Teufel! Und um dieser Saubande willen liegt mein stolzes, tapferes Panzerregiment 8 drüben in Afrika und Tunis tot und gewesen! Die Ereignisse in Italien haben gezeigt, daß wir auf diesen Verrat vorbereitet waren.

Ich habe jetzt nach Abzug der Italiener das gesamte Gebiet von hier über Toulon, Cannes, Nizza, Monte Carlo bis Mentone und ins Hinterland weit bis in die savoyschen Hochalpen mit dazu bekommen. Hätte ich mir je träumen lassen, einst unter so ernsten Umständen Herr sein zu müssen über diese paradiesische Cote d'Azur?! Morgen steht eine mehrtägige Dienstreise in diese ganze Region zu Stäben und Truppen an. Ich hätte mir eine Reise in diese Gebiete etwas anders erträumt, als gespickt mit Waffen gegen die sich noch herumtreibenden italienischen Banden diese landschaftlich so begnadeten Gebiete zu bereisen!

Der Sommer ist vorbei gegangen, ohne daß ich Urlaub bekam. Und als ich jetzt im September endlich loswollte, kam Urlaubssperre für die gesamte Westfront und ich sitze wieder da! So verblühte der ganze Sommer ohne mich in Böblingen und nicht mal jetzt zur Ernte und zu den letzten warmen Herbsttagen kann ich dort sein. Gisela sitzt alleine rum und versucht, nun im sechsten Jahr, den Kram alleine weiter zu führen. Denn wir sind ja seit Herbst 1938 bereits getrennt. Die 6 Wochen, die wir im Frühjahr 1939, ehe ich in die Tschechei abrückte, das Haus einrichteten, sind ja kaum zu zählen. Ich bin volle 5 Jahre weg. Das ist nicht leicht – und was nutzt ein ganzes Haus mit Garten, wenn eine Frau alleine durch die leeren Räume tappt und drumherum ist die Gegend dunkel und leer ...«

Botho konnte im Oktober 1943 doch noch einmal für eine Woche Urlaub zu Hause genießen. Es sollte nicht nur der letzte Aufenthalt vor seiner Rückkehr im Februar 1947 sein, sondern auch ein besonders dramatischer. Es war an sich wunderschöner »goldener« Herbst, aber die Bombardierungen der deutschen Städte nahmen mehr und mehr zu. Ausgerechnet in dieser Heimaturlaubswoche wurde Bothos Dienstvilla in Böblingen im Rahmen eines Luftangriffes auf das nicht weit entfernte Stuttgart als einziges Haus weit und breit von 5 Phosphorbomben getroffen und brannte lichterloh.

Botho gelang es, mit Hilfe von Kräften aus der Kaserne des Panzerregiments den Brand zu löschen und den Schaden wenigstens soweit zu begrenzen, daß das Gebäude noch als menschliche Behausung benutzt werden konnte. Noch bevor Botho wieder nach Marseille flog, war mit den Arbeiten zur Errichtung eines Notdaches begonnen worden. Zurück blieben seine Frau und sein fünfjähriger Sohn, die ihn erst in 3 ½ Jahren wieder sehen sollten.

Die Amtsführung Bothos in Marseille, die von Mäßigung gegenüber der französischen Bevölkerung geprägt war, brachte ihn in immer schärferen Konflikt mit den übertriebenen und aus den Kriegsnotwendigkeiten heraus in keiner Form gerechtfertigten Forderungen des Oberkommandos der deutschen Armee in Avignon.

Die Gegensätze spitzten sich zum Ausbruch eines offenen Konflikts zu, als Botho die männliche Einwohnerschaft eines Dorfes, die die Truppe festgenommen und dem Sicherheitsdienst zur »weiteren Erledigung« übergeben hatte, diesem unter schärfstem Druck wieder entriß und sie dem französischen Regionalpräfekten zur Rückführung in ihr Heimatdorf übergab.

Der Grund für die Festnahme war ebenso ungerecht wie brutal: 5 km von dem Dorf entfernt war ein deutscher radfahrender Soldat von Maquis (fran-

Die Villa vor der Zerstörung durch Bomben

zösische Partisanenbewegung) aus den Bergen überfallen worden, die Einwohner des Dorfes hatten mit diesem Überfall offensichtlich gar nichts zu tun.

Es kam zu einer Auseinandersetzung von seltener Schärfe, in der die Armee die Unterwerfung Bothos unter ihre Richtlinien und Befehle forderte, denen gegenüber er ebenso scharf auf seiner dienstlichen wie persönlichen und moralischen Handlungsfreiheit bestand. Die unmittelbare Folge war, daß ihn unter Umgehung seiner Beförderung ein dienstjüngerer General (Hühnerbein) ersetzte und er – ab April 1944 – auf der völlig bedeutungslosen Feldkommandantur Mont de Marsan im Südwesten Frankreichs in der Nähe der Pyrenäen in der tiefsten Provinz kaltgestellt wurde. Dort begann Botho mit seiner einflußlosen Tätigkeit als Feldkommandant in dem weltentlegenen Städtchen nur wenige Wochen vor der anglo-amerikanischen Invasion in der Normandie (12. Juni 1944 – Decision Day).

Ein Brief vom 24.4.1944 an seine Mutter vermittelt einen Eindruck seiner Situation:

»Liebste Mutter! Ich hörte gestern abend mit erneutem Schrecken die Bombardierung von Braunschweig. Es ist furchtbar, so weit weg zu sitzen, hier an der spanischen Grenze und keine Einzelheiten zu wissen. Wie mag es um Grete, Marlene, Onkel Adi stehen? Was wird mit den Häusern sein? Ich erhielt über Gisela Deinen Brief über die Zerstörung des Hauses von

Hanns-Martin. Entsetzlich, es steckte ja nicht nur Lebenswerk drin sondern auch sein Handwerkszeug, seine Bücher.

Ich bin seit wenigen Tagen hier in meinem neuen Wirkungsbereich. Die Stadt ist klein, 10.000 Einwohner, aber in unmittelbarer Nähe der Flugplatz der Atlantikflieger, daher ständig von dem Engländer mit Bombenangriffen belegt. Wir haben ständig Alarm und sitzen in unzureichenden Kellern, da die Bunker noch nicht gebaut. Das Gebiet reicht von Bordeaux bis zur spanischen Grenze, am Atlantik entlang. Mein ständiger Sitz ist das Städtchen Mont de Marsan, etwa 100 km im Landesinnern. Ich bin viel unterwegs und die Neuheit der Verhältnisse macht viel Arbeit. Bitte gib gleich Nachricht, wenn auch nur kurz. In aller Liebe Dein Botho.«

Seinen 50. Geburtstag wird Botho ohne Freude gefeiert haben, er hält es nicht einmal für wert, in diesem Brief an seine Mutter auch nur irgendeinen Gedanken auf diesen kurz bevorstehenden, nicht unbedeutenden Tag zu verwenden.

Die Abgeschiedenheit des strategisch bedeutungslosen Postens hatte aber auch einen positiven Effekt. Botho war aus dem weiteren Kreis der Widerstandsgruppe ausgeschieden, da er dort »unten« kaum etwas in dessen Sinne bewegen konnte. So erlebte er den 20. Juli nur als stummer Zeitzeuge mit. So aber blieb er auch unerkannt und verschont von den Verfolgungen der hitlerschen Rachemaßnahmen gegen v. Staufenberg und viele andere.

Kapitulation

1. Übersicht über die Lage im Sommer 1944

Die Tage und Wochen in der abgelegenen Feldkommandantur Mont de Marsan waren zermarternd.

Es gab keine Order über die weitere Aufgabe. Die Invasion in der Normandie am 12. Juni 1944 (D-Day = Decision Day) war bekannt. Die militärischen Folgen dieses entscheidenden Tages, an dem die anglo-amerikanischen Truppen mit einem massiven Einbruch in die Westfront eingriffen, konnte sich jeder über die militärische Gesamtlage einigermaßen informierte Offizier zumindest vorstellen. Ebenso wußte man um die allgemeine Lage im übrigen Frankreich: Am 15. August 1944 begann die »Operation Anvil«, die Invasion in Südfrankreich. Starke Truppenverbände der 7. US-Armee und des II. Französischen Corps landeten an der Mittelmeerküste zwischen Cannes und Toulon. Andererseits war das gescheiterte Attentat auf Hitler vom 20. Juli 1944 allgemein bekannt. Die deutsche Heeresführung mußte reagieren.

Täglich erhoffte man weiteren Befehl. Es tat sich nichts – bis zum 19. August 1944. An diesem Tag erreichte Botho aus heiterem Himmel ein fünfseitiger Befehl vom 18. 8. 1944:

»Befehl für die Bandenbekämpfung im Bereich des LXIV. A. K. ab 20.8.1944.«

Unter dem zynischen Stichwort »Herbstzeitlose« wurde die Sammlung aller Verbände aus der Küstenfront und deren Abmarsch in Richtung zentralfranzösischer Raum zur Unterstützung der Bandenbekämpfung im Großeinsatz angeordnet. Tatsächlich war dieser Grund eine Tarnung zur Verdeckung der wahren militärischen Absicht. Hitler hatte am 16.8.1944 überraschend befohlen, Südfrankreich zu räumen. Die dort stationierten Truppen sollten sich den Rückzug erkämpfen, um im Raum Belfort die Front zu durchbrechen und an der Heimatfront weiterer Verwendung zugeführt zu werden.

In einem ergänzenden Befehl der 159. Res.Div. vom 20.8. wurden Anordnungen zur Sprengung diverser Objekte gegeben. Den teilweise sinnlosen Sprengbefehlen widersetzte sich Botho unter geschickter Nutzung von Sachargumenten in seinem an das Techn. Btl. 5 gerichteten Befehl vom 21.8.:

»Das Kraftwerk in Hostens darf auf keinen Fall gesprengt werden. Der Raum um Hostens bleibt bis 26.8 von Truppen belegt. Diese Truppen brauchen den Strom selbst. Auch eine Strombelieferung im weiteren Umkreis bis Bordeaux wäre damit unmöglich gemacht. Eine Sprengung bedeutet also eigene Schädigung.

Das E.-Werk in Bayonne ist auf Einspruch des Deutschen Botschafters in Spanien nicht zu sprengen.

Das Umspannwerk in Dax wird auf meinen Befehl nicht gesprengt, da es sowieso auf ein bis zwei Monate stromlos bleibt.

Generalmajor«

Botho widersetzte sich auch weiteren Sprengungen, wie aus folgender an ihn gerichteter Meldung des Oberstleutnant Hölzel vom 21.8.44 zu entnehmen ist:

»Heute nacht rief Major Pickert (Generalstab 159. Div.) an und bat mich, Herrn General folgendes zu übermitteln:

Auf Grund des Antrages des Herrn General ist der Hafen von Bayonne nicht zu sprengen, aber zu sperren durch Blockieren und Verminen.

Die Steinbrücke über die Adour in Bayonne ist ebenfalls nicht zu sprengen.

Bezüglich der Eisenbahnbrücke, nach der ich fragte, bleibt die Entscheidung Herrn General überlassen. Sie könnte noch geladen werden. Außerdem hörte ich, daß die Eisenbahnüberwachung Bayonne ihre Zerstörung durch Sprengung eines G.-Wagens mit Munition beabsichtige.«

Die Gesamtführung der Operation oblag dem Kommandeur der 159. Reservedivision, Generalleutnant Nake, als Teil des 64. Reservekorps. Unter seinem Kommando wurden drei große Marschgruppen gebildet, deren Marschgruppe Süd die Räumung des Gebiets zwischen der Girondemündung und der spanischen Grenze übertragen wurde.

Sie untergliederte sich in vier Marschuntergruppen, von denen eine Botho unterstand. Hierin waren zusammengeführt worden alle Truppenteile des Heeres, der Kriegsmarine, der Luftwaffe und deren Wehrmachtsgefolge, alle Einheiten der Handelsmarine und die Beamten des Zollgrenzschutzes, der Reichsbahn, der Reichspost und der zivilen Verwaltung sowie die Beschäftigten bei Privatfirmen. Allen Marschuntergruppen wurde Befehl zum Sammeln und Abmarsch Richtung Norden gegeben. Ziel war Angoulême, von wo aus vereint weiter marschiert werden sollte.

Der Abmarsch erfolgte am 21.8.1944 abends, also unter größtem, durch die kurzfristige Befehlsausgabe erzeugten Zeitdruck, die Marschuntergruppe Elster als letzte. Ein bunt zusammengewürfelter Haufen vom Hafenkapitän bis zum Gebirgsjäger, die meisten darin ohne Gefechts- oder Marscherfahrung, der sich auf der einzig möglichen, ca. 200 km langen Route Richtung Bordeaux bewegte. An wehrfähigen Teilen verfügte Botho nur über einige kampferprobte Infanteriekompanien, die von Soldaten der Marine- und Flakschulen, von Flugabwehr- und Küstenbatterien und von Schiffs-

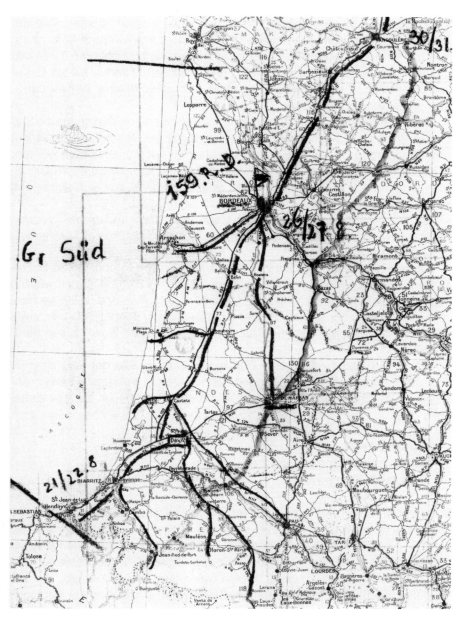

Karte von Südwestfrankreich

geschützbedienungen im besten Falle unterstützt werden konnten. Alle anderen waren nur bedingt einsatzfähig. Besonders erschwerend kam hinzu, daß die einzelnen Marschteile nur über äußerst unzureichende Transportmittel verfügten, als da waren: LKW, PKW, Pferdefuhrwerke, einige Busse und Fahrräder. Die Marsch-Organisation war unter diesen Umständen – gelinde gesagt – schwierig.

Den Kommandeuren der vier Marschuntergruppen der Marschgruppe Süd war bekannt, daß die Brücken über die Dordogne bei Bordeaux in der Nacht vom 26. auf den 27. August von den Deutschen gesprengt werden würden. Es galt also, unter äußerster Kraftanstrengung diese bis zu diesem Datum zu erreichen und hinter sich zu lassen; wer zurückblieb, war sich selbst und einem ungewissen, schutzlosen Schicksal überlassen.

Am 31. August erreichten die letzten Teile der Marschuntergruppen Angoulême. Allein Bothos Einheit hatte zu diesem Zeitpunkt die Stärke von etwa 12.000 Mann.

General Nake befahl die Bildung einer kampffähigen Truppe, die als Speerspitze für die übrigen Marschteile dienen sollte. Zu diesem Zweck wurden aus allen Teilen die kampffähigen Verbände herausgelöst, deren Handwaffen, schwere Waffen, der größte Teil der Kraftfahrzeuge, sonstiges Gerät sowie alle Fahrräder übernommen und zur »Mot. Kampfgruppe Nake« zusammengestellt.

Während diese so formierte Truppe abrückte, wurde der verbleibende Rest der bis Angoulême bestehenden Marschuntergruppen zur »Fußmarschgruppe Süd« unter Bothos Kommando mit folgenden Teilen zusammengefaßt:

Marschuntergruppe Luftwaffe,
Marschuntergruppe Marine,
Marschuntergruppe Elster.

Diese »Fußmarschgruppe Süd« umfaßte etwa 25.000 Mann. Man hatte ihr als Transportmittel eine Anzahl von LKW, PKW und Pferdetrosse überlassen. An Bewaffnung waren nur noch einige Dutzend Maschinengewehre sowie erbeutete Gewehre und Karabiner aus fremden Armeebeständen vorhanden. Die Munition für diese Waffen war zudem äußerst knapp.

Diese Nachzügler-Truppen hatten Befehl, am 1. Oktober die deutsche Grenze zu erreichen. Ihr blieb dafür *ein* Monat Zeit, der September 1944. Das bedeutete (bei zu bewältigenden ca. 1000 km) einen rechnerischen Tagesdurchschnitt von ca. 35 km! Bei einzukalkulierenden Marschstockungen mußten an anderen Tagen wesentlich höhere Tagesmarschleistungen vollbracht werden.

Am 31. August erfolgte der Abmarsch Richtung Poitiers, Châteauroux mit dem Ziel, die Loire südlich von Nevers bei Decize zu überqueren, um

dort von der vorauseilenden »Mot. Kampfgruppe Nake« aufgefangen zu werden.
Botho hat später die haarsträubende Situation dieser Tage beschrieben:

»Der Marsch entwickelte sich zu einer *Anabasis* tragischsten Ausmaßes. Die Verwundeten verreckten unverbunden in den Straßengräben, die feindliche Luftwaffe, die wild kämpfenden französischen Widerstandsgruppen und die amerikanischen Panzer zerhackten die unter Auflösungserscheinungen zu Fuß dahin kriechende, ungeordnete Masse von einst 25.000 disziplinierten, anständigen deutschen Soldaten.«

2. Bericht über die Fußmarschgruppe Süd vom 20.8. bis 16.9.1944

Botho berichtet über diese Anabasis unter dem 1. November 1944 – schon in Kriegsgefangenschaft – folgendes:

»Am 19.8.1944, 15 Uhr wurden alle Kommandeure und Dienststellenleiter aus dem Raume Bordeaux – Girondemündung – spanische Grenze an der Küste und im rückwärtigen Gebiet zu einer Besprechung zum Gefechtsstand der 159. Res. Div. nach Bordeaux befohlen. Hier wurde erstmalig und für alle völlig neu der Befehl zur sofortigen Räumung Südwest-Frankreichs als sofort gültiger mündlicher Befehl bekanntgegeben. Der dabei im Umdruck verteilte Korpsbefehl stammte vom LXIV. Res.Korps in Poitiers, dessen Befehlsbereich nach Weggang des AOK 1 auf den gesamten Raum von Orléans – Loire-Mündung – spanische Grenze ausgedehnt war.
Dazu wurde befohlen:
Sofortige Sprengung aller Küstenbefestigungen einschließlich aller eingebauten Geschütze und schweren Waffen, der Flak-Batterien, Munitions-, Betriebsstoff- und Verpflegungsläger, der Rüstungsbetriebe, Kunstbauten, Postämter, Elektrizitätswerke, diese 3 nach Abzug der Truppen. Alle Truppen und Dienststellen aller Wehrmachtsteile einschließlich Wehrmachtsgefolge und Zivildienststellen mit allen Mitteln beweglich zu machen, 3 Muni-Ausstattungen und 12 Tage Verpflegung verlasten und am 20.8. abmarschieren.
Auf Einspruch aller Kommandeure, daß dieser Befehl die Truppe völlig unvorbereitet trifft und nicht innerhalb 12 oder 24 Stunden ausführbar ist, wurde der Abmarsch-Termin auf den 21.8. abends verschoben.
Die Erörterung der Durchführung dieses Befehls zog sich bis zum 19.8. abends hin. Mein Vorschlag, dem Korps die Anfrage zu unterbreiten, die Truppen statt dessen in den festausgebauten Festungen Bayonne und Bor-

deaux zu belassen, wo sie sich monatelang halten können, anstatt alle Waffen zu sprengen, wurde überwiegend gebilligt aber nicht weiter verfolgt.

Mein Auftrag lautete: Im Rahmen der 4 zu bildenden Marschuntergruppen unter der Gesamtführung der Marschgruppe Süd durch die 159. Res.Div., Kommandeur General-Lt. <u>Nake</u>, eine Marschuntergruppe <u>Elster</u> zu bilden und zwar aus allen Truppen und Dienststellen zwischen Bordeaux (ausschließlich) und der spanischen Grenze, die an der Küste, im rückwärtigen Gebiet und an der Pyrenäen-Grenze standen oder saßen, aus allen Teilen des Heeres, der Kriegs-und Handelsmarine, der Luftwaffe, des Wehrmachtsgefolges, des Zollgrenzschutzes, der Reichsbahn, der zivilen Dienststellen und Firmen usw.

Diese Einheiten waren durch mich von diesem Befehl in Kenntnis zu setzen. Sie hatten sodann unter meiner Führung in einer Marschgruppe zusammengefaßt am 21.8. abends beginnend, nach Norden abzumarschieren.

Die Untergruppen der Marschgruppe Süd hatten Befehl, zunächst im Raum Angoulême zu sammeln und dann nach Nordosten abbiegend durch das in Händen der französischen Inneren Front befindliche Gebiet (Nordteil des Zentralmassivs) durchzustoßen.

Ich war bis dahin Feldkommandant in Dax (West-Pyrenäen und Landes) und hatte weder Einblick noch Unterlagen über die Kräfte und deren Gliederung in dem über 240 km langen Küstengebiet noch kannte ich alle darin arbeitenden Dienststellen aller Wehrmachtsteile. Ich fuhr sofort nach der Besprechung am 19.8. nach Biarritz, dort um Mitternacht eintreffend, und befahl zum 20.8. 10 Uhr die erreichbaren und mir bekannten Kommandeure und Dienststellenleiter aus Küste und Hinterland zu mündlicher Befehlsausgabe, die um 17 Uhr beendet war. Bei dieser Besprechung erfuhren die Beteiligten <u>erstmals</u> von der für den kommenden Tag befohlenen Absetzbewegung und den Sprengungen, während andererseits ich erstmalig erfuhr, welche Verbände, Einheiten und Dienststellen überhaupt meinem Befehl unterstanden, welche Stärke und Ausrüstung sie mitbringen würden und ob und inwieweit sie beweglich waren.

In der Nacht vom 20. zum 21.8. fertigte ich den Marschbefehl aus, zu dessen Verteilung und Versendung ich keinerlei Kräfte oder Verbindungsoffiziere hatte. Er kam schlecht und recht an die hauptsächlichsten Einheiten am 21.8. früh durch.

Am 21.8. abends Abmarsch, schon unter heftigen Absetzkämpfen von den Pyrenäen und der Küste. <u>Es strömten zusammen</u>: Einzelne Inf.Kp., Marine-Flakschulen, Festungsstamm Btl., Grenzzolldienst, Verwaltungsdienststellen, Arbeitseinsatzstäbe in Zivil, ebenso Devisenschutzkommando, Grenzpaßstellen, Abwehrdienststellen, Flugwachen, Rüstungskommandos, Grenzzollkommissariate, Hafenkapitäne, Handelsmarine-Dienststellen, Schiffsbesatzungen der Küstenwachboote, Minensuchflottillen, Schiffsbesatzungen der Handelsdampfer, die zwischen Spanien und der französischen Küste verkehrten, Marineküstenartillerie-Abteilungen, Heeres- und Luftwaffen-Flak (ohne Geschütze), Landesschützeneinheiten für Senegalneger-Kriegsgefangene, Reste der OT, Reichsbahnbeamte usw. ... Sie strömten auf einer Straße nordwärts, Nachtmarsch! Niemals marschiert! Mit Ausnahme der wenigen Kompanien keine Marschausrüstung, keine Feldküchen, keine Tornister, z. T. in Shorts ohne Koppel, ohne Zeltbahnen, ohne Kochgeschirre, hier ein Pferdegespann, dort ein LKW oder Holzgaslieferauto. Alter der Soldaten und Zivilisten bis über 60 Jahre, alle kv. Leute längst abgegeben, zahlreiche Leute mit Rußlandfrostschäden an den Füßen (zur Zeit klimahalber nach Südfrankreich versetzt). Mit Handkoffern und Pappkartons in der Hand. Keinerlei Marsch-Disziplin, keinerlei Beachtung der Fliegermarschtiefe. Kein Begriff von Marsch, Vorhut, Seitensicherung, Verhalten bei Rast usw. Schärfste Befehle, Einsetzung von Straßenkommandanten usw. usw. völlig ergebnislos.

Im Laufe des 22.8. wuchs die Zahl der auf der einzig möglichen Marschstraße nach Bordeaux (200 km!) zuströmenden Masse auf etwa 12.000 an. Einteilung der Marschuntergruppen durch mich in der Bewegung mit den geeignetsten Kommandeuren und Dienststellenleitern mündlich an der Landstraße entlang. Mir zur Verfügung keinerlei eingespielter Befehlsstab, nur die truppenunerfahrenen Angehörigen einschließlich Verwaltungsbeamten der Feldkommandantur. Durch Kommandierungen nichts zu haben, da nichts vorhanden.

Bekannt war, daß in der Nacht vom 26. zum 27.8. die Brücken bei Bordeaux über die Dordogne von uns gesprengt werden. Wer bis dahin nicht nach Norden rüber war, blieb zurück. Um unter allen Umständen die Angehörigen der Marschuntergruppe Elster bis zu diesem Zeitpunkt über die Brücken zu bekommen, ließ ich rücksichtslos LKW zusammenstellen, Munition und Verpflegung vorauskarren und dann im überschlagenen Einsatz die Fußmarschierer 30 km vorwerfen. Einen halben Tag später mußten sie sich ihre nachkommenden Pferdetrosse greifen und wieder zusammenfinden. Auch der Div. Stab aus Bordeaux half durch Entgegensenden von LKW und Sankas. Es galt ohne Rücksicht auf Marschgliederung und Zusammenhang jeden Deutschen über Bordeaux und die Brücken nach Norden zu bekommen.

Am 27.8. früh rückten die letzten Teile durch Bordeaux und über die Brücken, die anschließend gesprengt wurden.

Der Marschbefehl der 159. Res.Div. als Führungsstab der Marschgruppe Süd erläuterte eingangs, daß die Räumung Südwest-Frankreichs von der Loire-Front von Nantes bis zur spanischen Grenze in 3 großen Marschgruppen erfolge:

1. Marschgruppe Nord mit den Einheiten und Dienststellen von Nantes bis halbwegs zwischen Les Sables und La Rochelle.

2. Marschgruppe Mitte von hier bis zur Girondemündung.
3. Marschgruppe Süd von hier bis zur spanischen Grenze.

Der Abmarsch zur deutschen Grenze erfolgte in der obigen Reihenfolge, d.h. die Marschgruppe Süd mit dem weitesten Marschweg zuletzt!
Die Marschgruppe Süd ihrerseits bildete 4 Untermarschgruppen:

1. Marschuntergruppe Oberst v.d. Kammer aus dem Raum der Gironde-Mündung,
2. Marschuntergruppe Oberst Wurzer aus dem Raum westlich und ostwärts Bordeaux,
3. Marschuntergruppe Kriegsmarine-Admiral Weber aus Festung und Hafen Bordeaux,
4. Marschuntergruppe Gen.Major Elster aus dem Raum südlich Bordeaux bis zur spanischen Grenze und zur Pyrenäenfront.

Auch diese Marschuntergruppen marschierten zeitlich und reihenfolgemäßig in der angegebenen Aufeinanderfolge, d.h. als letzte von allen überhaupt aus Südwest-Frankreich abziehenden deutschen Kräften die Marschuntergruppe Gen.Major Elster.

Marschweg für alle zunächst: Bordeaux – Angoulême.

Die Marschuntergruppen v.d. Kammer und Wurzer sollten in erster Linie marschieren, meine Marschgruppe Elster als letzte Gruppe, rechtsheraus rückwärts gestaffelt ab Angoulême über Limoges in nordostwärtiger Richtung das nördliche Zentralmassiv durchstoßend. Die Marinegruppe sollte links gestaffelt im Schutz dieser drei Gruppen folgen, nach Möglichkeit abgesetzt, sowohl von der Küste wie auch vom unbesetzten Gebiet, da ihre Kampfkraft gleich Null war.

Dieser Plan, in seiner Undurchführbarkeit erkannt, wurde noch vor Ausführung umgeworfen.

Am 27.–28.8. verlegte mit der Aufgabe von Bordeaux der Führungsstab der Marschgruppe Süd, Stab 159. Res.Div. von Bordeaux nach Angoulême.

Die Marschuntergruppen erreichten den Raum um Angoulême mit letzten Teilen am 31.8.1944.

Zu diesem Zeitpunkt entschloß sich die höhere deutsche Führung zu einer grundsätzlichen Änderung der Räumung des südwestfranzösischen Raumes auf Grund der veränderten Feindlage:

Paris am 25.8. besetzt, mot. Verbände der 3. amerik. Armee im Vorstoß gegen Epinal – Nancy – Metz. Verbände der 7. amerik. Armee vom Mittelmeer über Lyon – Dijon auf Besancon. Inbesitznahme des Teils Frankreichs innerhalb der Dema-Linie durch französ. FFI – Truppen und Maquis usw.

Das Gen.Kdo. LXVI. Res. Korps (Gen. d. P. Sachs) hatte am 30.8. von Poitiers nach Nevers/Loire verlegt und sprang von dort am ca. 2.9. nach Remiremont südl. Epinal. Das vordem von Bordeaux nach Poitiers, dann nach Fontainebleau und dann nach Kaiserslautern verlegte AOK 1 hatte mit dem LXVI. Res.Korps keine Verbindung mehr.

Die Feindlage ostwärts der Dema-Linie verbot das Festhalten an dem oben benannten direkten und kürzeren Marschweg schräg durch Mittelfrankreich. Gleichzeitig hatte die französ. Widerstandsbewegung sämtliche Straßen und Brücken abseits der einen Straße Angoulême – Poitiers mit Baumverhauen, Minen oder durch Sprengung unpassierbar gemacht. Andererseits erwies sich, daß die Marschgruppe Süd in ihrer Gesamtheit trotz beispielloser verbissenster Marschleistungen immer an die Leistung des Fußmarschierers und des Pferdegespannes gebunden blieb. Das bedeutete, daß am 1.9. von Angoulême antretend noch rund 1000 km bis zu den Vogesen zurückzulegen sein würden, d.h. bei einem täglichen Durchschnitt von 35 km also noch 30 Marschtage, also Ankunft an der deutschen Grenze ca. 1. Oktober!

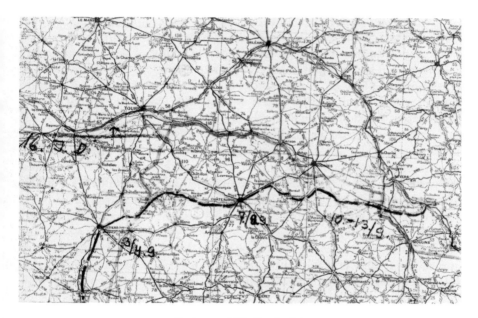

Karte von Mittelfrankreich

In dieser Lage befahl das LXVI. Res.Korps am 28.8. an die Führung der Marschgruppe Süd (den Div.Kmdr. der 159. Res.Div., Generallt. Nake), aus ihren 4 Marschuntergruppen alle Verbände der Kampftruppe und solche von irgendwelchem Gefechtswert herauszuziehen, dem auf Fußmarsch zu verweisenden Rest alle zur Motorisierung und motorisierten Gefechtsführung notwendigen Kfz aller Art abzunehmen, diesem dafür die stehen bleibenden Pferdetrosse der zu motorisierenden Infanterie-pp. Btle. abzugeben, ferner: Der zurückbleibende Rest hat alle schweren Waffen, Flak,

MG und Flak-Geschütze, Funkwagen und die Munition an die zu motorisierende ›mot Kampfgruppe Nake‹ abzugeben. An Handmunition hat dem Rest nur eine ¾ Munitionsausstattung, d.h. 60 Schuß pro Mann zu verbleiben. Gleichzeitig sind, soweit die Zahl der Kraftfahrzeuge nicht für die mot-Beweglichmachung ausreicht, die weiteren Einheiten von irgendwelchem Gefechtswert zu einer <u>Radfahrkampfgruppe Oberst SEITZ</u> zusammen zu fassen. Dazu haben alle Räder abgegeben werden müssen. Der Troß dieser Radfahrkampfgruppe ist ebenfalls aus Kfz zu bilden, die dem verbleibenden Fußmarschrest zu entnehmen sind.

Nach Entnahme dieser Verbände und dieser Waffen, Munition und Kfz, Räder und Gerät sind die Reste der 4 Marschuntergruppen in Richtung auf Poitiers in Marsch zu setzen und zu einer <u>Fußmarschgruppe Süd</u> zu sammeln.

Zum Führer dieser zurückbleibenden Fußmarschgruppe wurde *ich* befohlen. Zwei weitere, bislang in ihrer Marschuntergruppe mit ihren Feldkommandaturen marschierende Generäle schlossen sich, indem sie ihre Einheiten bei einer Fußmarschgruppe zurückließen, der motorisierten Kampfgruppe Nake an. Meiner Bitte, diese Generäle ebenfalls zur Mitführung dieser wohl auf 25.000 Mann ansteigenden Zahl der Fußmarschierer einzusetzen, wurde nicht entsprochen.

Die Auswirkung dieser Maßnahme des Herausziehens der kampfkräftigen Einheiten und der schweren Waffen, der Munition, der Kfz senkte den sowieso schon geringen taktischen Wert der zurückbleibenden Versorgungsdienststellen, Trosse, Luftwaffen-Boden-Organisationen und Marine-Einheiten nochmals um ein erhebliches. Auch blieben voll ausgebildete, nur eben ohne ihre gesprengten Geschütze befindliche Artillerie-Abteilungen, Nachrichteneinheiten ohne Gerät u.a.m. zurück, die sich entmannt und ausgezogen vorkamen. Allein die Angabe in dem Div. Befehl, daß die vorauseilenden mot- und Radfahr-Kampfgruppen der ja viel langsamer nachfolgenden Fußmarschgruppe den Übergang über die Loire offenhalten würden, bestärkte sie, ihre eigenen Waffen, Munition und Kraftfahrzeuge abzugeben und die auf den Rastplätzen von dem aufsitzenden Inf.Btl. zurückgelassenen Pferde- und Maultiertrosse dafür einzutauschen, ihre restliche Verpflegung und Munition darauf schlecht und recht zu verstauen und damit weiterzuziehen.

So marschierten – oder besser bewegten sich fort – Marine mit Pferdetrossen der Infanterie, Luftwaffe mit bunt zusammen gewürfelten eigenen, Heeresartillerie-, Infanterie- und Marinetrossen oder Gespannen, dazwischen dienstverpflichtete Franzosen als Fahrer in Zivil, Bauern mit ihren requirierten Gespannen usw.

Die mot.-gemachten Inf.Btl. ihrerseits hatten LKW und PKW-Fahrer der Luftwaffe, der Marine, Zivilisten je nach Zufall und Anfall an Zahl der abgegebenen Kfz. Das zudem die Führer der Infanterie-Einheiten, zum Teil

Gebirgsjäger aus Tirol von der Pyrenäen-Front, keinerlei Ahnung von der Führung von mot-Gruppen hatten, nur nebenbei.

Die Marschleistungen der zurückbleibenden Fußmarschteile sanken durch die Abgabe der Kfz, die bislang überschlagend Einheiten vorgekarrt hatten, und die Abgabe aller etwa 1000 Fahrräder, auf denen die alten Leute des Zoll, der Marine-Werften, und Kriegsbeschädigte pp. gefahren waren, stark ab. Sie hingen sich nun an und auf die Pferde-Fahrzeuge, zum größten Teil zweirädrige Einspänner, überlasteten sie und fielen mit ihnen oder alleine aus. Die Zahl der auf diese Weise am Wege liegen Gebliebenen und in die Hände der roten Maquis-Truppen Gefallenen ist nur roh einzuschätzen.

Diese Untergliederung geschah ohne Anhalten der Marschbewegung im Raum von Angoulême vom 30. zum 31.8. unter gleichzeitig einsetzenden heftigen Kämpfen mit den roten Maquis-Truppen, die aus dem Industriegebiet von Limoges auf Angoulême vorgestoßen waren.

Die neugebildete mot-Kampfgruppe Generalleutnant Nake und die Radfahrkampfgruppe Oberst Seitz verließen am 31.8. den Raum von Angoulême.«

Zur Verdeutlichung der Situation Ende August 1944 sei hier eingeschoben Bothos Befehl vom 30.8.1944:

»A. 1) Die Fußmarschgruppe Elster wird zur Vermeidung von Verwechslungen und da sie die Fußmarschteile der gesamten Gruppe Süd (159. R.D. Und Bordeaux) umfaßt, umbenannt in
,Fußmarschgruppe Süd'.
2) Sie gliedert sich in:
Untergruppe Major Lüder, darin Fußmarschteile der ehemaligen Marschgruppe Elster
Untergruppe Oberst Burger, darin Fußmarschteile der ehemaligen Marschgruppe v.d.Kammer
Untergruppe Oberst Bauer, darin Fußmarschteile der ehemaligen Marschgruppe Wurzer
Untergruppe Admiral Weber, darin Fußmarschteile der ehemaligen Marschgruppe Seitz.
3) Es erreichten bis 30.8.44
Ugr. Lüder den Raum um Angoulême
Ugr. Burgert den Raum um Mansle
Ugr. Bauer den Raum um Langrè-Loubillé
Ugr. Weber den Raum St. Fort südlich Cognac.

B. 1) Die Fußmarschgruppen erreichen mit höchstmöglicher Tagesmarschleistung den Raum um Poitiers, und zwar:

a) Ugr. Lüder: (ohne Gruppe Oberstltn. v. Humann und ohne Ldsch.Btl. 691) Raum Biard-Naintre hart südwestlich Poitiers mit Sicherungsaufstellung auf den in diesem Raum nach Westen und Südwesten verlaufenden Straßen bis 1. 9. früh.

b) Ugr. Burgert: Raum hart ostwärts und südostwärts Poitiers zwischen St. Benoit und Straße Poitiers – Bonneuil – Matours, Absicherung nach Osten wie zu a) bis 1.9. früh.

c) Ugr. Bauer: Raum hart nordwestlich Poitiers zwischen dem Clain-Fluß und Biard bis 1.9. früh.

d) Ugr. Weber: bis spätestens 3.9. früh den Raum um Croutelle südwestlich Poitiers.

2) Der F.K. Angoulême mit angeschlossenen Einheiten wird für den Marsch zum Versammlungsraum III das Ldsch. Btl. 691 unterstellt. Diese genannten Teile bilden für den Marsch Angoulême-Poitiers die Einzelgruppe Humann und gewinnen den Restraum der Ugr. Lüder bis zum 2.9. früh. Sie verlassen Angoulême als letzte Teile in der Nacht vom 31.8. zum 1.9. nach näherer Weisung Oberstltn. v. Humann, Fkdt. von A.
Sprengungen aller nichtmilitärischen Objekte haben zu unterbleiben. Die Sprenggruppe der F.N.K. in der Vermittlung von A. und der Feldschalt-Abt. im Verstärkeramt sind zu ihren Einheiten in Marsch zu setzen.

C. Die mot-Kampfgruppe General Nake verläßt den Raum ostwärts Poitiers am 31.8. 18 Uhr, die Radfahrer-Kampfgruppe Oberst Seitz den Raum südwestlich Poitiers am 1.9. 0:00 Uhr.

Die hohen Marschleistungen der Fußmarschgruppe sind dadurch bedingt, den Raum Poitiers mit den letzten und wichtigsten Verpflegungslagern beschleunigt wieder fest in die Hand zu nehmen. Soweit die Untergruppen noch die Möglichkeit haben, mot-Teile in die Endräume um Poitiers vorauszuwerfen, ist dies anzustreben.

D. Hauptverbandsplatz (Zwischenhalt) 31.8. Ruffec, dann Poitiers.

E. Stab Fußmarschgruppe Süd ab 31.8. mittags Poitiers, Südeingang, bisheriges Korps-Quartier.

Elster, Generalmajor«

Ein weiterer Befehl Bothos vom 3.9.44 zeigt das äußerste Bemühen, den Rückmarsch erfolgreich durchzuziehen:

»I. 1.)
Zum Marsch in den Raum IV (Übergang über die Loire) erreichen:
Ugr. Bauer bis 4.9. früh Châteauroux und 5.9. früh mit Masse Mareuil und mit Vorausteilen die Brücke Châteauneuf.
Ugr. Weber am 3.9. abends antretend bis 4.9. früh den Raum um Pleumartin und bis 5.9. früh den Raum um Mezieres.
Ugr. Burgert am 4.9. früh antretend nach Rast bei Bonneuil bis 4.9. abends mit Gros den Raum um La Roche-Posay, mit vorgeschobenen Teilen die Brücke bei Preuilly und bis zum 5.9. früh den Raum um Azay.
Ugr. Lüder am 4.9. abends antretend bis 5.9. früh den Raum von La Roche-Posay.

2.)
Jeweils abends antretend erreichen
bis 6.9. früh
Ugr. Bauer den Raum um Dun (mit Brückensicherung)
Ugr. Weber den Raum hart ostwärts Châteauroux
Ugr. Burgert den Foret de St. Maur (westl. Châteauroux)
Ugr. Lüder den Raum von Vendoeuvres

bis 7.9. früh
Ugr. Bauer den Raum beiderseits Brücke über den Allier zwischen Sancoins und St. Pierre (Brückensicherung)
Ugr. Weber (über Issoudun) den Raum und Brücke Châteauroux
Ugr. Burgert den Raum um Mareuil
Ugr. Lüder den Raum um Issoudun

bis 8.9. früh
Ugr. Bauer Decize (Brückensicherung)
Ugr. Weber über Châteauneuf – Levet – St. Germain – Dun den Raum um Blet
Ugr. Burgert den Raum und Brücke Dun
Ugr. Lüder den Raum um Levet

bis 9.9. früh
Ugr. Bauer noch Brückensicherung Decize für die nachrückenden Untergruppen
Ugr. Weber über Sancoins – St. Pierre den Raum um Azay
Ugr.Burgert den Raum beiderseits Brücke über den Allier zwischen Sancoins und St. Pierre
Ugr. Lüder den Raum um Sancoins

bis 10.9. früh
Übergang aller Untergruppen über die Loire. Rasträume und Weitermarsch gemäß in Decize zu empfangendem neuen Befehl.

3.)
Ugr. Weber sichert mit kampfkräftigen Teilen vorausspringend jeweils die Brücken bei La Roche – Posay, Preuilly, Châteauroux, Issoudun, Châteauneuf, Dun, ..., Le Rivage (Allier) und Decize.

4.)
Ugr. Bauer läßt ihre Brückensicherungen bis zum Eintreffen der Sicherungen Weber stehen. Die der Ugr. Weber folgenden Untergruppen übernehmen jeweils die Brückensicherungen mit eigenen Kräften.

5.)
Wegen Einraffens der Wachen in Poitiers ergeht Sonderbefehl.

6.)
Gemäß eben eingetroffenem Funkbefehl ist die Fußmarschgruppe SÜD ab 5.9. der Marschgruppe Mitte in Decize unterstellt.

II. Parolen ... III. Versorgung ... Elster, Generalmajor«

Der zur Wiedergabe dieser beiden Befehle unterbrochene Bericht Bothos setzt fort:

»Leider waren alle Opfer später vergeblich. Weder fand die marschierende Fußmarschgruppe beim Eintreffen an der Loire bei Decize (südlich Nevers) noch deutsche Aufnahmetruppen vor, noch konnten die vorausgeeilten mot- und Radfahrteile noch vor dem Gegner die deutsche Grenze erreichen. Im amerikanischen Lager Morton (in England) eintreffende beteiligte Offiziere berichteten, daß diese Einheiten zusammen mit der 16. Inf.Div. (Loire-Front) und der 24. Pz.Div. (Mittelmeer) südlich Nancy bei Epinal eingekesselt, zerschlagen und gefangen genommen wurden.

Ich marschierte am 31.8. mit dem mir verbliebenen Rest von Angoulême auf verändertem Marschweg in Richtung Poitiers ab. Der Durchzug durch das völlig in der Hand der französischen Widerstandsgruppen befindliche Zentralmassiv über Limoges war aufgegeben. Statt dessen wurde als weitere Rückzugsstraße befohlen: Angoulême, Poitiers, Châteauroux, Brücken über den Allier und die Loire bei Decize. Es wurde ausdrücklich betont, daß nur diese Straße noch einigermaßen unzerstört sei, da bislang die Marschgruppen Nord und Mitte, die man vor der den weitesten Weg habenden

Fußmarschgruppe Süd von der Atlantikküste nach Osten weggezogen hatte, hier in ständigem Zuge marschiert seien.

In Poitiers, so lautet der Befehl, ist das Eintreffen auch der anderen 3 restlichen Marschuntergruppen abzuwarten, zu sammeln und dann auf oben bezeichneter Straße nach Osten sobald als möglich nachzurücken. Die Angaben dieses Marschweges endeten mit Decize an der Loire. Ich mußte selbstverständlich erwarten, daß spätestens dort neue Weisungen eintrafen. Das war aber nicht der Fall. Mit dem 31.8. in Angoulême und der an diesem Tage erfolgten Abfahrt der mot- und Radfahrkampfgruppen habe ich weder vom Korps noch von der Division noch von sonst irgendeiner deutschen Befehlsstelle oder Truppe etwas gesehen oder gehört. Meine Funksprüche blieben ab Poitiers unbeantwortet. Die provisorische Station, die ich mir von einer Einheit meiner Marschgruppe herangezogen hatte, wurde dann wegen Motorschadens stehen gelassen (zerstört). Die Div.-Funkstelle, die ich bis Angoulême besaß, wurde ohne Ersatzgestellung abgezogen. Ein letzter Funkspruch besagte, daß ich ab 5.9. der Marschgruppe Mitte unterstellt sei, die ein General v. Taeglichsbeck (Feldkommandant in Niert) führte. Ich habe von dieser Marschgruppe Mitte trotz ständigen Suchens nie etwas gehört. Wohl aber sammelten sich bei mir Nachhut-Truppen dieser Marschgruppe, die ohne Befehl zu erhalten stehen gelassen worden waren und nicht wußten wohin.

Ich erwähne diese Dinge nicht, um Kritik zu üben. Jeder hat auch in diesen verworrenen Tagen ohne jeden Zweifel sein Bestes gegeben und das Beste gewollt. Jeder hat seine unterstellten Einheiten noch so schnell wie möglich über die deutsche Grenze bringen wollen. Und der Entschluß der deutschen Führung, bei der derzeitigen Zeit- und Feindlage unter allen Umständen, wenn nicht mehr Alles hinter die deutsche Grenze zu bringen, dann unter Aufgabe der in dieser Lage unwichtigeren Versorgungs- und Verwaltungstruppen aller Wehrmachtsteile wenigstens die kampfkräftigen Teile zurückzubekommen, wurde nicht nur als selbstverständlich angesehen, sondern auch durch die Tat der Abgabe alles Notwendigen in selbstlosester Weise unterstützt. Um so bitterer war dann aber die Erkenntnis für die zurückgelassenen Fußmarschteile dieser letzten aus Südfrankreich abziehenden Marschgruppe, daß diesem Verfahren sich auch alle in dem Durchzugsgebiet befindlichen Verwaltungsdienststellen angeschlossen hatten und uns keinerlei Versorgungseinrichtungen mehr erwarteten. So waren bereits in Bordeaux die Tankstelle, auf die die Marschgruppe verwiesen war, leer, während Kraftstoff von vielen hundert cbm tags zuvor in die Gironde geschüttet worden waren.

In Poitiers waren die 30 cbm Otto, die für den Weitermarsch der hier zu sammelnden und neu zu formierenden Marschgruppe lebensentscheidend waren, zu 5/6 bereits vorher entleert worden. Weitere Bestände gab es in der ganzen Stadt und Umgebung nicht.

Überall das gleiche Bild: Dringend notwendige, lebenswichtige Vorräte aller Art waren vor Ankunft der Marschgruppe vernichtet worden. Der HKP Poitiers hatte 400 fahrbereite Kraftfahrzeuge auf einem großen Parkplatz stehend vernichtet. Die Truppe erfaßte bei diesem Anblick unsagbare Empörung. In einem Höhlenlager beim Flugplatz Cocnac wurden 600.000 l Otto vernichtet, während die durchziehenden Teile der Marschgruppe dringend nach Treibstoff riefen. In Bordeaux waren die Bestände des AVL-Großlagers bereits vor Eintreffen der von südlich Bordeaux heran marschierenden Truppen an französische Großhandelsfirmen verkauft worden.

Alle Stäbe und Versorgungsdienststellen waren bereits weg, Poitiers war seit Tagen bereits von deutschen Truppen durchschritten, die Feldkommandantur nicht mehr vorhanden, das Post- und Verstärkeramt bereits gesprengt. Allein ein Verpflegungslager wurde dort noch vorgefunden und sofort von uns mit Sicherungswachen versehen.

Aber die Transportraum-Möglichkeiten waren durch die Abgabe der Kfz an die mot-Gruppen so gering geworden, daß es nur wenigen Einheiten möglich war, mehr als für 10 Tage neu Verpflegung zu fassen. Andererseits stellte sich bei Sammlung der Reste der Marschuntergruppen in Poitiers als dringendstes Gebot heraus, nunmehr von hier aus nach Osten Versorgungsstützpunkte vorzuschieben, da in dem unbesetzten Gebiet und weiter östlich, je mehr Zeit fortschritt, um so weniger noch auf irgendwelche Versorgungsmöglichkeiten gerechnet werden konnte.

In einer Kommandeurbesprechung am 3.9. in Poitiers mit allen Kommandeuren der Marschuntergruppen wurde die Versorgungslage eingehend geprüft. Eine Ausnützung des AVL mit seinen größeren Vorräten war nur soweit möglich, als die Truppe dafür Transportraum hatte. Die Errichtung eines vorauszusendenden Versorgungsstützpunktes mit starker Bedeckung in die Gegend der Loire bei Decize wurde zwar als lebensnotwendig erkannt, entfiel aber wegen der Treibstofflage und dem Mangel an Kfz. So mußte in voller Erkenntnis der Folgen das AVL mit seinen stärkeren Vorräten beim Weitermarsch aufgegeben werden. Die truppenunerfahrenen Kommandeure und Führer der Marschgruppenteile erhofften zwar die Verpflegung, die auf Wagen verladen war, von 8–10 auf 18–20 Tage ›strecken‹ zu können, andere sahen den Ernst der Lage klar, daß die Verpflegung höchstens bis 12.9. ausreichen werde und 20.000 Mann aus dem Lande nicht zu ernähren sind. Die Tatsachen selbst waren dann die, daß am Tage der Waffenstreckung keinerlei Verpflegung mehr vorhanden war. Abseits der vorratsentblößten Marschstraße Requisitions-Kommandos in die von der FFI oder regulären französischen Truppen besetzten Dörfer zu entsenden, wäre zeitlich und treibstoffmäßig völlig unmöglich gewesen.

Der Kräftezustand der Pferde, von denen die Mitführung der geringen Verpflegung und Munition entscheidend abhing, hatte nach einem Marsch von nunmehr schon 600 km erheblich nachgelassen. Die Futterbeschaffung erfolgte überwiegend die ganze Zeit hindurch günstigstenfalls durch Entnahme vom Felde, sonst durch kurzes Weiden – Lassen der Tiere am Rastplatz in Wäldern, wo allerdings zur ausreichenden Nahrungsaufnahme meist keine Zeit blieb oder die Tiere zu müde waren.

Die Kraftstofflage für die verbliebenen wenigen Benzin- und Holzgas-Kfz war nach den am 3.9. bei der Kdr.-Besprechung angestellten Berechnungen so, daß der gesamte Bestand bei Ausgleich zwischen allen Einheiten knapp bis zum nächsten Zwischenziel (Decize a. d. Loire) ausreichen könnte. Immer wieder abgesetzte Funksprüche an die 159. Res. Div. um Bereitstellung von Treibstoff und Verpflegung an der Aufnahmefront an der Loire blieben, obwohl z. T. quittiert, unbeantwortet. Mit einem Auffüllen der Bestände war daher nicht mehr zu rechnen.

Die Feindlage im Zeitpunkt des Sammelns der zurückgelassenen Restteile der 4 Marschuntergruppen um Poitiers war folgende:

Amerikanische Truppen standen auf dem Nordufer entlang der gesamten Loire-Front von der Mündung bis zum Oberlauf. Das Gebiet ostwärts Poitiers innerhalb der Dema-Linie war von FFI und regulären französischen Truppen durchsetzt. Ab 2.9. setzten bei klarstem Wetter täglich zahlreiche starke Fliegerangriffe auf der Marschstraße Poitiers – Châteauroux – Loire ein, auf der die vorauseilenden mot- und Radfahrkampfgruppen Nake und Seitz, aber auch schon vorausgesandte Teile meiner Fußmarschgruppe marschierten. Sie erlitten starke Verluste (auf einer Strecke von 30 km 270 zerstörte Kfz z.T. mit angehängten bzw. aufmontierten Geschützen – später gezählt).

Ich hatte zur rechtzeitigen Inbesitznahme der einzigen noch unzerstörten Loire-Brücke bei Decize (300 km ostwärts Poitiers) bereits am 1.9. die zur Fußmarschgruppe gehörende Untergruppe des Oberst <u>Bauer</u> (vordem Arko bei AOK 1) vorausgesandt mit dem Auftrag, die Brücke zu halten, bis ich mit der gesammelten Masse eintraf.

Als ich mit dem Gros dann an der Loire ankam, war weder die zugesagte Aufnahme der 159. Res.Div. noch die Gruppe Bauer noch dort, sondern das Ostufer vom Gegner besetzt (über das Schicksal dieser Marschgruppe ist nichts mehr bekannt geworden).

Der französische Gegner beunruhigte die Vormarschstraße durch ständige Heckenschützenüberfälle. Größere Kampfhandlungen vermied er an der Marschstraße, um nicht selber Opfer der ständigen amerikanischen Luftangriffe zu werden. Wer sich aber abseits der Marschstraße bewegte oder sich verfuhr, wurde rücksichtslos niedergemacht. So war auch die zum Sammelpunkt Poitiers befohlene Untermarschgruppe des Fliegerhorstes und der Flak-Abteilung Mont de Marsan diesem Befehl nicht nachgekommen, hatte auch keine Kfz abgegeben, sondern war im Vertrauen auf ihren gehorteten Kraftstoff und ihre Kfz bereits südlich Poitiers nach Osten abgebogen. Da die Flak-Abteilung auch ihre 24 (vierundzwanzig) 8,8 cm-Flakgeschütze hatte sprengen müssen und nur unzureichend bewaffnet war, zudem der Fliegerhorst (Bodenpersonal) taktisch völlig ungeschult war, gerieten diese 1.600 Mann bei St. Savien (40 km östlich Poitiers) in einen Hinterhalt und wurden bis auf 80 Mann völlig aufgerieben.

Andererseits war das Gebiet nördlich, westlich und südlich Poitiers nunmehr z. T. seit 5–6 Tagen völlig frei von deutschen Truppen. Der bislang zur Division abgestellte Verbindungsoffizier Hptm. Giessen war von der Div. als nicht mehr benötigt in Poitiers zurückgelassen und übergab mir einen letzten Befehl der Div., daß nunmehr auch die Sicherung der linken Flanke an der Loire entlang durch die Fußmarschgruppe selber erfolgen müsse, da entgegen einem vorhergehenden Befehl die dort eingesetzte 16. Inf. Div. auch bereits vorweg abgezogen sei.

Das Gesamtbild ergab also sowohl taktisch wie versorgungsmäßig ein völliges Alleinstehen im südwestfranzösischen Raum in Anlehnung an eine große Stadt, die vor Ungeduld kochte, wie überall vordem, die ›Befreiungsfahnen‹ hissen zu können oder vom roten oder rotspanischen Maquis-Gesindel besetzt werden zu können. Wir waren auf ein Alleinstehen nur der eigenen Kräfte angewiesen.

Diese Kräfte waren folgende:
Die Fußmarschgruppe Süd gliederte sich ab Poitiers in

1. Marschuntergruppe Oberst Burgert, Luftwaffe, kleinerer Teil Heer.
   Sie enthielt das Bodenpersonal der Fliegerhorste Bordeaux, Merignac, Arcachon, Biarritz, Cognac usw. mit ihren Werftarbeiter-Kompanien (großenteils Zivilhandwerker in Uniform), Wetterstaffeln, Funk- und Büro-Personal, Reste Flakeinheiten, Flugplatz-Baukompanien pp. Ihre taktische Ausbildung war gleich Null, ihr Gefechtswert entsprechend. An Waffen besaßen sie französische oder polnische oder tschechische Gewehre, einige MG's und einige 2 cm-MG's, 2 oder 3 Zwillings-MG's (2 cm). Dabei eine Gruppe Heeressplittereinheiten unter Führung Major Klammer mit Trossen, Verwaltungsdienststellen und Küsten- oder Flakbatterien ohne Geschütze unter Oberstltn. Schauenburg.
2. Marschuntergruppe Marine-Admiral Weber
   Sie nannte sich Marinebrigade; die zusammengewürfelten Verbände hatten sie zu Marineregimentern formiert unter den Kapitänen z. See Künnemann, Badermann und von Pflugk-Hartung. Gebildet aus: Hafenkommandant und Hafenkapitän Bordeaux, Werftbesatzungen der U-Boots- und Schiffswerften, Marinearsenal, Torpedoboots- und Feuerwerkerpersonal, Signalstationen, Hafenpolizei, Besatzungen der Vorpostenflotillen, Minensuch- und Räumposten, Besatzungen der Handelsdampfer; dabei 1.200 Mann italienische Kriegsmarine.
   Dazu eine Gruppe Heer unter Major Wittwer mit Einheiten von Frontstalags mit Landschützen, Sicherungsregimentseinheiten, Transportkp.,

Bäckereikp., Truppenübungsplatz-Kdtr. einer Batterie ohne Geschütze, Bürodienststellen aus Bordeaux usw.

Taktische Ausbildung der Marine für Landgefecht gleich Null, Gewehre alter ausländischer Modelle, eine größere Zahl MG's.

Zur Stärke dieser Marschuntergruppen:

Marschuntergruppe Oberst Burgert: (Masse Luftwaffe)	5.900
Marschuntergruppe Admiral Weber: (Masse Kriegsmarine/Teile Heer – Maj. Wittwer –, Italienische Marine)	9.500
Marschuntergruppe Kapitän z. See Gebauer (Marineflak, Masse Heer)	6.500
Vorausentsandte Fußmarschgruppen als Brückensicherungen Oberst Bauer/Major Ludhardt (Masse Heer, Teile Marineflak)	1.800
zusammen	23.700

3. Marschuntergruppe Major Lüders (nach dessen Heldentod Kap. z. See Gebauer).

Diese M. Gruppe unterstand bislang meinem Befehl <u>vor</u> meiner Beauftragung mit der Gesamtführung. Sie enthielt nach Abzug der Kampfeinheiten nunmehr noch: Marineflak-Schule, Zollgrenzkommissariate, Frontstalag für farbige Kgf. mit zugehörigen Landesschützen, Bewachungseinheiten, Heeresküsten-Art.Abtlg. (ohne Geschütze), Festungs-Stamm-Btl., Devisenschutzkommando, Paßprüfstelle OKH Spanien, Transportbeauftragter Hendaye-Irun, Sonderstab F OKH spanische Legion, Feldkommandantur Dax, Verstärkeramt und Tüwa-Trupp aus Dax und Mont de Marsan, Marine Kfz-Park Dax, HUV Mont de Marsan, gemischte kroatische Flak-Abteilung 75 (2 Tage vor Abmarsch wegen Meuterei entwaffnet), Ortskommandanturen und Außenstellen, Arbeitseinsatzstäbe mit Werbestellen (Zivilangestellte), Heeresgerätepark, Feldschaltabtlg., Reststab Befehlshaber SW.Frankreich (ohne General d. Kav. Feldt), Platz- und Feldkommandantur Bordeaux (ohne Gen.Major Knörzer) usw.

Die taktische Ausbildung und der Gefechtswert dieser Splittereinheiten war gleich Null, ihre Zusammenstellung zu kampffähig gegliederten Einheiten auf dem Marsche ist zwar angestrebt worden, aber nie zu etwas Brauchbarem gediehen (Bewaffnung: Pistolen, ausländische alte Gewehre).

Am 3.9. früh traf die Marschuntergruppe Marine-Admiral Weber bei Poitiers ein, die beiden anderen Marschuntergruppen waren am 1. bzw. 2.9. eingetroffen. Nach der Kommandeur-Besprechung am Nachmittag des 3.9. über Feind- und Versorgungslage und Ausgabe des Marschbefehls für den unverzüglichen Weitermarsch trat noch am gleichen Abend als erste und Spitzengruppe die Marschuntergruppe Admiral Weber den Marsch an.

Die anderen Gruppen folgten in der zweiten Nachthälfte bzw. am 4.9. abends. Die nunmehr stark einsetzenden Fliegerangriffe erlaubten nur noch Nachtmärsche.

Bereits am Tage darauf sah sich Admiral Weber gezwungen, um einen Rasttag für seine stark ausgepumpten Einheiten zu bitten. Die anderen Gruppen wurden ohne Pause durchgezogen. Um Admiral Weber bei der ihm ungewohnten Führung von Fußmarscheinheiten zu unterstützen, ordnete ich ihm den alten, erfahrenen Ritterkreuzträger Oberst Böhmer (bislang Kampfkommandant von Tours) als Chef des Stabes bei. Nach Wiederantreten der Untergruppe Marine erklärte mir sowohl Admiral Weber als auch Oberst Böhmer, daß die Marine die befohlenen Marschleistungen von 40 km pro Tag nicht einhalten könne, sie könne unter keinen Umständen mehr als 30 km pro Tag marschieren; sie sei bislang bis Poitiers ab Bordeaux allein marschiert, dieses Tempo der anderen Truppen hielte sie nicht durch. So kam es, daß die Marine-Marschgruppe von Tag zu Tag mehr zurückfiel, ich aber keinesfalls davon abgehen konnte, so schnell wie möglich die Loire zu erreichen.

Die Zustände dieser Marschtage, die von hoher Bedeutung für die Beurteilung der Schlußlage sind, bitte ich mündlich ausführlicher schildern zu können, um Zeit zu sparen.

Unter ständigen Gefechten mit französischen Kräften der inneren Front, die täglich fühlbare Verluste brachten, ging der Marsch auf Nebenwegen, die bei Nacht stundenlange Marschstockungen verursachten, auf Châteauroux zu. Brückensprengungen zwangen zu Umleitungen über Feldwege, die durch starke Regenfälle grundlos waren, dadurch und durch Marschdisziplin kamen die Marschuntergruppen täglich auf dem Marsche in Tageslichtstunden hinein und wurden hier das Opfer der nunmehr in stärkster Form einsetzenden Luftangriffe. Die Marine-Flakschule II verlor durch einen Luftangriff von 109 Gespann-Fahrzeugen 91 Fahrzeuge mit Pferden, aufgeladene Munition und Verpflegung. Ein Landesschützen-Btl. verlor von 118 Pferden 89 mit beladenen Gespannen. Die Marinegruppe verlor ihre gesamte Kraftfahrkompanie mit gefüllten Tankwagen, an anderer Stelle brannten reihenweise Kfz aus. Die Einheiten hatten keinerlei Verpflegung mehr, die mit ausgebrannt war. Von anderen Einheiten Verpflegung abzunehmen, stieß auf zum Teil erbitterten Widerstand; jeder kämpfte um seine Selbsterhaltung und sein Nachhause-Kommen.

Die ohnehin völlig unlösbare Treibstofflage wurde durch die Ausfälle durch die Luftangriffe zur Katastrophe. Mit dem Ausfall an Kraftfahrzeugen sank aber die Verpflegungsreserve ebenso wie mit dem Ausfall der Pferdegespanne. Ein Retten des Transportgutes von den zerschossenen Fahrzeugen war unmöglich, da die Angriffe mit Phosphor-Brandmunition erfolgten, die alles in Brand setzte. Zudem entstanden naturgemäß jedesmal auch hohe Verluste an Toten und Verwundeten.

In höchster Sorge kam der Führer der Marschuntergruppe Kapitän z. See Gebauer zu mir, meldete seine Ausfälle durch Luftangriffe und bat mit Tränen in den Augen um Verpflegung. Ich konnte ihm nichts geben! Weder hatte man mir Versorgungskolonnen belassen, noch konnte ich sie mir durch Herausziehen bilden. Diese Truppen und Dienststellen waren schon so oft – noch in der Küstenfront – ausgekämmt und entleert worden, zuletzt nochmal in einem lebensgefährdenden Aderlaß auf dem Marsche bei Angoulême, daß keine Improvisationskunst noch etwas schaffen konnte.

Wir mußten ab 7./8.9. im Raum um Châteauroux der nackten klaren Tatsache ins Auge sehen, daß Teile bereits jetzt nichts mehr zu Essen hatten, der Rest spätestens in 5 Tagen am Ende war.

Die Futterlage für die Pferde und Muligespanne war gleich katastrophal. Da sich die Gespannzahl durch die Luftangriffe zum Teil von einer Stunde zur nächsten um 200 oder 300 tote Pferde verringerte, war jede Planung illusorisch. Ich selbst hatte keinerlei Invendanturdienste oder Hilfsmittel, der einzelne Pferdefahrer war höchstens in seiner kleinen Einheit auf Selbsthilfe angewiesen, wo er ein Maisfeld oder einen Kornstapel fand, schnell etwas zusammenzuraffen. Wie damit die Marschordnung aussah, ist unnötig zu schildern.

Die Treibstofflage war so, daß mir der Chef des Stabes der Marschgruppe Admiral Weber, der Ritterkreuzträger Oberst Böhmer, bereits am 5.9. in Azay le Ferron (50 km westlich Châteauroux) meldete, daß seine Marschteile noch 80 bis 120 km fahren könnten, dann stünden die Kfz still. Pferdegespanne habe er nur in unbedeutender Zahl. Auf den Kfz sei die Verpflegung, die letzten MG's und 2 cm MG's und die zugehörige Munition. Ich konnte ihm mit den letzten 3.000 l Treibstoffreserve, die ich der Marschgruppe Burgert/Luftwaffe abnahm, helfen, allerdings mit 3-tägiger Verzögerung, da der Offizier meines Stabes (mein ehemaliger Div. Verbindungs-Offizier) auf dem Wege zur Übermittlung des Befehles von amerikanischen Panzerspähwagen mit Fahrer und Feuerschutzbegleitung abgeschossen wurde und fiel, weitere Übermittlungsmelder ebenfalls ausfielen, schließlich eine Rücksendung eines einzelnen Tankwagens von der vorne marschierenden Luftwaffengruppe zur am Schluß marschierenden Marinegruppe nicht mehr durchführbar war. Die zeitweise leeren Zwischenstrecken auf der Marschstraße waren überall von französ. Widerstands-Truppen bewacht. Jedes Einzelfahrzeug oder kleinere Gruppen von 3–4 Fahrzeugen wurden durch Überfälle vernichtet.

Als die Marine-Gruppe dann am 8.9. bei Châteauroux eintraf, fiel ihre gesamte Kraftfahr-Werkstatt-Kompanie einschließlich der Hälfte der aufgefüllten Tankwagen einem Luftangriff zum Opfer, wodurch alle vorherigen Bemühungen und Berechnungen über den Haufen geworfen waren.

Die 9.500 Mann starke Marine-Marschgruppe stand praktisch still, sie hatte nur noch ihren Einzel-Tankinhalt im geringsten cbm-Ausmaß.

In allen Marschuntergruppen wurden die Kfz, die wegen Benzin- oder Holzkohle-Mangel stehen bleiben mußten, gesprengt, zum Teil mit verlasteten Waffen, Munition, Verpflegung, da Ersatz-Transportraum nicht vorhanden.

Den Oberstabsarzt Dr. Werkmeister meiner ehemaligen Feldkommandantur hatte ich zum leitenden San.Offizier der gesamten Fußmarschgruppe befohlen.

Die im Küstengebiet vorhanden gewesenen Feld- und Kriegs-Lazarette waren bereits vor Beginn der Bewegung abtransportiert. Das letzte vorhandene Feldlazarett hatte die mot-Kampfgruppe Generalleutnant Nake mitgenommen.

Außer einigen Truppen Krankentransport-Kfz oder Pferde-Kw. war nichts vorhanden. Die mitmarschierenden San. Dienstgrade und San.Offiziere hatten z. T. noch etwas Verbandszeug, einzelne in ihren Taschen ein kleines Feldbesteck. Den zurückgelassenen Ärzten des ehemaligen Marine-Kriegslazarettes Bordeaux, die die Marine-Marschgruppe begleiteten, hatte der geräteverwaltende Heeres-Apotheker in B. aus Versehen statt der Operationsbestecke Sezierbestecke hinterlassen. Seit den ersten Kämpfen am 20.8. in Hendaye an der spanischen Grenze mit rotspanischen Maquis hatte die Marschgruppe in täglichen zahlreichen Gefechten und Schießereien, die gar nicht mehr zur Kenntnis der Marschführer gelangten, eine Kette von Toten und Verwundeten hinter sich zurückgelassen. In den Städten und Marktflecken wurden sie den französ. Hospitälern, soweit vorhanden, übergeben, somit französischen Landärzten oder Bauernhöfen, die sich zum großen Teil aus Angst vor den Repressalien weigerten, die Pflege zu übernehmen. An den größeren Sammelpunkten ließen wir deutsche San. Offiziere und San.-Personal zurück. Die Zahl der Truppen-Ärzte verringerte sich dadurch fühlbar. Arzneimittel und Medikamente gingen zur Neige oder fehlten ganz. Durch Mangel an Gasbrand-Serum traten zusätzliche Todesfälle ein, rechtzeitige Amputationen mußten unterbleiben.

Der leitende San.-Offizier meldete am 7.9. die Zahl der Verwundeten und Toten nach seinen Aufzeichnungen mit 1.800 bis 2.000. Verlustmeldungen der Marscheinheiten waren ab 1. 9. überhaupt nicht mehr möglich, da keiner mehr die Übersicht besaß, wer wegen Tod, Verwundung (auch bei Nachtgefechten) vermißt war oder aus Gründen der Marschkrankheit, des Desertierens, der Futter- oder Verpflegungsbeschaffung oder sonstwie abgängig war. Ab 10.9. wurde der Leitende San.-Offizier selbst vermißt, als er zwischen den Marschuntergruppen im San-PKW auf Verwundetenfürsorge fuhr. Er soll von Maquis gefangen worden sein und später auf unser Verlangen von den amerikanischen Truppen herausgeholt worden sein.

In den Marschgruppen mehrten sich die Auflösungserscheinungen. Die Stadt Châteauroux durchströmende Einheiten verließen zum Teil die Kolonne, strömten in die Kaufläden, um Strümpfe oder Schuhe zu verlangen, stürmten die Brotläden u. a. m. In Châteauroux erschoß ein Marineangehöriger einen angesehenen Bürger vor den Augen seiner Familie, um ihn als Zeugen eines Diebstahls zu beseitigen. Die Bevölkerung des Durchzugsgebietes war auf das äußerste erbittert über die Untaten eines vor uns durchgezogenen Regiments bestehend aus Indern (mit Turban), die nachweislich Frauen und Mädchen geschändet und grundlos Gehöfte in Brand gesetzt hatten.

Das war die Lage am 8./9.9. während des Durchzugs der Marschteile durch Châteauroux. In dieser Stadt, ferner im benachbarten Issoudun und St. Amand waren die Garnisonen des im Jahre 1943 von der deutschen Reichsregierung den Franzosen zugestandenen französ. Inf. Rgts. Nr. 1. Dieses offiziell erlaubte Regiment war inzwischen – im unbesetzten Teil Frankreichs liegend – durch die armée secrète zu Divisionsstärke ausgebaut, das in diesem Zeitpunkt das Gebiet zwischen Châteauroux und ostwärts bis zur Loire hielt. Dazwischen operierten in diesem Gebiet rote Maquis-Truppen, die nach Abzug der deutschen Truppen gegen die weißnationalen regulären französischen Truppen kämpften und vielerorts die politische Gewalt in den Städten an sich rissen. Da – insbesondere den regulären französ. Truppen – durch völlig organisierte taktische Aufklärung bekannt war, daß mit dieser deutschen Marschgruppe aus Trossen und Splittereinheiten die letzten deutschen Soldaten abziehen, versteiften sich der Widerstand und die Angriffe um ein Vielfaches.

Dazu trat die amerik. Panzeraufklärung, die mit ihren hochmodernen 8-Rad-Panzerspähwagen zwischen, vor und hinter unseren Marschteilen auftraten, hineinstießen, durch Feuerüberfälle Verluste und Marschstreckungen verursachten, und die amerik. Jagdbomberstaffeln über Standorte der deutschen Marschteile durch Flak orientiert waren und herbeigerufen wurden.

Die einzelnen Marschuntergruppen boxten sich mit mehr oder weniger hohen Verlusten und Fahrzeugausfällen durch dieses Gebiet vorwärts. Der von mir vorausgesandte Hptm. Luthardt mit seiner noch kampffähigsten Einheit, die mir verblieben war (ein nicht mehr mit Befehl versehener Nachhut-Teil der 16. J. Div., der, allein gelassen, sich mir angeschlossen hatte) hatte von mir Befehl, an der Loire-Brücke bei Decize die Verbindung mit der Gruppe Oberst Bauer aufzunehmen, die ich am 1.9. von Poitiers aus zur Sicherung der Loire-Brücke und Verbindungsaufnahme mit der vorausgeeilten mot-Kampfgruppe 159. Res.Div. in Marsch gesetzt hatte. Er traf niemanden mehr an!

Das Batl. erreichte das Westufer der Loire in der Nacht vom 9. zum 10.9. um 2 Uhr früh an der Brücke Decizes, mit vordersten Teilen im Kampfe. Es traf das ostwärtige Ufer schwer besetzt an. Nach einstündigem nächtlichen Kampf wurde der ostwärtige Teil der Loire-Brücke in einer Länge von etwa 30 Metern vom Gegner gesprengt. Bei den anschließenden Kämpfen zwischen franzos. Truppen diesseits der Loire und dem Btl. verlor das Btl. eine hohe Zahl an Toten und Verwundeten und wurde, als es eine Ortschaft durchschritt, entwaffnet.

Der Batl.-Kommandeur meldete darüber, daß er ›in der Nähe der Mairie auf einen französ. Oberst stieß, der die Bedingung stellte, binnen 15 Minuten die Waffen zu strecken; auf dem Platz, auf dem ein großer Teil des Batl. zusammengedrängt war, standen 3–4 Wagen mit schußbereiten Zwillings-MG, außerdem hatten französ. Kradschützen ihre MGs rings um den Platz in Stellung gebracht. In der Nähe der Mairie war eine weitere Anzahl von PKW, LKW und Krädern mit aufgebauten MG und aufgesessenen Mannschaften bereitgestellt.‹

Das Batl. wurde dann entwaffnet und in der schamlosesten Weise ausgeplündert, Offiziere, Unteroffiziere und Mannschaften mit Erschießen bedroht, mit Fußtritten traktiert und mit erhobenen Händen stundenlang an die Wand gestellt, mit Gewehrkolben und Fäusten geschlagen; Offizieren wurden die Ehrenzeichen und Schulterstücke abgerissen und die Stiefel von den Füßen gerissen. Der Kommandeur meldete weiter, daß die im Batl. vorhandenen Volksdeutschen, d.h. Polen und Tschechen sich sofort die Hoheitszeichen abrissen, die Internationale sangen und verschwanden.

Einem Teil des Zollgrenzschutzes von der Pyrenäenfront, der gegen Befehl vorgeprellt war, ging es ebenso, nur daß dieser Zoll seine Waffen freiwillig (!) anbot, weil er sich schon während des Marsches plötzlich vom eitlen Soldatspielen in ruhigen Zeiten auf seine Beamteneigenschaft besonnen hatte und kein fechtender Verband mehr sein wollte.

Am gleichen Tage war die vorderste Marschausrüstung Oberst Burger bis an den Allier vormarschiert. Oberst Burger meldete, daß fast jede kleine Straßenbrücke auf dem Wege dorthin gesprengt war und erst nach Feuerkampf und Stunden währenden Arbeiten überschritten werden konnten. Ich beauftragte ihn, sofort mit Waffengewalt die gefangenen Teile des Btl. und des Zolls zwischen Allier und Loires zu befreien. Sie wurden dann ohne Feuerkampf von den französ. Truppen an die Allier-Brücke geführt und von den Luftwaffeneinheiten des Oberst Burger in total erschöpftem Zustand aufgenommen.

Schon auf dem ganzen 800 km langen und nunmehr 3 Wochen währenden Marsch waren an die Marschführung oder Teile der Marschgruppen von den französ. Widerstandstruppen Aufforderungen auf Übergabe oder Einstellung des Kampfes usw. gestellt worden. Sie wurden zurückgewiesen. Beim Durchmarsch durch Châteauroux erschienen in meinem Befehlsstand am Stadtrand zwei französ. Offiziere in Zivil zu erneuten Übergabeverhandlungen. Sie wurden ebenso zurückgewiesen. Der Marsch wurde fortgesetzt, Châteauroux und Issoudun am 8. und 9.9. durchschritten. Der Führungsstab der Marschgruppe traf am 9.9. 3 Uhr früh in Châteauneuf ein. Hier erschienen die gleichen französ. Offiziere mit 2 amerikan. Offizieren mit der Mitteilung, es sei in Issoudun (das gerade von den letzten Teilen verlassen worden war) der amerikan. Div. General Macon im Auftrage der Befehlshaber der 9. amerikan. Armee eingetroffen zu Übergabeverhandlungen. Er ließ mir mitteilen, daß im Falle der Ablehnung der Übergabe die amerikan. Luftwaffe meine Marschgruppe, die von amerikan. und franzö́s. Truppen umstellt und ihr Entweichen wegen der gesprengten Loire-Brücken unmöglich sei, in rücksichtslosem Einsatz bis zur Vernichtung zerschlagen werde.

Ich antwortete mit der Forderung des sofortigen Einstellens der Luftangriffe bis zum 11.9., 21 Uhr, und stellte bis dahin meine Antwort in Aussicht.

Am 10.9. befahl ich sämtliche Marschuntergruppen-Kommandeure zu mir. Auf dem Wege dorthin fiel der Kommandeur der Marschgruppe Lüders, ihn ersetzte der Kapitän zur See Gebauer.

Außer diesem waren anwesend:
Admiral Weber
Ritterkreuzträger Oberst Böhmer
Kapitän zur See Pflugk-Hartung
Oberst der Luftwaffe Burgert
Major (Inf.) Wittwer.
Von meinem Stabe waren anwesend:
Oberst Schmidt
Hauptmann Dr. Ruwisch (I. A)
Verw.Oberrat von Frereich (I b)
Oberstabsarzt Dr. Werkmeister.

In dieser Besprechung wurde mit tiefstem Ernst und Gründlichkeit die Lage der Marschgruppe in allen Punkten erörtert und festgestellt, daß die Möglichkeit des Weitermarsches aus den Gründen, wie sie vorstehend einzeln dargelegt wurden (Gefechtswert, Treibstoff, Verpflegung, Sanitätswesen usw.) ausgeschlossen ist. Die gleiche Feststellung ergab die Erörterung der taktischen Lage.

Ich teilte den Kommandeuren die von den Amerikanern gestellten Bedingungen mit:
1. Einstellung der Marschbewegung.
2. Waffenstreckung an der Loire in der Gegend Orléans.
   Meine Gegenforderungen waren:
   Bewilligung des Marsches dorthin mit allen Waffen;
   Aufstellung eines amerikanischen Inf.Regts. unter präsentiertem Gewehr an der Seite der Marschstraße vor Waffenabgabe und Vorbeimarsch der deutschen bewaffneten Verbände an diesen Ehrenkompanien;
   Sofortiges Abholen aller Verwundeten in amerikan. Rote-Kreuz-Sankas zur Aufnahme in Armee-Lazarette.

Ich teilte den Kommandeuren mit, daß ich bereit sei, den entsprechenden Befehl an die Marschgruppe zu geben, andererseits ebenso bereit sei, den Befehl über die Führung niederzulegen und mich einzureihen, wenn einer der Kommandeure einen anderen Entschluß und eine andere Lösung haben sollte.

Die Kommandeure erklärten einzeln, feierlich aufstehend, daß sie den Entschluß zu dem ihrigen machen und meinem Befehl folgen würden.

Admiral Weber als Rangältester dankte mir im Namen aller Kommandeure und jedes einzelnen Soldaten der Marschgruppe für den Entschluß, der bitter und hart, aber der einzig mögliche in dieser Lage sei. Das Gebot sei, das Schicksal mit Würde zu tragen und die Ehre des deutschen Heeres rein und sauber zu erhalten. Das sei hier geschehen. Das sinnlose Blutopfer nicht gefechtsfähiger Einheiten habe zurückzutreten hinter der Pflicht, wertvolles deutsches Leben dem Vaterland zu erhalten.

Ich teilte darauf der amerikanischen Armee die Annahme der Bedingungen mit und gab den letzten Marschbefehl zum Erreichen der Loire bei Orléans. Am nächsten Tag erschien eine größere Zahl amerikanischer San.-Autos mit Ärzten und Material, die im Zuge der 40 km langen Marschstraße die deutschen Verwundeten aufnahmen und nach Orléans in amerikan. Armee-Lazarette brachten, wo sie zusammen mit deutschen San.-Offizieren ordnungsgemäß in Pflege kamen. Die Toten der Luftangriffe und aus den Gefechten wurden würdig bestattet.

Die französischen regulären Truppen und die roten Maquis-Truppen waren erbittert, daß ihnen ein billiger Sieg entging. Sie erwarteten mit Habgier unsere Waffen, Munition, Fahrzeuge, um sich gegenseitig damit bekämpfen zu können. Der Amerikaner hat sie ihnen nicht gegeben, da er die Unruhe nicht noch steigern wollte und ihm an der Bewaffnung von franzos. Truppen nichts gelegen war. Die abgetriebenen Pferde und Maulesel hat er den franzos. Präfekten verkauft. Die Reste an Kraftfahrzeugen und Holzgas-LKW stellte er angesichts des späteren Kriegsgefangenen-Lagers auf einem Feld zusammen und ließ sie im Regen verkommen.

Mich und alle Kommandeure beseelte der Gedanke, daß deutsches Blut durch diese Waffenstreckung erhalten bleiben sollte, nicht aber eine Verstärkung der Kampfkraft des Gegners durch Erhalt wesentlicher Waffen eintreten dürfe.

Zwar wollten wir uns auf dem Marsch zur Loire nach Orléans nicht von jedem Maquis anschießen lassen und drückten auf diesen viertägigen bewaffneten freien Marsch als den Ehrenpunkt, andererseits aber bekam die amerikanische Armee zum Schluß nur noch Gewehre der alten französischen, tschechischen und polnischen Modelle, ohne überhaupt nennenswerte Munition. Was an Mgs und etwa 2 cm-Mgs noch vorhanden war, wurde zunächst gesprengt und dann, als die Detonationen auffielen, zerschlagen und bei Dunkelheit in Gewässern und Teichen versenkt. In ähnlicher Weise wurde mit besseren Kraftfahrzeugen verfahren, die unterwegs noch ausfielen. Vergessene Handgranaten, Munition usw. versenkten die Amerikaner später selbst in der Loire.

An Verpflegung war sowieso nichts mehr vorhanden. Im Gegenteil entsandten die Amerikaner auf dringendes Anfordern der Marschuntergruppen vom ersten Tage an Brot, Konserven und Pferderationen.

Einen militärischen Kraftzuwachs an Waffen oder Material oder eine Entlastung irgend überhaupt fühlbarer Art hat die Gefangennahme der deutschen Marschgruppe Süd der amerikanischen Armee nicht gebracht. Wohl aber sehr viel Belastung ihres ohnehin nicht reichen und überlasteten Transportwesens.

Die Übergabe verhinderte zudem aber, daß das Ansehen des deutschen Heeres in den Schmutz gezogen wurde. Diese deutschen Soldaten waren zurückgelassen und aus höherer Notwendigkeit ihrer Gefechtskraft beraubt. Aber diese deutschen Soldaten sind nicht ausgeplündert und angespuckt worden und mit zerrissenen Uniformen Spießruten-gelaufen. Diese Marschkolonnen sind mit fliegenden Hakenkreuz-Fahnen und Kriegsmarine-Flaggen an ihren Spitzen, in Waffen und geschmückt an scheu und staunend beiseite stehenden Franzosen und französ. Truppen durch die Dörfer an die Loire in eine Gefangenschaft marschiert, deren Tore sie hoch erhobenen Hauptes betreten konnten.

Diese letzten deutschen Soldaten im mittelfranzösischen Raum haben durch diese Art der Waffenstreckung, die in jedem Falle unvermeidlich war, dem französischen Volk und der amerikanischen Armee ein letztes leuchtendes Bild hinterlassen, wie der deutsche Soldat auch tiefstes Unglück zu tragen versteht; der Entschluß zur Waffenstreckung ist weder leichtfertig noch vor Ausschöpfung aller anderen letzten Möglichkeiten gefaßt worden.

Der letzte Befehl hierzu trägt meine Unterschrift (siehe den Wortlaut des Befehls vom 10.9.1944 in der Anlage). Ich habe den Kommandeuren in der letzten Besprechung am 10.9.1944 gesagt, daß ich sie nur zu fragen habe, ob jemand von ihnen oder irgend sonst jemand eine andere und bessere Lösung wisse; ob noch irgendeine Möglichkeit bestünde, den Weg zur Heimat zu erkämpfen. Dann träte ich das Kommando an denjenigen ab, der diesen Weg zeigt. Anderenfalls erbäte ich für diesen meinen Entschluß die klare Antwort, ob sie den Befehl ausführen wollten oder nicht. Auch einem Einzelnen von ihnen stünde mit seinen Verbänden weiterhin der Abmarsch nach irgendwohin frei, wo er das Glück auf eigene Faust versuchen könnte. Es hat keiner nein gesagt, es ist nicht eine einzige Kompanie oder Dienststelle oder selbst nur Trüppchen abmarschiert.

Wir waren uns über unsere Lage alle im Klaren. Französ. reguläre Truppen mit schweren Waffen hatten uns zusammen mit amerikan. Panzeraufklärungskräften seit Tagen bekämpft, begleitet und uns in den Sack, der

Fotos aus „The New York Times" vom 24.9.1944

durch die Sprengung der letzten Loirebrücke zugebunden war, getrieben. Die amerikan. Luftwaffe hing unbekämpft darüber. Diese Fußmarschierer, ohne Gefechtswert, ohne schwere Waffen, ohne Treibstoff und Verpflegung waren nicht mehr in der Lage, den Brückenkopf über die breite Loire erkämpfen zu können. Zudem war die einzige Brückenbau-Pionierkompanie in Angouleme ebenfalls mit der mot-Marschgruppe abmarschiert.

Wer solche Befehle gibt, deren Nichtausführbarkeit er erkannt hat, handelt nicht wie der deutsche Truppenführer zu handeln gewohnt ist, sondern gewissenlos. Wer in solchen Lagen gar keinen Befehl mehr gibt, sondern die Truppe in Auflösung verkommen läßt, handelt ebenso.

Hier gilt das Führerwort, was in der letzten Besprechung der leitende Sa.-Offizier nach Schilderung der san.-ärztlichen Lage den Kommandeuren sagte: ›Um eines leeren Prestiges willen darf kein Tropfen deutschen Soldatenblutes fließen.‹

Die Marschgruppe verzeichnete einen Gesamtverlust von rund 4.400 Mann einschließlich gefallener Kommandeure und Offiziere!

Das Gutachten des Oberst der Luftwaffe Burgert bei dieser Besprechung besagte, daß die auf die Loire aufgeprellte Marschgruppe bei Einsatz der Vernichtungsangriffe in zwei bis drei Tagen vernichtet gewesen wäre.

Ich bin der Ansicht und des festen Glaubens, daß der verantwortungsbewußte Führer auch in der unglücklichsten Kriegslage, zumal wenn sie nicht durch seine Schuld entstanden ist, den Mut aufzubringen hat, bis zum bitteren Ende der Führer zu sein und mit seinem Namen einzutreten.

Sich in ein Bauernhaus oder in einen Bunker zu setzen und das Schicksal über sich hinweg rollen lassen, kann jeder andere, aber der Truppenführer hat nach seinem Auftrag zu handeln. Ist der Auftrag nicht mehr ausführbar, dann bleibt als Richtschnur nur noch das Gewissen übrig.

Mein Gewissen ist rein. Wenn ich 20.000 Mann durch die Ungunst der Kriegslage nicht mehr nach Deutschland führen konnte, hatte ich sie nicht aus feigem Ausweichen vor der Verantwortung vor die Hunde gehen zu lassen, sondern die Würde des deutschen Heeres zu wahren und einen ehrenvollen Schlußstrich zu ziehen.

Als andere Möglichkeiten standen mir offen: Entweder, die braven, treuen Männer (jeden Alters bis in die 60er Jahre) durch eine nicht zu bekämpfende Luftwaffe totschlagen zu lassen oder sie verhungern zu lassen oder sie in die sadistischen Hände der Maquis fallen zu lassen. In jedem Falle wäre es mit unausbleiblicher Sicherheit zu einer völligen Auflösung, zu maßlosem Elend und zu einem Bild der Schande für das Ansehen des deutschen Heeres gekommen.

Ich habe vorgezogen, dafür die Verantwortung zu übernehmen, daß ich 20.000 deutsche Männer vor diesem Schicksal, für das jedes Opfer sinnlos war, bewahrt und dem deutschen Vaterland erhalten habe, wenn auch über den langen und dunklen Weg durch gegnerische Gefangenschaft.

Ich weiß und habe auch damit gerechnet, daß nicht jeder Einzelne dieser 20.000 Mann jetzt schon oder überhaupt jemals das Verständnis für die Zwangsnotwendigkeit des Schicksals, das er tragen muß, aufbringt. Ich weiß, daß er nicht den Ablauf der Ereignisse und die Würfel des Krieges sondern seinen General dafür verantwortlich macht. Wenn er Vertrauen hat, wird er es wenigstens verstehen, anderenfalls muß ich seine falsche Ansicht ohnehin tragen. Umso tragischer wird dieser Zustand aber, wenn der arme, einfache kriegsgefangene deutsche Soldat, ohne die Möglichkeit des prüfenden Urteils der gegnerischen Zeitungspropaganda ausgeliefert, den bewußten Entstellungen und aufgeblasenen Zeitungslügen verfällt und an der Sauberkeit und Richtigkeit der eigenen militärischen Führung zu zweifeln beginnt. Amerikanische Sensationslüsternheit bemächtigte sich des Vorganges in der sensationsarmen Zeit der Kampfpause des Monates September. Und bei Einzelnen, denen Urteilsfähigkeit und Kenntnis der Sachlage fehlten, fiel sie auf fruchtbaren Boden. Die Saat des Mißtrauens hatte sich gelohnt. Hier dröhnt die Tragik des deutschen Schicksals in eherner Wucht.

Aber auch diese bittere Tragik hat ein Truppenführer, der im Schatten der höheren Notwendigkeit der Gesamtführung auf verlorenem Posten steht, zu tragen.

Mich befähigt zu dieser Kraft die Gewißheit, in Übereinstimmung mit den mir unterstellten Kommandeuren den einzig noch möglichen Entschluß gefaßt und mich nicht um die letzten Entscheidungen herumgedrückt zu haben. Schwerer von der Welt zu tragen, aber leichter von seinem eigenen sittlichen Gewissen.

Ich bin bei meinen Männern in den bittersten Stunden dabeigeblieben, diesem armen, bunt zusammengewürfelten Haufen ohne Ausrüstung, ohne genügend Waffen, plötzlich auf die Landstraße gestellte pflichtgetreue deutsche Soldaten und Zivilisten aller Art. Ich bin ihnen nicht durch Gefechtsstandswechsel davongesprungen und habe sie nicht führerlos ihrem Schicksal überlassen. Ich bin ihnen bis zum bitteren Ende ihr Führer geblieben, der die Verantwortung auf seine Schultern genommen hat und sie zu tragen versteht jetzt und in Zukunft.

Seit dem Befehl zum Abmarsch vom Atlantik an der spanischen Grenze am 21.8. waren bis zum 16.9. 27 Tage vergangen. Nach reinen Karten-Kilometern ohne Gefechte und Umwege waren 980 km zurückgelegt worden, d.h. eine Tagesleistung von durchschnittlich 37 km. Kein Funkspruch, so sehr wir auch in den Äther riefen, kein deutsches Flugzeug erschien, um wenigsten nach uns Ausschau zu halten oder gar eine Lageorientierung oder Verpflegung abzuwerfen. Wir standen allein vor zerstörten Brücken.

Am 2.9. hörten wir in Poitiers den Wehrmachtbericht: ›Die Zurücknahme der deutschen Truppen aus dem südfranzösischen und südwestfranzösischen Küstengebiet auf den Raum des Plateaus von Langres ist abgeschlossen.‹

Wir hörten diese Meldung, ohne sie zu verstehen.
Abgeschlossen war sie endgültig erst mit dem 16.9. 1944, dem Tage der Waffenstreckung der letzten deutschen Marschteile im mittelfranzösischen Raum.‹

Generalmajor Elster, Camp Clinton

Anlage
Befehl vom 10.9. 1944 Marschgruppe Süd

I. Die Kriegslage der letzten Tage hat für die im mittelfranzösischen Raum allein, ohne Verbindung und ohne vorbereitete Versorgung zurückgelassene Fußmarschgruppe Süd die Tatsache geschaffen, daß das Erreichen der deutschen Grenze nicht mehr möglich ist.
II. Die Fußmarschgruppe Süd ist kein kampfkräftiger Truppenverband. Sie ist mit den unzureichenden Waffen und der geringen Munition nicht in der Lage, sich den Rückweg gegen reguläre Truppen mit Waffengewalt zu erzwingen. Sie ist den Angriffen der feindlichen Luftwaffe wehrlos preisgegeben. Die beiden kurzen Luftangriffe am 7.9. haben bei den betroffenen Verbänden schlagartig hohe Ausfälle an Menschen, Pferden, Gespannen und Kraftfahrzeugen sowie an Verpflegung, Waffen und Munition verursacht. Die mitgeführte Verpflegung reicht insgesamt nur noch für wenige Tage. In Kürze muß daher die Lage zwangsläufig zur Auflösung und zum Zerfall führen.
III. In Erkenntnis dieser Sachlage hat die an der Loire stehende 9. amerikanische Armee der Fußmarschgruppe Süd folgende Bedingungen gestellt:
1) Anhalten der Verbände an den erreichten Orten.
2) Ehrenvoller Abmarsch der Verbände mit Waffen und voller Ausrüstung bis zu bestimmten Sammelräumen.
3) Ehrenvoller Vorbeimarsch der deutschen Verbände mit Waffen vor einem amerikanischen Inf.Regiment mit präsentiertem Gewehr.
4) Überführung der deutschen Verbände in den von amerikanischen Truppen besetzten Raum jenseits der Loire nach Waffenabgabe.
Die 9. amerikanische Armee hat gleichzeitig mitgeteilt, daß sie für die Dauer dieses kurzbefristeten Angebotes Befehl gegeben hat, die Luftangriffe einzustellen. Sie hat gleichzeitig wissen lassen, daß im Falle einer Ablehnung ihre Luftwaffe Befehl erhalten wird, im stärksten und rücksichtslosen Einsatz die Einheiten der Marschgruppe bis zur endgültigen Vernichtung zu zerschlagen.
IV. In Würdigung dieser Sachlage und auf Grund der klaren Tatsache, daß der Weitermarsch den bei Belfort zur Zeit ringenden deutschen Truppen durch uns keine Verstärkung ihrer Kampfkraft mehr zu bringen vermag, vielmehr dieser Marsch kostbares deutsches Blut unnütz ver-

schwenden würde, habe ich in Fürsorge für jeden Einzelnen und zur Wahrung der Würde und Ehre der deutschen Wehrmacht diese Bedingungen annehmen müssen.

V. Als Führer der Fußmarschgruppe Süd befehle ich,
1) die Einstellung des Weitermarsches,
2) die Einstellung der Kampfhandlungen gegen die regulären Kräfte der amerikanischen, englischen und französischen Armee und Luftwaffe,
3) Ruhe, Ordnung und Disziplin und unbedingter Gehorsam gegenüber den Vorgesetzten; das Ansehen der deutschen Wehrmacht steht über allem!
4) Die Marschbefehle folgen gesondert.

Gez. Elster, Generalmajor«[1]

Der Marschbericht bedarf in gewisser Beziehung noch der Ergänzung.

Botho war es sehr daran gelegen, daß sich sämtliche Angehörige seiner Marschgruppe SÜD gegenüber der französischen Bevölkerung korrekt verhielten und es zu keinen verbrecherischen Übergriffen kam. Sein Sonderbefehl vom 1.9.1944 gibt darüber beredtes Zeugnis:

»Sonderbefehl

Der französische Regionalpräfekt von Poitiers hat in einem Briefe (vom 31.8.44) zur Kenntnis gebracht, daß durchziehende deutsche Truppen in einem Falle französische Männer, die die Truppe zur Beseitigung einer Baumsperre aus einem in der Nähe gelegenen Dorfe herausholte, anschließend erschossen hat. In einem anderen Falle hat die Truppe französische Männer erschossen, die sie als Geiseln festgenommen hatte.

Ich mache auf die seit langem bestehenden strengsten Befehle aufmerksam, daß Verurteilungen jeglicher Art nur durch die ordnungsmäßig einzusetzenden Standgerichte erfolgen dürfen, ferner auf das strengste Verbot, Geiseln festzunehmen oder gar zu erschießen.

Die französische Zivilbevölkerung hat sich während der jetzigen Operationen im größten Ausmaße loyal und ruhig verhalten. Es ist des Ansehens

---

[1] Diese umfassenden Darstellungen geben ganz sicher ein weitaus genaueres Bild von der Marsch-Situation und den Bedingungen, die zur Kapitulation führten, als die äußerst knappe, nur 29 Zeilen umfassende, noch dazu von Fehlern, Oberflächlichkeiten und Verzerrungen durchzogene Erwähnung dieses Ereignisses in der Dissertation von *Joachim Ludewig, Der deutsche Rückzug aus Frankreich 1944* (Verlag Rombach, Freiburg, 1994, S. 209 f.).

und der Ehre des deutschen Heeres unwürdig, wenn deutsche Soldaten Akte der Ungerechtigkeit und Unmenschlichkeit begehen.
Die Truppe ist nochmals eingehend zu belehren.
Ich werde jeden vor das Kriegsgericht stellen, der diesem Befehle nicht nachkommt.
Der Führer der Marschgruppe SÜD Elster, Generalmajor«

Dieser Sonderbefehl wurde in der Presse von Poitiers am 1.9.1944 veröffentlicht. Dafür wurde ihm vom Präfekten der Region Poitiers in einem Brief vom 4.9. gedankt:

»Ich möchte Ihnen zur Kenntnis bringen, daß die Veröffentlichung in der Presse Ihres Sonderbefehles vom 1.9.44 auf die Bevölkerung den denkbar besten Eindruck gemacht hat. In meinem Namen sowie im Namen der Bevölkerung spreche ich Ihnen hierfür meinen verbindlichsten Dank aus. Genehmigen Sie, sehr geehrter Herr Generalmajor, den Ausdruck meiner hochachtungsvollsten Gefühle.«

Dem Präfekten des Departement Indre antwortete Botho am 4.9.44:

»Wie ich mich überzeugt habe, sind vor Ankunft meiner Marschgruppe SÜD im Dep. Indre von durchmarschierenden Truppen, insbesondere durch einen Verband fremder Nationalität, erhebliche Schäden personeller und materieller Art verursacht worden. Da ich und meine Truppen den Wunsch haben, im Rahmen unserer Möglichkeiten zur Linderung dieser tiefbedauerlichen Schäden beizutragen, bitte ich Sie, die Summe von 8 Millionen Frcs. anzunehmen und im obigen Sinne verwenden zu wollen. Den Betrag übermittele ich Ihnen durch Herrn Capitain Mirault und Herrn Capitain Habart. Genehmigen Sie den Ausdruck meiner vorzüglichen Hochachtung.«

Das Original der Empfangs-Quittung über 8 Mill. Francs vom 16.9.1944 befindet sich in Bothos Unterlagen.

Es gibt noch weitere Zeugnisse für diese Haltung Bothos.

In einem Funkspruch vom 11.9.1944 an die Untergruppe Burgert heißt es:

»Die reguläre französische Armee hat mitgeteilt, daß sie jedes wilde Requirieren von Lebensmitteln, Vieh, Pferden, Gespannen, Fahrrädern usw. als Vertragsbruch auffaßt und mit Waffengewalt dagegen vorgehen wird.

Wer meine hierüber gegebenen Befehle nicht befolgt, wird als Plünderer bestraft.

Der freie Ankauf in gegenseitiger Vereinbarung gegen Bezahlung ist in angemessenen Grenzen gestattet. Elster, Generalmajor«

Diese Anordnung wurde von Botho in weiteren Marschbefehlen wiederholt und verschärft.

3. Das Übereinkommen zur Kapitulation

Die von Botho eingeleiteten und geführten Verhandlungen zur Kapitulation hatten folgendes Übereinkommen zum Ergebnis:

Übereinkommen
geschlossen am 10.9.1944, 17 Uhr in Issoudun

<u>Anwesend</u>:
vom Heer der Vereinigten Staaten

General Macon
Befehlshaber der 83. US-Division im Bereich der Loire

Colonel Baker
Generalstabschef der 9. US-Armee für General Simpson, Oberbefehlshaber der 9. Armee

Colonel French
Generalstab des Kriegs-Departements in Washington, z.Zt. beim Hauptquartier der 83. Division, von heute ab Verbindungsoffizier beim Kommando der Marschgruppe Süd –

von der deutschen Wehrmacht

Generalmajor Elster
Befehlshaber der Marschgruppe Süd

Kriegsgerichtsrat Dr. Liebegott.

<u>Zwischen den vorgenannten Kommandostellen wurden folgende Bedingungen festgelegt:</u>

1. Die deutsche Marschgruppe Süd hält ihre bisherige Marschbewegung aus dem Raum Châteauroux – Allier an.
2. Sie wird bis 12.9. abends die Truppen zwischen dem Allier und der Loire nach Westen zurücknehmen. Ihr ist bekannt, daß deutsche Truppen, die ab 13.9. früh noch in diesem Raumund ostwärts davon stehen oder marschieren, aus der Luft angegriffen werden. Gelingt diese Bewegung wegen der schwierigen Nachrichtenübermittlung bis zum 12.9. abends nicht vollständig, so ist durch den amerikanischen Verbindungsoffizier rechtzeitig Fristverlängerung zu beantragen.
3. Die Kampfhandlungen der regulären alliierten Streitkräfte gegen die deutsche Marschgruppe Süd zu Lande und aus der Luft werden eingestellt. Die Kommandostellen der Alliierten tragen dafür Sorge, daß auch irreguläre Bewaffnete keine Angriffe und Überfälle mehr auf die deutsche Marschgruppe ausführen.
4. Die deutsche Marschgruppe wird in 4 Tagesmärschen auf mehreren getrennten Marschstraßen aus dem jetzigen Raum ab 12.9. nach Norden an die Loire marschieren und diese bei Orléans, Beaugency und Mer erreichen. Für die Dauer dieses Marsches ist ein deutscher Verbindungsoffizier zu der amerikanischen Armee abzustellen. Der deutschen Marschgruppe werden für diesen Marsch alle in ihrem Besitz befindlichen Waffen, Fahrzeuge und die volle Ausrüstung belassen. Die Marschbefehle des Stabes der deutschen Marschgruppe gehen im Abdruck durch den amerikanischen und französischen Verbindungsoffizier den Stäben der Alliierten zu. Die französische Kommandobehörde hat zugesagt, die französische Bevölkerung über den Durchzug der deutschen Truppen zu unterrichten.
5. An den drei bezeichneten Übergangsstellen über die Loire werden die Teile der deutschen Marschgruppe, nach einem Vorbeimarsch unter Waffen vor amerikanischen Verbänden (Kompanien des US-Infanterie-Regiments Nr. 329), die unter präsentiertem Gewehr stehen, die Waffen niederlegen. Ihr Übergang über die Loire nach Norden erfolgt dann nach den Weisungen der 9. amerikanischen Armee. Es ist vorgesehen, die Fahrzeugkolonnen bei Beaugency im Fährbetrieb überzusetzen, während bei Orléans und Mer die Fußteile übergehen.
6. Die 9. amerikanische Armee hat zugesagt, der deutschen Marschgruppe bei Mangel an Verpflegung, Treibstoff und medizinischen Mitteln Unterstützung zu gewähren.
7. Der deutschen Marschgruppe ist ehrenvolle militärische Behandlung nach den international gültigen Kriegsregeln zugesagt worden.
8. Generalmajor Elster als Führer der Marschgruppe Süd mit seinem Stabe beendet die Führung der deutschen Verbände mit dem Zeitpunkt ihres Überganges über die Loire. Ihm ist zugesagt, daß er mit den Offizieren, Beamten, Unteroffizieren und Mannschaften seines Stabes (rund 30

Köpfe) auch weiterhin zusammen bleibt und gesondert untergebracht wird.

Issoudun/Châteauneuf, den 10.9.1944

Der Führer der deutschen Marschgruppe Süd	Der Befehlshaber der amerikanischen Truppen an der Loire
Generalmajor	Generalleutnant

Botho hatte mit diesem Abkommen über eine ehrenvolle Kapitulation ein für die Zeit außergewöhnliches und für die unter seiner Führung stehenden Marschteile, d.h. für noch nahezu 20.000 Menschen, mit Blick auf deren hoffnungslose Lage optimales Ergebnis erzielt. Denn er hatte aus einer sehr schwachen Position heraus – man denke an die Zusammensetzung der Fußmarschgruppe und deren Verfassung – als geschickter Verhandlungsgegner Bestmögliches sowohl für die Art und Weise der Waffenstreckung als auch für die Behandlung der Soldaten auf ihrem letzten Marsch in die Gefangenschaft heraus gehandelt. Zudem war es ihm gelungen, die französische Seite (sowohl reguläre Truppen als auch rivalisierende Maquisgruppen) ganz heraus zu halten, der damit ein billiger Sieg entgangen war und die auch nicht in den Besitz der restlichen Waffen kam.

Unmittelbar nach Abschluß dieses Übereinkommens gab Botho den oben wiedergegebenen Befehl vom 10.9.1944 heraus, mit dem der Weitermarsch eingestellt wurde.

So konnte Botho erhobenen Hauptes, ohne daß ihm Widerstand aus den eigenen Reihen entgegen geschlagen wäre, die einzelnen Bedingungen des Übereinkommens erfüllen und wenige Tage später zur Umsetzung der Ziffer 5. des Übereinkommens schreiten, der eigentlichen

4. Kapitulations-Zeremonie

Diese Zeremonie, deren Ablauf im einzelnen bis hin zu der Wahl der Worte zuvor festgelegt worden war, begann am Sonnabend, dem 16. September 1944 vereinbarungsgemäß mit einem Vorbeimarsch deutscher Truppen unter präsentiertem Gewehr. Am für die symbolische Kapitulation festgelegten Ort, nahe der südlichen Auffahrt der Brücke bei Beaugency, traten die Beteiligten gegen 15:00 Uhr wie folgt an:

Die vorderste Reihe auf deutscher Seite war für Botho sowie Colonel French und den Repräsentanten der französischen Armee, Captaine Husser, reserviert. Dahinter waren die Offiziere, Unteroffiziere und Mannschaften angetreten.

In etwa 20 m Entfernung hatten gegenüber den Deutschen Aufstellung genommen: General Macon, General Weyland, Kommandeur des XIX Tactical Air Command, sowie Colonel Crabill, Kommandeur des 329. US-Infanterieregiments, zusammen mit einem der Zahl der Deutschen entsprechenden Aufgebot an amerikanischen Infanteristen.

Auf ein Zeichen hin trat Botho mit Colonel French und Captaine Husser einige Schritte nach vorn, das gleiche taten die Gegenüberstehenden. Botho sprach unter militärischem Gruß (Hand an die Mütze!! – nicht der sogenannte »deutsche Hitler-Gruß«!), den die Gegenseite erwiderte, die festgelegte Kapitulations-Formel und übergab dem amerikanischen General als Symbol für die Kapitulation der Marschgruppe seine Pistole, deren Lauf umfassend, mit der – zum Zeichen der Ergebung – linken Hand.

General Macon erklärte daraufhin:

»In Vertretung des Kommandeurs der 9. US-Armee, Generalleutnant William H. Simpson, und der Streitkräfte der Vereinigten Staaten akzeptiere ich Ihre Kapitulation. Ihnen, Ihren Offizieren und Mannschaften wird hiermit die Behandlung den Bedingungen der Genfer Konvention entsprechend zugesichert.«

Danach erfolgte die Niederlegung der Waffen durch die deutschen Truppen, die unter Kontrolle durch amerikanische Soldaten aufgestapelt wurden. Einzeln, abgezählt durch amerikanische Kontrollposten, gingen sämtliche 19.604 Mann aus der Marschgruppe Süd über die Loire bei Orléans, Mer und Beaugency in amerikanische Gefangenschaft. Einige Tage später wurde Botho zusammen mit seinem Stab nach England ausgeflogen.

Über diese Kapitulation hat der Hessische Rundfunk im Jahre 2003 einen Dokumentationsfilm hergestellt (59 Minuten), der auf dem Kanal ARTE am 21. Januar 2004 erstmals ausgestrahlt wurde. Weitere Sendungen fanden statt am 20. Juli 2004 (Hessen-Fernsehen), am 5. Dezember 2004 (Phoenix) und am 23. Februar 2005 (ARTE). Außerdem wurde der Film vorgeführt am 18. Juli 2004 im Haus der Geschichte der Bundesrepublik Deutschland, Bonn, mit anschließender Podiumsdiskussion.

Kapitulationszeremonie

In diesem Film wird erstmals der seriöse Versuch unternommen, die damaligen Ereignisse objektiv zu betrachten und ihnen den gebührenden Rahmen zu geben.

Denn abgesehen von der damaligen amerikanischen Sensations-Presse, die sich begierig dieses außerordentlichen Ereignisses sensationslüstern annahm und es nach allen Regeln der Propaganda ausschlachtete, um diese »Surrender« in dem ihr gebührend erscheinenden und die deutsche Seite in entehrendem Licht erscheinen zu lassen, hat sich für diese Geschehnisse fast sechs Jahrzehnte lang in Deutschland so gut wie niemand interessiert.

»How to put salt on a German General's tail« (Artikel in »The Saturday Evening Post« vom 11. November 1944) war die wohl reißerischste, aber zugleich auch niederträchtigste Art der Darstellung dieser ja immerhin auch von der amerikanischen Seite mit militärischem Ernst und ebensolcher Würde durchgeführten Ergebung. Diese ehrenvolle, in aller Form und Würde erfolgte Kapitulation hat die damalige Presse nicht würdigen wollen, weil es ergötzlicher war, sich über den unterlegenen Feind auf billige Weise zu erheben und lustig zu machen, um ihn bewußt zu erniedrigen.

Eine spätere Abhandlung über diese Surrender in »After the Battle«, Nummer 48, England, Copyright 1985, verdient, erwähnt zu werden. Es wird darin u. a. ausgeführt:

»Although this little-known battlefield surrender took place in September 1944, we felt it provides an unusual contrast to the later capitulations in 1945 which took place when Germany was a beaten nation. When we look back forty years later at the end of the war in Europe, the ELSTER surrender stands out as a humanitarian gesture to save life and avoid unnecessary casualties. Although the American caption writers ... attempted to turn the Beaugency surrender into a tremendous American victory, nevertheless they tended to disparage Elster for the ignominious end of his unit. However, the men under his command behaved well ...«

Vierzig Jahre später wird erstmals der humanitäre Charakter dieser Kapitulation hervorgehoben.

Damals jedoch wurde von der deutschen Wehrmachtsführung ein förmliches Strafverfahren gegen Botho eingeleitet, das mit der Anklageerhebung vor dem Reichskriegsgericht endete (Anklage vom 16.2.1945).

Mit Urteil des (in Torgau tagenden) Reichskriegsgerichts vom 7. März 1945 wurde Botho wegen seiner Kapitulation in Abwesenheit zum Tode verurteilt.

Dieses Dokument nationalsozialistischer Unrechts-Justiz verdient es allein zur Demonstration der selbst noch wenige Wochen vor dem Zusammenbruch des deutschen Reiches völlig verblendeten Haltung der deutschen Machthaber hier festgehalten zu werden:

Reichskriegsgericht, 1. Sen. 9/45

Im Namen des deutschen Volkes!

Feldurteil

In der Strafsache gegen

Generalmajor E l s t e r,
zuletzt Kommandant der Feldkommandantur 541,
jetzt in amerikanischer Kriegsgefangenschaft,

wegen Ungehorsams und Übergabe an den Feind

hat das Reichskriegsgericht, 1. Senat, auf Grund der am 6. und 7. März 1945 durchgeführten Hauptverhandlung in der Sitzung vom 7. März 1945, an der teilgenommen haben

als Richter
    Generalrichter beim Reichskriegsgericht Dr. Lattmann, Verhandlungsleiter,
    Generalleutnant Eberhardt,
    Generalleutnant Angerstein,
    Generalleutnant Sievers,
    Oberstrichter Dr. Weber,

als Vertreter der Anklage:
    Oberstrichter Dr. Speckhardt,

als Urkundsbeamter:
    Reichskriegsgerichtsoberinspektor Wagner,

für Recht erkannt:

Der Angeklagte wird wegen Übergabe an den Feind zum Tode, zum Verlust der Wehrwürdigkeit und zum dauernden Verlust der Ehrenrechte verurteilt.

Von Rechts wegen.

Gründe:

I. Die Person des Angeklagten.

Der Angeklagte ist als Sohn eines Kammerherrn und Archivars des Fürsten von Schaumburg-Lippe am 17. Mai 1894 in Berlin-Steglitz geboren. Er trat nach Erlangung der Gymnasialreife 1913 als Fahnenjunker in das Inf.Rgt. 79 ein und nahm als Leutnant am Ersten Weltkrieg teil. 1920 wurde er mit dem Charakter als Hauptmann verabschiedet. Anschließend trat er zur Sicherheitspolizei über. Als Polizeimajor nahm er 1933 als Mitglied der deutschen Abordnung an der Abrüstungskonferenz in Genf teil.

Am 1.8.1935 wurde er wieder in die Wehrmacht überführt und Kommandeur der Pz.Abw.Abt. 3, dann als Oberstleutnant Kommandeur des Pz.Rgts. 8. In dieser Stellung wurde er am 31.7.1939 zum Oberst befördert. Er nahm am Feldzug in Polen und in Frankreich teil. Im Frühjahr 1941 wurde er zur Einarbeitung als Kommandeur einer Pz.-Beutebrigade zur Pz.-Brigade 100 versetzt und mit Wirkung vom 5.7.1941 zum Kommandeur der Pz.Brig. 101 ernannt. Nach Verwendung als höherer Panzeroffizier bei der Heeresgruppe D wurde er Kommandeur der Pz.-Brigade 100. Beide Pz.-Brigaden lagen im Westen zur Verfügung des Oberbefehlshabers West und kamen nicht zum Feindeinsatz. Am 15.2.1943 zum Generalmajor befördert, wurde er kurz darauf mit der Wahrnehmung der Geschäfte des Kommandanten der Feldkommandantur 894 – seit 15.2.1944 Oberfeldkommandantur 894 – beauftragt. Am 1.4.1944 wurde er zum Kommandanten der Feldkommandantur 541 in Dax ernannt. Diese Stelle hatte er bis zuletzt inne.

In diesem Kriege hat der Angeklagte die Spangen zum RK II. und I. Kl. und das Panzerkampfabzeichen in Silber erhalten. Er ist seit 1935 verheiratet. Der Ehe entstammt ein jetzt sechsjähriger Sohn.

In der Beurteilung der Heeresgruppe D vom 1. April 1942, aufgestellt vom Chef des Stabes, Generalleutnant Hilpert, und gebilligt von den Generalfeldmarschällen von Witzleben und Rundstedt, wird der Angeklagte als starke, klare Persönlichkeit von großem Schwung gekennzeichnet, als begabter Panzerkommandant und gewandter Organisator, der seine Stelle als höherer Panzeroffizier und Panzerbrigadekommandeur sehr gut ausfülle. Ihm wird die Eignung zum Panzerdivisionskommandeur zugesprochen. Eine Beurteilung des Oberbefehlshabers West vom 1.3.1943 bezeichnet den Angeklagten dagegen nur als guten Durchschnitt. Der Kommandant der Heeresgebietes Südfrankreich beurteilt den Angeklagten als über dem Durchschnitt stehend und geeignet zum Oberfeldkommandanten. Er habe sich bei der Oberfeldkommandantur 894 den schwierigen militärischen Aufgaben und den besonderen südfranzösischen Verwaltungsaufgaben in jeder Beziehung gewachsen gezeigt und großes Verständnis bewiesen.

Alle drei Beurteilungen sagen, daß der Angeklagte sich vor dem Feinde bewährt habe, in welcher Weise, ist nicht ersichtlich. Warum er nicht mehr als Truppenführer verwendet worden ist, konnte nicht aufgeklärt werden.

Der Angeklagte befindet sich zur Zeit in amerikanischer Kriegsgefangenschaft.

II. Die Anklage

Am 18. September 1944 berichtete erstmals der englische Rundfunk, der deutsche Generalmajor Elster habe auf dem Rückmarsch aus Südwest-Frankreich an der Loire mit 20.000 Mann die Waffen vor einem amerikanischen Spähtrupp von 24 Mann gestreckt. Die Feindpresse übernahm diesen Bericht in großer Aufmachung unter Beigabe zahlreicher Bilder, die die Übergabeverhandlungen und die Waffenniederlegung darstellen.

Diese Feindberichte und die Meldung eines später vermißten Oberleutnants Lierse, Kp.Chef 14./Gren.Rgt. 221, gab den Anlaß zur Einleitung eines Ermittlungsverfahrens, das zur Anklage führte. In diese wird dem Angeklagten vorgeworfen, daß er Ende August und Anfang September 1944 die ihm befohlenen Sprengungen wichtiger Anlagen unterlassen, den Rückmarsch nicht mit der gebotenen Beschleunigung durchgeführt und schließlich auf offenem Felde kapituliert habe.

III. Die Hauptverhandlung

Der Chef des Oberkommandos der Wehrmacht ordnete am 8.10.1944 an, das Verfahren in Abwesenheit des Angeklagten durchzuführen (§ 59 Abs. 2 RStVO).

In der Hauptverhandlung kamen zahlreiche Zeugen zu Wort, teils bei persönlicher Vernehmung, teils durch Verlesung früherer z.T. beeideter Aussagen. Es waren darunter Soldaten, die mit dem Angeklagten über dessen Ansichten und Pläne gesprochen hatten, andere, die die Kapitulation miterlebten und mit in die Gefangenschaft marschierten, endlich auch solche, die sich nach der Kapitulation im letzten Augenblick der Gefangennahme durch die Flucht entziehen konnten oder später ausgetauscht wurden. Der Senat machte die bei den Akten befindlichen Befehle, Zeitungsberichte und Abbildungen aus Zeitschriften und Zeitungen des feindlichen Auslandes zum Gegenstand der Verhandlung und kam in umfangreicher Beweisaufnahme zu folgenden Feststellungen:

IV. Die tatsächlichen Feststellungen

1.) Der Rückmarschbefehl

Als die deutschen Truppen im August 1944 Südwest-Frankreich räumen mußten, weil nach dem Durchbruch bei Avranches auch der Süden der Atlantik-Front unhaltbar geworden war, gab der Kommandierende General des LXIV. Armeekorps, General der Pioniere Sachs, dem Kommandeur der 159. Res.Div., Generalleutnant Nake, am 18.8.1944 den Befehl, alle zwischen der spanischen Grenze und der Gironde liegenden Truppen und Dienststellen der drei Wehrmachtsteile in den Raum an der oberen Marne zurückzuführen.

Die 159. Res.Div. bildete hierzu drei Marschgruppen: eine nördliche unter Oberstleutnant von der Kammer, Kommandeur des Res.Gren.Rgts. 291, eine mittlere unter Oberstleutnant Wurzer, Kommandeur Res.Gren.Rgt. 9, und eine südliche unter dem Angeklagten.

Generalleutnant Nake hielt am 19.8. in Bordeaux eine Kommandeurbesprechung ab, an der etwa 40 bis 50 Offiziere, darunter der Angeklagte, teilnahmen. Er wollte sich einen Überblick über die ihm unterstellten Einheiten und deren Kampfwert verschaffen. Dabei gab er seine Weisungen für den Marsch bekannt, die in dem Div.-Befehl vom gleichen Tage zusammengefaßt wurden. Auch der Angeklagte erhielt diesen Befehl.

Nachdem Generalleutnant Nake erklärt hatte, der Führer verlange, das jeder deutsche Mann herauskomme, es komme auf den letzten Mann an, hielt der Angeklagte eine ›Ansprache‹, in der er in eindringlicher Weise beantragte, bei den vorgesetzten Kommandostellen auf die Undurchführbarkeit des befohlenen Rückmarsches hinzuweisen und zu erwirken, daß die Truppen sich auf die Festungen an der Gironde-Mündung zurückzögen und dort bis zuletzt kämpften. Er begründete diesen Vorschlag damit, daß viele Marschunfähige da seien, nämlich Leute mit Erfrierungen aus dem Osten und marschungewohnte Marineangehörige, mit denen man nicht durchkommen werde.

Der Angeklagte fand zunächst Anklang, bis Oberstleutnant von der Kammer im Namen der 3 Rgts.-Kdre der Division an die Soldatenehre appellierte und eindrucksvoll erklärte, die Truppe müsse und werde den befohlenen Marsch, allen Schwierigkeiten zum Trotz, durchführen. Auch ein Marineoffizier äußerte sich in diesem Sinne.

Generalleutnant Nake schloß die Besprechung, in der es recht erregt zugegangen war, mit der Erklärung, daß die ›Anregung‹ des Angeklagten erledigt sei.

2.) Die Sprengbefehle
Im Anschluß an die Besprechung gab Generalleutnant Nake dem Kommandeur des techn.Btls.(mot.) 5, Major Richter, Weisungen für die Sprengung von Kunstbauten und Kraftwerken, die ihren Niederschlag in dem Div.-Befehl vom 20.8.1944 fanden. Dieser ging auch dem Angeklagten zu. Die Anordnung dieses Befehls, daß unter keinen Umständen Sprengobjekte unzerstört in die Hände des Gegners fallen dürften, wiederholte Generalleutnant Nake dem Angeklagten gegenüber mehrfach auch mündlich.

Major Richter bereitete die befohlenen Sprengungen vor: er stellte ein Sprengkommando unter Leutnant Glahn zum Angeklagten ab. Dieser widersetzte sich den befohlenen Sprengungen. Ohne die Division zu unterrichten, übergab er Leutnant Glahn einen Befehl an das techn. Btl. 5 vom 21.8.1944, nach dem das Kraftwerk in Nostens nicht gesprengt werden dürfe, da die Truppe es noch brauche, und das Kraftwerk in Bayonne (Adour) auf Einspruch des deutschen Botschafters in Spanien erhalten bleiben müsse. Er verbot auch die Sprengung des Umspannwerkes Dax, da diese sowieso auf ein bis zwei Monate stromlos bleiben werde. Er schickte den Sprengtrupp zurück, da er keine Aufgabe für ihn habe.

Die Nichtsprengung des Werkes in Adour fand die Billigung des Korps. Die Werke in Dax und Nostens blieben unzerstört, obwohl die Sprengung durch die Nachhuten des Angeklagten ohne Nachteil für die eigenen Truppen hätte durchgeführt werden können, wenn der Angeklagte sie nicht durch seine Anordnungen verzögert hätte. Die Division erhielt durch das techn. Btl. 5 hiervon alsbald Kenntnis. Sie griff aber dem Angeklagten gegenüber nicht unmittelbar durch, sondern beschränkte sich darauf, den Sprengtrupp unter Leutnant Glahn zur Marschgruppe Elster mit dem Befehl zurückzuschicken, die Umspannwerke in Dax und Nostens zu sprengen. Als Leutnant Glahn sich bei dem Angeklagten meldete, ging dieser auf den im Auftrag der Division übermittelten Befehl nicht ein, sondern befahl nur, eine kleinere Straßenbrücke in der Nähe von Dax zu sprengen. Trotz eifrigen Suchens fand Leutnant Glahn die ihm genau bezeichnete Brücke nicht. Bei weiterem Vordringen auf Dax stellte er fest, daß der Ort bereits von Terroristen besetzt war.

3.) Der Rückmarsch bis Poitiers
Die Absetzbewegungen der einzelnen Marschgruppen liefen am 21.8. in nördlicher Richtung an. Ziel war zunächst Poitiers. Dort sollte nach Osten abgedreht werden.

Der Angeklagte brachte seine Marschgruppe zunächst gut vorwärts, wies der Division gegenüber aber immer wieder auf Schwierigkeiten hin und stellte zweckdienliche Forderungen. Während anfangs die Kraftfahrzeuge in der Fußmarschkolonne fuhren, wurde später ein Pendelverkehr dergestalt eingerichtet, daß die Kraftfahrzeuge die Marschunfähigen überschlagend vorwärtsbrachten. Ein Wechsel im Besitz der Fahrräder ermöglichte es, daß der Einzelne einen Tag fuhr, den anderen Tag marschierte. Generalleutnant Nake, der den Angeklagten am 23.8. bei Labouhayne und am 26.8. nördlich Bordeaux traf, war von den guten Marschleistungen überrascht.

Am 27.8. erreichte der Angeklagte Angoulême. Dort fand am 28.8. nachmittags eine Besprechung des Generalleutnants Nake mit den Führern der Marschgruppen statt. Die bisherigen Gruppen wurden auf Grund der verschlechterten Gesamtlage umgestellt. Es kam darauf an, alle kampfkräftigen Verbände möglichst schnell zunächst an die obere Loire, später zum Bourgogne-Abschnitt vorzuwerfen, um bereit zu sein, feindliche Einwirkung aus nordostwärtiger und nördlicher Richtung zu zerschlagen (Befehl 159. Resw.Div. Nr. 17/44 vom 28.8.1944). Zu diesem Zwecke wurde die etwa 20.000 Mann starke Kampfgruppe Nake gebildet und voll motorisiert. Eine zweite Kampfgruppe von etwa 5.000 Mann unter Oberst Seitz, zuletzt Stadtkommandant von Bordeaux, wurde auf Fahrrädern beweglich gemacht. Die kampfschwächeren Teile, etwa 30.000 Mann, wurden unter dem Angeklagten zur ›Fußmarschgruppe Elster‹ zusammengefaßt.

Die Fußmarschgruppe sollte nach dem Divisionsbefehl vom 28.8.1944 im Raum ostwärts Poitiers sammeln, von dort sobald wie irgend möglich antreten und bei Forderung höchster Marschleistungen den Kampfgruppen folgen, zu denen die lose Führung nicht verloren gehen dürfe. Die vordersten Teile sollten unter allen Umständen am 7.9.1944 die Loire südlich Nevers erreichen, und zwar über Châteauroux – Issoudun – Châteauneuf – Dun – St. Pierre. Die Loire sollte bei Decize überschritten werden. Als Ziel war der Raum um Chatillon s. Seine angegeben. Ab 30.8. hatte die Marschgruppe ihre linke Flanke selbst zu sichern. Ihre Aufnahme an der Loire sollte Teile der vorgefahrenen Kampfgruppen bis 7.9.1944 sicherstellen.

Generalleutnant Nake betonte bei dieser Besprechung in Angoulême, es sei alles herauszubringen, was ›nur überhaupt kreucht und fleucht‹, alles müsse rasch ostwärts abfließen. Der Angeklagte erhob Bedenken, ob in den wenig fruchtbaren Räumen hinter Poitiers hinreichende Versorgung zu finden sei. Er wurde von Generalleutnant Nake mit dem Hinweis darauf beruhigt, daß in Poitiers 400.000 Portionen lagerten und er genügend Holzgas- und Pferdefahrzeuge verfügbar habe.

4.) Der Aufenthalt in Poitiers
Am 31.8. rückte die motorisierte Kampfgruppe Nake aus Poitiers ab. In der Nacht vom 31.8. zum 1.9. folgte die Radfahrgruppe Seitz. Diese erreichte über Autun (4.9.) am 5.9. den Raum von Fontalier. Mit den letzten Teilen der Gruppe Seitz stießen die ersten Teile der Fußmarschgruppe Elster ostwärts Poitiers am 31.8. noch zusammen. Der Angeklagte ließ auffallenderweise die einzelnen Teile seiner Marschgruppe nicht sofort nach ihrem Eintreffen in Poitiers weiter nach Osten abfließen, sondern hielt sie an. Anscheinend beabsichtigte er, seine gesamte Marschgruppe erst im Raum um Poitiers zu versammeln. Dabei standen ihm insgesamt etwa 250 Holzgasfahrzeuge und 500 Fahrräder zur Verfügung, mit denen er bewegliche Gruppen zusammenstellen und nach Osten vorwerfen konnte, schon um die Verbindung zur Gruppe Seitz nicht ganz abreißen zu lassen. Außerdem gab die 159. Res.Div. ihm sämtliche pferdegespannten Fahrzeuge – insgesamt etwa 700 – an die Fußmarschgruppe ab.

Vorübergehend scheint der Angeklagte sich sogar mit dem Gedanken getragen zu haben, in und um Poitiers stehen zu bleiben. Schon in Angoulême beurteilte er am 28. oder 29.8. Oberstabsintendanten Dr. Pulch gegenüber die Aussichten, von Poitiers nach Osten durchzustoßen, als sehr ungünstig. Er sagte sogar zu Pulch, daß Poitiers sein Schicksal sei.

Am 1.9. traf der Militärverwaltungsoberrat Herbold mit der von ihm geführten Feldkommandantur Bordeaux in Poitiers ein. Als er hörte, daß er im Rahmen der Fußmarschgruppe Elster der Untergruppe Bauer unterstellt sei, meldete er sich sofort bei Oberst Bauer, Kommandeur des Heeres-Küsten-Art.Rgts. 1287, und bat, bald weitermarschieren zu dürfen. Oberst Bauer erwiderte ihm, daß er diese Erlaubnis nicht erteilen könne. Der Angeklagte habe vielmehr befohlen, daß die gesamte Fußmarschgruppe in Poitiers bleibe, da es unmöglich sei, sie weiter im Fußmarsch zurückzuführen. Herbold hörte bei dieser Gelegenheit, daß der Angeklagte befohlen habe, die Einheiten aus den weiter abgelegenen Unterkunftsräumen näher an Poitiers heranzuziehen. Er hatte den Eindruck, daß sich der Angeklagte bei Poitiers einigeln wollte.

Im Anschluß hieran meldete sich Herbold bei dem Angeklagten auf seinem Gefechtsstand in Poitiers und trug die Bitte, abmarschieren zu dürfen, vor. Der Angeklagte erklärte ihm, daß er 20.000 Mann sammeln werde und in Poitiers bleibe. Er begründete dies damit, daß er seit 2 Tagen vergeblich Funkverbindung mit der Division suche. Er habe keine Befehle. Auf dem weiteren Rückmarsch würde er keine Verpflegung mehr haben. Es fehle an Fahrzeugen und Munition. Die Loire-Brücken seien bereits zerstört. An der Rückmarschstraße ständen 3 französische Armeen. Als Herbold dies für gänzlich unwahrscheinlich erklärte und sich zu einem Spähtruppunternehmen erbot, lehnte der Angeklagte das mit den Worten ab, daß dies sein sicherer Tod sei. Herbold war sprachlos über die Auffassung des Angeklagten. Er meldete schließlich, daß er abrücken werde. Darauf entgegnete ihm der Angeklagte, daß er tun solle, was er nicht lassen könne, aber es sei sein sicherer Tod. Herbold rückte darauf am 2.9. früh, mit Kraftfahrzeugen leidlich ausgestattet, von Poitiers ab. Am 3.9. erreichte er Bourges. Über die unzerstörte und gesicherte Loire-Brücke bei Decize kam er ohne Feindberührung zurück. Infolge regnerischen Wetters war am 2.9. keine Fliegertätigkeit des Feindes.

Anscheinend war Oberst Bauer am 1.9. noch vor dem Eintreffen des Militärverwaltungsoberrats Herbold bei dem Angeklagten gewesen. Dieser gab Oberst Bauer den Befehl, nicht weiter zu marschieren. Als Oberst Bauer mit den Kommandeuren seiner Untergruppe gesprochen hatte, meldete er sich mit diesen erneut bei dem Angeklagten. In der sehr erregten Auseinandersetzung bezeichnete dieser den Oberst Bauer sogar als ›Saboteur‹. Letzterer erreichte aber doch, daß er mit seiner Untergruppe den Weitermarsch auf eigene Verantwortung fortsetzen durfte.

Mit der Untergruppe Bauer schied eine etwa 10.000 Mann starke Gruppe, zu der u.a. wahrscheinlich 2 l.f.M. Batterien, 3 Inf.Geschützkompanien und das Res.Jg.Btl. 49 gehörten, aus der Fußmarschgruppe Elster aus. Oberst Bauer rückte am 2.9. abends mit seiner Gruppe aus Poitiers ab. In der Nacht vom 4. zum 5.9. befand er sich, wie sich aus der Bekundung des Oberlt. Mierse ergibt, bei Châteauroux. In der Nacht vom 6. zum 7.9. überschritten zum wenigsten Teile dieser Gruppe die Loire-Brücke bei Decize. Die Brücke war durch eine Luftwaffeneinheit gesichert. Wie sich aus der Aussage des Zeugen Oberarzt Lindner ergibt, sind Teile dieser Gruppe am 10.9. in die Gegend von Autun gelangt. Oberst Bauer selbst ist vermißt.

Am 8.9. hielt der Angeklagte in Poitiers eine Kommandeurbesprechung ab, an der Oberst Bauer nicht mehr teilnahm. Der Angeklagte wies wieder auf die Schwierigkeiten des Rückmarsches hin und äußerte Bedenken gegen den Weitermarsch. Man wisse nicht, was hinter der Loire komme, alle Brücken seien zerstört. Auf energische Vorstellungen mehrerer Kommandeure entschloß er sich aber doch, zunächst auf der befohlenen Marschstraße nach Osten weiterzumarschieren.

5.) Der Weitermarsch ab Poitiers

Die Marschgruppe des Angeklagten, die durch Ausscheiden der Untergruppe Bauer etwa noch 20.000 Mann stark war (6.000 Heer, 7.000 Luftwaffe, 7.000 Kriegsmarine), rückte schließlich von Poitiers weiter nach Osten zu ab. Wann das geschehen ist, steht nicht sicher fest, wahrscheinlich aber am 4.9. abends. Am 7.9. war die Marschgruppe im Raum Châteauroux und Issoudun, am 8.9. befand sie sich mit Anfängen in Châteauneuf. Ein Teil der Marschgruppe marschierte weiter, so eine motorisierte Spitze unter dem Zeugen Stabsfeldwebel Zummsen, der die Kanalbrücke bei Rancoins besetzte. Das Gros der Marschgruppe blieb im Raum um Châteauneuf.

6.) Die Kapitulation

Nach der Darstellung des Hauptmanns Grefe, die sich auf Erklärungen des Majors Wittwer, Kommandeur des Sich.Rgts. 197, stützt, erschienen am 8.9. in Châteauroux feindliche Offiziere beim Angeklagten und forderten ihn zur Übergabe auf.

Die Aufforderung wurde am nächsten Tag wiederholt mit einer Frist zum 10.9. um 9 Uhr. Am 10.9. fuhr der Angeklagte mit amerikanischen Offizieren nach Issoudun. Dort erklärte er sich bereit, die ihm unterstellte Marschgruppe dem Feinde zu übergeben. Es wurde vereinbart, daß die Truppen ihre Waffen zum Schutze gegen Banden zunächst behalten und nach Norden weitermarschieren sollten. Dort sollten sie mit der Masse in Beaugency, mit Teilen in Orléans entwaffnet werden.

Am 10.9. wurde die Kapitulation der Truppe bekannt gegeben. Sie wurde damit begründet, daß schwere Luftangriffe bevorstünden. Es seien 700 Flugzeuge dafür bereitgestellt. Ferner stünde vor der Marschgruppe, westlich und hinter ihr je eine feindliche Armee. Der Angeklagte habe durch die Übergabe wertvolles deutsches Blut sparen wollen.

Kapitän z.S. von Pflugk-Hartung erklärte den Offizieren des von ihm geführten Marschregiments bei Bekanntgabe der Kapitulation, daß er Einspruch erhoben habe. Der Angeklagte habe sich aber jeden Widerspruch verbeten und erklärt, daß bis über die Loire jeder zu gehorchen habe, was er dann mache, sei seine Sache. Die Unteroffiziere und Mannschaften, soweit sie als Zeugen vernommen werden konnten, lehnten die Kapitulation innerlich als völlig unbegründet ab. Vereinzelte brachten ihren Unwillen während der Bekanntgabe der Kapitulation zum Ausdruck. Das Wort ›Verrätergeneral‹ fiel. Allgemein wurde die Ansicht vertreten, daß man, wenn auch kämpfend, durchkommen könne. Einzelne entschlossene Männer marschierten auf eigene Faust weiter. Ein Teil der vernommenen Zeugen erreichte so auf Umwegen ohne wesentliche Schwierigkeiten die Schweiz.

7.) Die Waffenstreckung

Vom 11.9. ab rückte die Marschgruppe des Angeklagten in nördlicher Richtung ab, bewacht durch amerikanische Flieger und umkreist von wenigen amerikanischen Kraftwagen. Sie verpflegte sich bis zuletzt aus eigenen Beständen. Am 16.9. wurde die Masse in einen großen Wald bei Beaugency geführt, der von amerikanischen und französischen Truppen umstellt war. Dort wurde sie entwaffnet. Etwa 19.000 deutsche Soldaten traten den Weg in die Gefangenschaft an. Ihre gesamte Ausrüstung fiel dem Feind zur Beute. Was die Feindpresse in dieser Beziehung im Bilde wiedergegeben hat, entspricht, wie verschiedene Zeugen bekundet haben, der Wirklichkeit. Ob die Bilder von den Kapitulationsverhandlungen selbst echt oder gestellt sind, läßt der Senat offen, wie er auch der propagandistisch aufgemachten Berichterstattung über das Zustandekommen der Kapitulation keinen ausschlaggebenden Wert beigelegt hat.

V. Die Würdigung des Sachverhalts und die Strafe

1.) ... (unleserlich)

Daß der Angeklagte die Sprengungen nicht befehlsgemäß ausgeführt und daß er den Weitermarsch ab Poitiers nicht mit der befohlenen Schnelligkeit durchgeführt hat, steht fest. Welche Gründe ihn dazu bewogen haben, war mit Sicherheit nicht ausreichend zu klären. Es mag sein, daß er glaubte, die Sprengungen würden den Widerstand der Bevölkerung hervorrufen, die dann den reibungslosen, raschen Abmarsch wesentlich erschweren werde. In Poitiers mag er gewartet haben, um die mutmaßlich am Ende der Marschkolonne eingesetzten kampfstärkeren Verbände zur Flankendeckung oder als Spitze vorauszuziehen, da der Abstand zur Kampfgruppe Seitz sich naturgemäß immer mehr vergrößerte. Das läßt sich ohne Gehör des Angeklagten oder zum wenigsten führender Offiziere seiner Umgebung nicht klarstellen. Insoweit ist es unter den gegebenen Umständen nicht möglich, zu einer gerechten und abschließenden Beurteilung zu gelangen.

2.) Die Kapitulation

Hinsichtlich der Kapitulation liegen die Dinge anders.

Um die Zusammenhänge richtig beurteilen zu können, sind drei Fragen zu stellen:

Welchen Kampfwert hatte die Marschgruppe,
wie war die Feindlage auf der Erde und in der Luft,
welche Aussichten boten sich für den Weitermarsch?

Es liegt ausreichendes Beweismaterial vor, um diese Fragen beantworten zu können.

a) Der Kampfwert der Marschgruppe:
Alle Zeugen bekunden, daß es an <u>Waffen</u> nicht fehlte. Jeder Mann hatte Gewehr, Pistole oder Maschinenpistole. Maschinengewehre aller Art, teils aus Schiffen und Flugzeugen ausgebaut, waren vorhanden, ebenso Panzerfäuste. Es standen 2 cm-Geschütze als Zwillinge und Vierlinge auf Kraftwagen motorisiert zur Verfügung. Auch Artillerie war der Marschgruppe zugeteilt worden, und zwar sowohl Infanteriegeschütze als auch leichte Feldhaubitzen 10,5 cm.

Auch an <u>Verpflegung</u> fehlte es nicht. Sie reichte für 15, bei einzelnen Gruppen für 25 Tage. Aus Bäckereien des Landes wurde außerdem Brot beschafft, überdies hatten in Poitiers 400.000 Portionen gelagert. Die ganze Marschgruppe hat denn auch bis in die Gefangenschaft aus eigenen Beständen gelebt.

An <u>Transportmitteln</u> hatte der Angeklagte Krafträder, zahlreiche Fahrräder und nach Angaben des I a der 159. Res.Div. mindestens 200 Holzgaskraftwagen. Mit den bespannten Trossen der 159. Res.Div. waren ihm in Poitiers etwa 1.500 Pferde zugeführt worden. Ergänzung aus dem Lande wäre möglich gewesen.

Ausschlaggebend ist aber, daß es der Truppe nicht an <u>Kampfwillen</u> fehlte. Der Senat verkennt nicht, daß der Wert der Truppe unterschiedlich war. Einige Zeugen haben von dem Beginn des Abmarsches Unerfreuliches geschildert: Leute, die ihre Gasmasken wegwarfen, solche, die barfuß dahinzogen. Zeitweilig schoben sich mehrere Kolonnen, die Straße verstopfend, nebeneinander her. Diese Erscheinungen erstreckten sich aber nicht auf die ganze Marschgruppe, sie scheinen auch keine eigentlichen Auflösungserscheinungen gewesen zu sein. So erklärt sich das Barfußlaufen daraus, daß man den ... (unleserlich) neue Stiefel gegeben hatte, in denen sie sich rasch wundliefen. Wer marschunfähig wurde, konnte im Pendelverkehr mit Fahrzeugen weitergebracht werden, wie es auch tatsächlich geschehen ist. Straßenverstopfungen zu beheben, war Sache einer entschlossenen Führung. Feldgendarmerie und Kriegsgerichte standen zur Aufrechterhaltung der Ordnung zur Verfügung.

Es gab aber auch straff geführte Truppenteile, insbesondere 3 Marine-Regimenter von Pflugk-Hartung, Badermann und Künnemann, zu denen Besatzungen von U-Booten, Vorpostenbooten und Sperrbrechern, junge Leute und Unteroffiziersdienstgrade von Waffenschulen gehörten, ferner im Bandeneinsatz erprobte Landesschützenbataillone. Auch höhere Offiziere, die zu Sonderaufgaben hätten eingesetzt werden können, waren vorhanden.

Kennzeichnend für die Kampfentschlossenheit der Truppe ist es, daß alle Zeugen, die die Kapitulation miterlebt haben, sie rundweg ablehnen und noch bei ihrer Vernehmung innerlich unter der ihnen angetanen Schmach litten.

b) Die Feindlage:
Bis Poitiers war die Marschgruppe nur vereinzelt von Banden (Maquis) angegriffen worden. Gelegentliche kleine Überfälle wurden bei entschlossenem Vorgehen rasch abgewehrt. Reguläre französische oder anglo-amerikanische Erdtruppen traten überhaupt nicht in Erscheinung. Die ersten Feinde, mit denen der Angeklagte in der Gegend von Châteauroux und Châteauneuf in Berührung kam, war ein amerikanischer Spähtrupp mit wenigen Kraftfahrzeugen, der anscheinend durch die Maquis aus der Gegend um Romarantin nördlich der Loire herbeigeholt worden ist. Erst nördlich der Loire, Tage nach der Kapitulation, sah man amerikanische Truppen. Panzer traten auch dort nicht auf. Bemerkenswert ist, daß Leutnant Glahn, der mit seinem Sprengtrupp von Angoulême aus durch Umgehen von Poitiers über Châteauroux nach Autun marschierte, keine Feindberührung hatte. Auch die marineangehörigen Zeugen, die sich nach der Kapitulation auf eigene Faust in zwei PKW ostwärts nach der Schweiz zu flüchteten, haben keine nennenswerten feindlichen Truppen gesehen.

Schwieriger gestaltete sich im Laufe der Zeit, wie der Senat nicht verkennt, die Luftlage. Ostwärts Poitiers traten erstmals feindliche Tiefflieger auf. Die Angriffe nahmen zu, nachdem die Marschgruppe, die sich dicht aufgeschlossen in einer Länge von etwa 16 km vorwärts bewegte, einmal entdeckt worden war. Zeugen berichteten von Angriffen am 2., 7. und 9.9. im Raum ostwärts von Poitiers bis Châteauneuf. Die Angaben über die Zahl der Feindmaschinen schwanken zwischen 4 und 60 bei den einzelnen Angriffen. Die materiellen Verluste waren teilweise bedeutend. Hauptmann Grafe bekundet, daß die Marschuntergruppe Wittwer zwischen 7. und 9.9. 80 v.H. ihrer Pferde und Fahrzeuge verloren haben. Der Zeuge Oberfeldw. Fleischer sah 20 km westlich Châteauroux etwa 360 Pferde des Regts. von Pflugk-Hartung mit ihren Wagen am Wege liegen. Marstabsfeldw. Zumauch berichtet von etwa 180 ausgefallenen Fahrzeugen des Regiments Künnemann, die auf einer Strecke von 3 km Länge zwischen Châteauroux und Châteauneuf lagen. Die Verluste an Menschen, darin stimmen alle Zeugen überein, waren aber sehr gering. Auch griff der Feind nur bei Tage an. Vom Einsatz der eigenen 2 cm-Geschütze zur aktiven Fliegerabwehr hat keiner der Zeugen etwas gesehen.

c) Die Aussichten des Weitermarsches:
Auf Grund der vorstehenden Feststellungen und Erwägungen beurteilt der Senat die Lage zur Zeit der Kapitulationsverhandlungen wie folgt: Mit

wesentlichen Kämpfen war bis zur Loire nicht zu rechnen. Ob die Brücke bei Decize noch hätte benutzt werden können, steht nicht fest, die bei Nevers wurde am 11.9. vormittags gesprengt. Es wäre aber ohne weiteres möglich gewesen, über die Loire-Übergänge durch Vorausabteilungen rechtzeitig die Hand zu legen und die Brücken für die nachfolgende Truppe offen zu halten. Da sich in der Marschgruppe zahlreiches technisches, seemännisch geschultes Personal der Kriegsmarine befand, war aber ein Übergang über die Loire auch mit Behelfsmitteln zu bewerkstelligen. Die Marschgruppe war ferner stark genug, um jenseits der Loire auch Kämpfe mit regulären Truppen erfolgreich zu bestehen.

Mit steigenden Menschenverlusten durch zunehmende Luftangriffe war zu rechnen. Diesen konnte durch zweckmäßigen Einsatz vorhandener Abwehrwaffen begegnet werden. Durch Auseinanderziehen der Marschkolonne, Benutzung von Seitenwegen und Pfaden durch die Fußtruppen und vor allem durch Marschieren bei Nacht und getarntes Rasten bei Tag konnte die Einwirkung der feindlichen Luftwaffe wesentlich herabgesetzt werden. Wenn Tiefflieger-Nachtangriffe auch nicht ausgeschlossen sind, so hatte der Feind bis zur Kapitulation davon doch keinen Gebrauch gemacht. Der Angeklagte mußte also versuchen, durch geeignete Gegenmaßnahmen die Wirkung feindlicher Tieffliegerangriffe herabzumindern.

3.) Die Erklärung für das Verhalten des Angeklagten:

Der Senat hat nach einer Erklärung für das Verhalten des Angeklagten gesucht. Sie liegt darin, daß er von vornherein nicht an die Möglichkeit glaubte, das ihm gesetzte Ziel zu erreichen. Sein Antrag bei der Besprechung in Bordeaux am 19.8., vom Rückmarsch abzusehen, seine gegenüber Generalleutnant Nake auch später wiederholten Bedenken, die Äußerung zu Obstabsint. Pulch in Angoulême, Poitiers werde sein Schicksal sein, die Besprechung mit MilVerwObRat Herbold in Poitiers und sein Entschluß, dort zu bleiben, all das liegt auf der gleichen Linie.

Die fehlende Zuversicht auf den Erfolg lähmte die Entschlußkraft des Angeklagten. Darauf beruht wahrscheinlich die Unterlassung der befohlenen Sprengungen. Deutlich wird der Mangel an Entschlußkraft in Poitiers. Zunächst befiehlt der Angeklagte, dort zu bleiben und sich zusammenzustellen. Auf Vorstellung Untergebener faßt er dann den Entschluß, weiterzumarschieren. Oberst Bauer untersagt er erst den erbetenen Weitermarsch, dann genehmigt er ihn, obwohl damit eine erhebliche Verminderung der Kampfkraft der Restgruppe eintrat. Dasselbe schwankende Verhalten zeigt er gegenüber MVObRat Herbold, dem er den Abmarsch erst verbietet, dann aber erlaubt.

Der Mangel an Vertrauen auf die eigene Kraft, gepaart mit Entschlußlosigkeit, führte schließlich dazu, daß der Angeklagte für bare Münze nahm, was die amerikanischen Unterhändler ihm hinsichtlich der drohenden Gefahren vormalten. Er glaubte, daß er den angekündigten Luftangriffen machtlos gegenüberstehe. Er rechnete mit feindlichen Armeen vor der Front, in der Flanke und im Rücken, von denen noch gar nichts zu sehen war. Von solchen Vorstellungen befangen, warf er die Flinte ins Korn.

4.) Die Schuld des Angeklagten:
Pflicht des Angeklagten wäre es gewesen, mit Vorausabteilungen die Brücken über die Loire zu sichern, Aufklärung zu betreiben, durch strikte Nachtmarschbefehle die Einwirkung der feindlichen Luftangriffe zu mindern und zu deren aktiver Bekämpfung vorausschauend Abwehrwaffen einzusetzen, innerhalb seiner Marschgruppe Kampfgruppen zusammenzustellen, den amerikanischen Spähtrupp zu erledigen und sich dem Feinde zu stellen, wo dieser auch immer im Erdkampf angriff.

Deutschland braucht, das wußte der Angeklagte, jeden einzelnen Mann zur Fortsetzung des ihm aufgezwungenen Kampfes. Möglichst viele Kämpfer aus Frankreich herauszubringen, war seine oberste Aufgabe. Verluste mußten dabei, wie überall im Kriege, in Kauf genommen werden. Über diese Kriegserfordernisse hat der Angeklagte den Gedanken einer falschverstandenen und gefährlichen Menschlichkeit gesetzt. Er glaubte, Menschenleben in die Gefangenschaft retten zu sollen, statt Kämpfer zu erhalten, mit denen allein der Krieg mit Aussicht auf Erfolg fortgeführt werden kann.

Der Angeklagte hat somit als Befehlshaber einer Marschgruppe auf freiem Felde kapituliert und dadurch das Strecken der Waffen der ihm untergebenen rund 19.000 deutschen Soldaten herbeigeführt, ohne zuvor alles getan zu haben, was die Pflicht von ihm erforderte (§ 63 Abs. 1 Ziffer 3 RStGB).

Das Gesetz droht hierfür die Todesstrafe an. Auf sie erkennt der Senat. Von einem minder schweren Fall, für den das Gesetz Freiheitsstrafe zuläßt, kann nicht die Rede sein. Das verbietet der erhebliche Nachteil, den der Ausfall soviel kampfkräftiger Soldaten für die Kriegführung darstellt, die Schimpflichkeit der Waffenstreckung ohne jeden Kampf vor einer handvoll Feinde und die schwere Erschütterung des Vertrauens braver Soldaten zur militärischen Führung.

Die Nebenstrafen beruhen auf §§ 31, 32 RstGB.

Botho hatte keine Gelegenheit zu seiner Verteidigung, er hatte noch nicht einmal Kenntnis davon, daß überhaupt ein Strafverfahren gegen ihn durchgeführt wurde. Sein oben wiedergegebener Bericht, den er zu Beginn seiner Kriegsgefangenschaft verfaßte, ist keinen offiziellen Stellen zugegangen. Das Urteil hat er nie gesehen. Er erhielt während seiner Kriegsgefangenschaft nur auf Umwegen Nachricht von der Tatsache, daß er zum Tode verurteilt worden sei. Das Urteil ist überhaupt erst im Zuge der Recherchen zu dem

Dokumentationsfilm des Hessischen Rundfunks im Jahre 2003 im Militär-Archiv Freiburg aufgefunden worden, wohin es erst Anfang der neunziger Jahre im Zuge der deutschen Wiedervereinigung aus Archiven in der Tschechoslowakei gelangt war.

Gefangenschaft und Entsagung

Bothos Kriegsgefangenschaft hatte mit dem Tag der Waffenstreckung, dem 16. September 1944, begonnen. Zunächst wurde er mit seinem Stab in ein Zwischenlager nach England verbracht, von dort im Oktober nach den USA, in das POW-Lager Clinton/Mississippi.

Er sah sich in diesem Lager Anfeindungen wegen seiner Kapitulation ausgesetzt, die ihm von Mitgefangenen entgegen gebracht wurden. Sie gingen soweit, daß Schilder an Laternenmasten angeschlagen wurden mit der Aufschrift: »*Death to the pie*« (Tod der Elster).

Der deutsche Lagerführer, Generaloberst v. Arnim, hatte deswegen einen Ausschuß im Sinne des alten Ehrenrates eingesetzt, um Untersuchungen bezüglich der Vorwürfe durchzuführen.

Nach Abschluß der Untersuchungen dieses Ausschusses hielt Generaloberst v. Arnim im Generalslager Camp Clinton/Mississippi am 13. November 1944 vor den dort anwesenden 31 kriegsgefangenen Kommandierenden Generälen, unter anderem vor den anwesenden Mitgliedern des Ausschusses

General der Inf. Vierow, Vorsitzender
General der Panzer-Tr. Crüwell
General der Inf. Neuling
General der Panzer-Tr. von Vaerst

und dem

Generalmajor Elster und den Offizieren seines Stabes

Oberst Schmidt-Cremzow
Hauptm. Dr. Ruwisch
Oblt. Großkopf
Mil.Ob.Verw.Rat von Froreich
Mil.Verw.Rat Noruschat
Mil.Verw.Insp. Holtzheimer
Kriegsger.Rat Dr. Liebegott
Heer. Justiz-Insp. Stögner

folgende Ansprache:

»Herr General Elster! Meine Herren!

Wie Sie wissen, sind auf Grund amerikanischer Zeitungsberichte und französischer Presseartikel Gerüchte über Sie in Umlauf gelangt, und zwar vor allem im Mannschaftslager. Wie Ihnen gleichfalls bekannt ist, habe ich einen Ausschuß im Sinne des alten Ehrenrates zur Prüfung des Sachverhaltes eingesetzt.

Dieser Ausschuß hat seine Untersuchungen beendet. Sie haben zu einer völligen Klärung geführt.

Ich freue mich, Ihnen sagen zu können, daß sich die völlige Haltlosigkeit aller dieser Verdächtigungen einwandfrei ergeben hat. Sie können hocherhobenen Hauptes auf Ihren schweren Weg zurückblicken.

Die deutschen Generale nehmen Sie und Ihre Herren mit offenen Herzen und ohne allen Vorbehalt in ihrer Mitte auf. Wir wissen zu werten, welch schwere Stunden Sie durchgemacht haben, ehe Sie zu Ihrem schweren Entschluß kamen.

Sie sowohl wie wir sind uns darüber klar, daß die endgültige Klärung nicht hier geschehen kann, doch nach den vorliegenden Unterlagen sind die von Ihnen gefaßten taktischen Entschlüsse voll und ganz zu billigen und richtig.

Ich werde veranlassen, daß diese Klärung des Sachverhalts auch im Mannschaftslager bekannt gegeben wird. Ich hatte ja zunächst darum gebeten, daß Sie und Ihre Herren den Veranstaltungen im Mannschaftslager fern blieben, bis eine Klärung erfolgt sei. Die Bekanntgabe wird naturgemäß eine gewisse Zeit in Anspruch nehmen. Dann aber, mein lieber Elster, werden wir beide Arm in Arm dort erscheinen!«

Anschließend schüttelten Generaloberst von Arnim und die anwesenden Kommandierenden Generäle dem General Elster und den Herren seines Stabes die Hand und beglückwünschten sie. Dabei sagte Generaloberst von Arnim, daß er sich freuen werde, die Herren bald auch als seine persönlichen Gäste bei sich zu sehen; bei den beschränkten Raumverhältnissen werde das nicht mit dem ganzen Stabe auf einmal möglich sein.

Der Wortlaut dieser mündlich abgegebenen Erklärung wurde später von den Offizieren des Stabes Elster aufgezeichnet und dabei vermerkt:

In obiger Fassung entspricht sie dem mündlichen Vorgang etwa wortgetreu.

Die Richtigkeit bestätigen die noch im Lager Clinton/Mississippi anwesenden Offiziere des Stabes Elster mit ihren Unterschriften:

Lager Clinton/Miss., USA, den 24.12.1944

gez. Schmidt-Cremzow, Oberst; Dr. Ruwisch, Hptm.; Großkopf, Oblt.

Mit an Botho gerichtetem Schreiben vom 26.3.1945 bestätigte Generaloberst von Arnim diesen Vorgang schließlich, nachdem Botho diese Bestätigung mehrmals erbitten mußte:

»Herrn Generalmajor B. Elster
In Beantwortung Ihrer Frage erwidere ich:
Die Untersuchung der Angelegenheit Generalmajor Elster hat am 15.11.1944 ergeben:
1. Eine endgültige rechtskräftige Entscheidung kann erst nach Rückkehr in Deutschland erfolgen; Generalmajor Elster ist sich seiner Verantwortung voll bewußt und gewillt dafür einzustehen.
2. Soweit hier in der Gefangenschaft festzustellen war, hat Generalmajor Elster
   a. alles getan, um seine schwere Aufgabe zu erfüllen
   und
   b. sich nichts Unehrenhaftes zuschulden kommen lassen.
      von Arnim Generaloberst«

Der Grund für diese recht späte schriftliche Bestätigung, die Botho wiederholt anmahnen mußte, liegt darin, daß Gen.Oberst v. Arnim selbst wohl weniger von der Ehrenhaftigkeit der Kapitulation überzeugt war als der von ihm eingesetzte Ausschuß unter dem Vorsitz von General der Inf. Vierow. Denn es läßt sich aus den beiden nachfolgend geschilderten Begebenheiten klar entnehmen, daß v. Arnim trotz des Beschlusses des Ausschusses weiterhin versuchte, Botho zu verunglimpfen.

Mit Schreiben vom 19.12.1944, gez. v. Arnim, wurde Botho folgender Vorhalt gemacht:

»Herrn Generalmajor Elster
Während des Aufenthalts im amerikanischen Lager anläßlich des Verpassens von Bekleidung sollen Sie statt des deutschen Grußes den alten Gruß durch Anlegen der rechten Hand an die Kopfbedeckung erwiesen haben.
Bei einer Ansprache an deutsche Kriegsgefangene in England sollen Sie sich in pessimistischem Sinne geäußert haben. Sie sollen u.a. gesagt haben, der Rhein wäre bald verloren, in Italien würde man nicht halten können.
Ich ersuche um Stellungnahme.
gez. von Arnim, Generaloberst«

Man vergegenwärtige sich die darin enthaltene bösartige Infamie! Die oben wiedergegebene Ansprache des v. Arnim lag nur einen Monat zurück. Sie entsprach offensichtlich nicht der Überzeugung dieses »Lagerführers«. Er trachtete weiterhin danach, Botho einen Vorwurf zu machen und einen Fallstrick zu drehen.

Dieser äußerte sich unter dem 24. 12. 1944 wie folgt:

»An den Herrn Generaloberst v. Arnim
Zu beiliegendem U.R. Schreiben nehme ich wie folgt Stellung:
Zu 1.) Ich habe weder mit Bewußtsein noch mit Absicht zu keiner Zeit im Gebiet des Lagers statt des ›Deutschen Grusses‹ den Gruß durch Anlegen der rechten Hand an die Kopfbedeckung erwiesen.
Ich weise aber bei diesem Anlaß darauf hin, daß bei der offiziellen Übergabe der Lagerführung am 4.12.44 vor den versammelten Generälen und Offizieren des Lagers sowohl Sie, Herr Generaloberst, wie auch der General der Inf. Neuling statt des ›Deutschen Grusses‹ den alten Gruß durch Handanlegen an die Kopfbedeckung erwiesen haben – zweifellos, wie ich annehme, auch nicht aus Absicht sondern aus jahrzehntelanger Gewohnheit! Sollten Zeugen benötigt werden für mein Verhalten beim Verpassen von Schuhen – nicht Bekleidung – an dem gleichen Tage – 4.12. – so benenne ich:
Gen.ltnt. Seyffardt
Gen.maj. Richter
Oberst Schmidt-Cremzow
Oblt. Großkopf.
Zu 2.) Die Behauptung, ich solle mich bei meiner Ansprache an deutsche Kriegsgefangene in England in pessimistischem Sinne geäußert haben, u.a. der Rhein wäre bald verloren und auch in Italien werde man nicht lange halten können, ist eine freche Entstellung und Lüge.
Ich habe seinerzeit (Oct. 1944) das deutsche Stammpersonal des Lagers und dort anwesende deutsche RotKreuz-Schwestern über meinen tragischen Marsch aufgeklärt, als durch amerikanische Armeezeitungen (Stars & Stripes) darüber Entstellungen laut wurden und ihnen erläutert, wie wir ausgeplündert, im Stich gelassen, ohne Verpflegung, Munition, Waffen u. vor zerstörten Brücken ehrenvoll die sog. ›Waffen‹ streckten. Ich habe bei dieser Gelegenheit überhaupt nicht über die allgemeine Kriegslage gesprochen, die ja jeder allein beurteilen konnte. Ich bin weder herzlos noch vaterlandslos genug, armen deutschen hilflosen Kriegsgefangenen das Herz durch Erzählungen über den vermutlichen Ausgang dieses Krieges noch schwerer zu machen als es ohnehin ist.
Diese elenden Ehrabschneidereien sind typisch für die Hetze unter den deutschen Kriegsgefangenen, die ihnen jedes freie Urteil und unbeeinflußte

Denken rauben u. sie in dem Zustand von vernebelten blinden Gefolgsleuten zerstörerischer Richtung halten will.
Zeugen für meine derzeitige Ansprache sind:
Oberst Schmidt-Cremzow, Hptm. Dr. Ruwisch, Oblt. Großkopf, z. Zt. hier im Lager.«

Diese Stellungnahme konnte v. Arnim natürlich überhaupt nicht gefallen.

Da ist es kein Wunder, daß er sich nur drei Tage später, am 27.12.1944, Botho gegenüber völlig abweisend verhielt, als dieser um 10 Uhr morgens ein Gespräch mit v. Arnim wegen folgender Angelegenheit hatte.

An diesem 27.12. hatte Botho um 9:30 Uhr Kenntnis davon erhalten, daß Gen.lt. Frantz innerhalb einer Stunde aus dem Lager zum Austausch nach Deutschland abtransportiert werde. Der Vorsitzende des Ehrenrats-Ausschusses, General der Inf. Vierow, hatte Botho mitgeteilt, daß bei Weggang dieses Gen.Lt. Frantz dieser mündlich und schriftlich das Ergebnis des Ausschusses offiziell in Berlin melden könne. Um v. Arnim nun an die Ausführung dieses Vorhabens zu erinnern, begab sich Botho zu v. Arnim, nachdem nunmehr der Weggang des Gen.lt. Frantz feststand. Botho bat v. Arnim, Gen.Lt. Frantz den Auftrag zur offiziellen Meldung des vorläufigen Untersuchungsergebnisses des Ausschusses bei zuständiger Stelle in Berlin zu erteilen. V. Arnim wich zunächst aus. Frantz könne lediglich erzählen, daß hier über die Räumung Frankreichs ein amerikanischer Pressefeldzug gestartet wurde, in dem auch das Schicksal der Marschgruppe Süd propagandistisch behandelt wurde, welcher Pressekampagne man hier machtlos gegenübergestanden habe. Auf nochmalige Nachfrage Bothos, ob Frantz der Auftrag gegeben werde, das vorläufige Untersuchungsergebnis des Ausschusses an zuständiger Stelle in Berlin zu melden, antwortete v. Arnim mit einem klaren Nein.

Als sich Botho zum Zeichen der Beendigung dieses Gesprächs erhob, meinte v. Arnim, man könne doch wohl hoffen, daß deutsche Offiziere oder Generäle, die nach Hause gekommen seien, entsprechend berichtet hätten, da sie doch die Entwicklung der Räumung gekannt hätten. Botho konnte dem nur entgegenhalten, daß er nicht wisse, ob diese Generäle überhaupt nach Deutschland gekommen oder nicht auch gefangen genommen worden seien. Auch würden sie die Entwicklung der Lage nicht kennen, als er, Botho, im Stich gelassen und mit nicht gehaltenen Versprechungen, der Kampftruppen entblößt, in Mittelfrankreich allein zurück gelassen worden wäre. Die Befehle (zum Rückmarsch ohne Rücksicht auf die hoffnungslose Lage) seien ein Verbrechen an diesen Truppen gewesen. Er wisse nicht, ob man das ohne weiteres berichten werde.

Darauf entgegnete v. Arnim nur, wenn er solche Vorwürfe gegen deutsche Generäle erhebe, sei dieses Gespräch beendet. Botho gab nur noch die Erklärung ab, daß er diesen Vorwurf dem betreffenden General, der ihm diesen letzten Befehl gegeben habe, vor seiner Abreise persönlich Auge in Auge ins Gesicht gesagt habe. V. Arnim meinte noch, daß sich dieser General dann damit abfinden möge und erklärte das Gespräch für beendet.

Unversöhnliche Gegensätze taten sich hier auf. Aus diesem Grunde gab v. Arnim die oben erwähnte Bestätigung über das Ergebnis der Untersuchung des Ehrenrates so spät und wahrscheinlich äußerst widerwillig ab, was der Formulierung, die sich vom Inhalt der Ansprache vom 13.11.1944 weit entfernte und äußerst zurückhaltend war, unschwer zu entnehmen ist.

Botho wurde in diesem Frühjahr 1945 verlegt in das POW-Camp Dermott/ Mississippi. Damit endeten die sinnlosen Angriffe und Versuche der Ehrabschneidung, zumal ja allen POW mittlerweile über die amerikanische Presse bekannt geworden war, wie es um den sogenannten Endsieg in Wirklichkeit stand.

Botho widmete sich nunmehr intensiv der Vervollkommnung seiner Sprachkenntnisse, indem er Kurse zur Erlangung des Dolmetscher-Examens sowohl in der französischen als auch in der englischen Sprache absolvierte. Er war überzeugt davon, diese besonderen Kenntnisse nach der Gefangenschaft noch einmal vorteilhaft einsetzen zu können. Dementsprechend setzte er all seine ihm verbliebene Energie in dieses Vorhaben ein, wozu ihm natürlich auch seine oftmals unter Beweis gestellte Sprachbegabung von größtem Nutzen war.

Dank seiner intensiven Bemühungen gelang es ihm im Jahre 1946, das Dolmetscher-Diplom in Englisch und Französisch zu erwerben. Seine Vorstellung, dies noch gewinnbringend einsetzen zu können, sollte sich tatsächlich verwirklichen, wenn auch unter weniger vorteilhaften Bedingungen.

Keineswegs jedoch war die Gefangenschaft ein Kinderspiel und ein Sprachfortbildungskurs in Internierungshaft.

Die seelische Pein, sein Leben als Prisoner of War ohne irgendeine Aussicht auf baldige Entlassung verbringen zu müssen, kommt dabei wenig zum Ausdruck.

Das Unerträglichste an der Gefangenschaft war in den ersten langen Monaten die Ungewißheit über das Schicksal seiner über alles geliebten

Frau und des gemeinsamen Sohnes. Über eine ewig lang erscheinende Zeit war jeder briefliche oder sonstige Kontakt vollkommen abgeschnitten.

Bothos Frau erhielt die erste Nachricht über sein Schicksal in Form einer Prisoner of War-Card, die Botho am 16. Oktober 1944 schrieb, erst am 26.1.1945. Vier Monate lang seit der Kapitulation bestand völlige Ungewißheit.

Diese erste, im Original erhaltene handschriftliche Post Bothos hat folgenden Wortlaut:

»Liebste Gi! Wenn heutiger Brief nicht ankommt, dann hoffentlich diese Karte. Bin gesund und guten Mutes. Nun schon 4 Wochen in amerik. Gefangenschaft. Noch ein Zwischenlager, baldiger Weiterflug in endgült. Lager steht bevor. Behandlung, Verpflegung, Heizung, el. Licht alles korrekt. Viel Nebel und Regen, aber auch Herbstsonne wie voriges Jahr im Urlaub. Schreib allen alten Freunden meine Adresse. Ihr könnt schreiben, so oft Ihr wollt. Bin mit allem versehen, schick mir Bücher. Küß Welf zu seinem 6. Geburtstag. Beim nächsten Geburtstag bin ich zurück! In tiefer Liebe Dein Botho.«

Der erste Brief Bothos, verfaßt am 7. Okt. 1944, kam zu Hause erst am 3. Februar 1945 an:

»Lb. Gi. Der erste Brief an Dich aus amerik. Gefangenschaft, in die ich am 16.9. kam, halbwegs auf dem Weg zur deutschen Grenze ... (1½ Zeilen durchgestrichen). Behandlung in jeder Beziehung korrekt u. fair. Verpflegung gut und abwechslungsreich, Kohlen zur Heizung, elektr. Licht. Wohne allein, in Nebenbaracken m. Offiziere u. Ordonnanzen. Besuch anderer Offiziere erlaubt. Erwarten täglich Weiterflug in endgültiges Lager, hier nur Zwischenstation. Bitte schreib Kriegsgef. Adresse von Neffen Botho, da sich Verwandte in amerik. Lagern schreiben und evtl. sehen dürfen. Habe genügend amerik. Lesestoff, auch Tageszeitungen. Lerne täglich Englisch, will perfekt sein bei Kriegsende. Bin völlig gesund und guten Mutes, nur die Sorge um Dich, Welf, Mütter, Geschwister, Helga und um die schwer ringende Heimat drückt. Aber mich beseelt fester Wille, uns in voller Spannkraft wiederzusehen und neu anzufangen. Unsere Liebe geht über Zeit und Raum und hält uns zusammen! Ob Du auch eingezogen? Stell im 1. Stock den Gasherd auf, Anschluß aus Badezimmer. Heute vor 1 Jahr brannten wir ab! An meine Mu. geht heute Postkarte ab. Du kannst unbegrenzt schreiben an umstehende Adresse (Was nicht stimmte: Auf dem Umschlag steht dick aufgedruckt: Nicht schreiben, bevor der Gefangene endgültige Lageranschrift bekannt gibt.) Ich darf 2 x monatlich schreiben. Post läuft über Genf, hoffentlich von Dir noch sichere Bahnverb. zur Grenze. Mein Gepäck teils in Spanien gesichert, kleiner Teil hier. Woll-und Toilettensachen im Lager käuflich, auch Cigaretten, also kein Mangel. Gute, gleichgesinnte Kameradschaften. Allen meine Grüße. Trennung wird nicht allzulang sein! In tiefer Liebe Dein Botho.«

Die im letzten Satz artikulierte Hoffnung sollte gründlich enttäuscht werden; die Gefangenschaft dauerte noch bis Februar 1947.

Folgender Brief vom 30. Nov. 1944 kam erst ein ganzes Jahr später, am 30. Nov. 1945, an:

»Liebste Gi! Ich habe meine Monatsrate von 5 Briefen u. Karten alle gestern u. heute auf einmal geschrieben ... (zensiert durch Schwärzung) Zudem wollte ich auch erst Klarstellung u. Beurteilung meiner letzten Entschlüsse bei der Gefangenschaft durch die hiesigen Kameraden gleichen und höheren Ranges abwarten, die inzwischen in völlig zustimmender und ehrenvollster Weise erfolgt ist. Ich kann hocherhobenen Hauptes rückwärts und vorwärts sehen! Mögen alle mit gleich weißer Weste nach Hause kommen! Die Gefangenschaft werde ich, zumal die Behandlung in jeder Hinsicht gut ist, mit alter Spannkraft ertragen; ich habe ja nie Menschen nötig gehabt, zumal man im Durchschnitt nur über sie lachen kann! Welch kleinliche Seelen, die sich durchs Leben schlängeln wollen. Da wir täglich Zeitungen und Radio haben, bin ich über die Lage ganz im Bilde. Ich bin in großer Sorge um Dich. Wer wohnt noch in unserem Haus, ist die obere Etage wieder bewohnbar u. von wem? Ich stelle die 1.000 Fragen, die ich auf d. Herzen habe, nur aus Raumersparnis nicht. Tägliche Spaziergänge in dem nahen Wald, bunt im Laub, erinnern mich an unser Pilzesuchen. Ich tischlere, lerne Englisch, lese viel, denke an unsere Zukunft, die ich mit Dir zus., Du tapfere liebe Frau, mit allem Optimismus neu aufbauen werde. Inniges Gedenken und Kuß Welf, Muttern, Dir, immer Dein Botho.«

Dasselbe Schicksal – Laufzeit über ein ¾ Jahr – teilten einige Briefe vom 31. Dezember 1944, so auch der folgende:

»Liebste Gisela! Heute gehen alle meine Dezemberbriefe an Dich ab. Ich weiß, daß sie ja erst zu Ostern frühestens in Deinen Besitz kommen. Es sind alle Wünsche und Gedanken zu Weihnachten ungeschrieben geblieben, aber Du wirst sie gefühlt haben. Wir hatten eine stille Feierstunde in der geschmückten Baracke, die als Kasinoraum dient, auch eine Kiefer mit elektr. Lichtern, zusammen mit unseren Ordonnanzen. Günther saß neben mir, wir gedachten aller Weihnachten seit 39, wo wir waren. Ich habe den bestimmten Glauben, daß ich 1945 zu Hause bin. Abends saß ich allein in meiner Bude, die mit Kiefernzweigen und Herbstlaub heimatlich ist. Diejenigen, die schon lange hier, hatten Post vom September. So hoffe ich zu Ostern auch auf die erste Nachricht von Dir. Ich bin bei allem Ernst, den die Trennung und die Ungewißheit über Dein Schicksal erzeugt, spannkräftig und guten Mutes für die Zukunft, wenn wir beide uns wieder ein neues Leben aufbauen können. Ich lese voller Sorgen die Luftangriffe, auch auf Böblingen, was hier alles die Zeitungen täglich bringen. Ob Euch die Eisenbahn noch meine Post bringt? Wenn irgend möglich, dann bleibe in Böblingen; es ist unsere Heimat und das Einzige, was man nach Möglichkeit behüten muß. Aber vielleicht ist das Haus schon ganz weg beim letzten Angriff; die Ungewißheit ist bedrückend ... Deine Bilder stehen um mich und grüßen mich jeden Augenblick. Sylvester ganz ohne Feier, still für mich. Grüße Botho.« *(Mit diesen wenigen Worten war der vorgeschriebene Raum bereits beschrieben, kein Platz mehr für die vielen Gedanken!)*

Auch vier weitere Briefe und drei Prisoner of War-Cards Bothos vom 28. Februar 1945 kamen allesamt erst am 30. November 1945 in Böblingen an.

Um die besondere Innigkeit nachempfinden zu können, mit der diese Briefe geschrieben wurden, sollen wenigstens einer von ihnen vollständig, von den anderen Auszüge wiedergegeben werden:

»Liebes! Wieder ein Monat vorbei ohne Post von Dir. Aber ich kann wohl auch – wenn überhaupt – erst im April damit rechnen. Seit wann magst Du wissen, daß ich in amerik. Gefangenschaft kam? Über die schweren Kämpfe in Ost und West sind wir eingehend im Bilde durch große Zeitungen und Radio. Wo mag Egler nun geblieben sein? Unser Jagdhaus am See – die süßen Tage, als Du Welf erwartetest! In der vielen Zeit, die man hier hat, denke ich intensiv alle Einzelheiten unserer frohen gemeinsamen Erlebnisse durch u. lebe sie nochmal nach! Wieviel liebe und schöne Stunden! Unsere Reisen, unser guter Autoschnuffel, Deine fröhlichen Reisebücher! Und nun diese jahrelange Trennung! Und ich kann nicht helfen u. bei Dir sein in dieser schwersten Zeit! Hier das ewige Gleichmaß. Der Winter ist längst vorbei, es regnet viel wie Wolkenbrüche. Ich trage schon Shorts. Die Eichen zwischen d. Baracken werden schon grün, das Prairiegras sprießt, Osterblumen u. Narzissen blühen hier wild. Darüber ein weiter Himmel, grandiose Sonnenuntergänge; meine Gedanken wandern dann auf mächtigen Flügeln zu Dir über Land u. Meer – Du spürst sicher körperlich, wie eingehüllt Du von ihnen bist. Nachts wandert der Vollmond über die Prairie, von der dann nur mal das Hundgeheul aus einer Negerfarm herübertönt. Ich wandere dann oft allein umher u. denke, daß Dich die gleichen Sterne grüßen. Meine Liebe zu Dir u. dies Wissen um unsere restlose Einigkeit u. um den Schatz, den wir in unserem Jungen haben, läßt alles ertragen. In Liebe Dein Botho.

Da ich an den langen Postweg denke, schreibe ich Dir heute schon zum Geburtstag. Ich nehme Dich zu diesem Tage ganz warm u. lieb u. weich in m/Arme u. sehe Dir in Deine lieben schönen Augen. Ich kann Dir als Schönstes nur auch an diesem Tag immer wieder sagen, ich bin durch Dich glücklich geworden u. bin es noch, im Besitz Deiner Liebe – auch in dieser Notzeit trotz der elenden Menschen! Wir beide, unser Junge, unsere Waldfreiheit, unser ganzes unsichtbares Königreich! ... Ich lasse m/Schaffenskraft an dem Stück Prairie aus um m/Baracke, hole von draußen Sträucher u. junge Bäume u. pflanze Grün um m/Bude u. grabe m/Kummer u. m/ Sehnsucht in die frühlingsfrisch riechende Erde u. denke, es wäre unsere Erde! Ich küsse Dich, Mutter unsres sauberen klugen Jungen, süße Frau u. Geliebte. Immer Dein Botho.«

»Als einziger köstlicher Besitz bleibt uns unsere Liebe und unser Liebesprodukt, der süße Welf. Darin liegt der einzige Sinn u. Wille m/restlichen Lebens! Wenn Du mich damals nicht so energisch geheiratet hättest, Liebes, wäre ich heute ein armer Tropf!«

»Hier entsteht um m/Baracke unter m/u. Günthers Schaffen ein grüner Busch. Ich kam damals Anfang November als Letzter hier an; ich war ja auch der Allerletzte, der noch in Frankreich herumzog. Und bekam die letzte Baracke am Rande des kl. Lagers, die den anderen sehr kahl erschien. Ich erkannte gleich den besonderen Vorteil – es gibt ja so verstädterte, verknöcherte Seelen – und blieb und zog nicht um. Und bin sehr glücklich, denn alle anderen hocken aufeinander, sehen nur Barackenwände. Ich aber habe vor meinem Fenster die weite, wellige Prairie u. den nahen Eichenwald – ein Blick etwa wie an manchen Stellen unseres Böblinger Übungsplatzes, u. kehre dem ganzen Lager m/Hinterteil zu! Um den kahlen Streifen bis zum wenig störenden dünnen Lagerzaun zu füllen, errichte ich darin mit Akazien, Hollunder, Oleander, Bambus und Zedern parkartige Buschgruppen und um die Baracke herum breite Blumenbeete. Unter einer alten Eiche an meiner Baracke entsteht ein schattiger Sitzplatz, von mir getischlert.«

So entfaltete sich die Seele eines mittlerweile über 50jährigen von neuem.

Auch Bothos weitere Briefe von Ende März/Anfang April 1945 kamen erst Mitte Dezember zu Hause an.

Er teilte darin mit, daß er Ende März mit vier anderen Generälen in das große Offizierslager Camp Dermott verlegt worden war, ohne die Gründe hierfür zu kennen. Lieber wäre er im Camp Clinton geblieben. Und er mußte berichten, daß er über einen von einem Mitgefangenen erhaltenen Brief erfahren hatte, daß zu Hause bis Ende Januar noch kein erstes Lebenszeichen von ihm eingegangen sei! Er selbst war auch immer noch ohne Post von Gisela!

Diese Lage änderte sich vorerst auch nicht. In einem Brief vom 27. April 1945 heißt es:

»Liebes! Aus Radio u. Zeitungen höre ich den Kampf um Stuttgart u. ersehe, daß von Tübingen her die Franzosen angriffen. Ich kann nicht anders als befürchten, daß damit naturgemäß um die Böblinger Höhen gekämpft wurde u. bin in großer Sorge um Dich u. unser Heim. Wie stehen fassungslos vor dieser allgemeinen Zerstörung Deutschlands. General v. Liebenstein aus Jeberhausen bei Göppingen wohnt mit mir zusammen u. hat gleiche Sorge um sein Zuhause. Nimm dorthin Verbindung auf. – Zudem bin ich immer noch ohne Post seit nun zehn Monaten. Ob mein Briefschreiben Zweck hat, bezweifle ich, da ja alle Verbindungen zerstört. Die Ungewißheit über Dein Schicksal in dem in Deiner direkten Umgebung tobenden Kampf ist bitter u. schwer zu tragen. Niko las mir Helgas Brief von Ende Januar vor, wonach Du bis dahin noch ohne Briefpost von mir. Bleib trotz allem Elend hoffnungsvoll, Liebes, und laß den Mut an eine sinnvollere Zukunft nicht sinken. Ich komme mit derselben Spannkraft zurück und dann bauen wir uns ein neues Leben auf. Ich treibe Englisch, Französisch, Spanisch, werde Fernkursus an amerikan. Universität belegen, lese viel. In tiefer Sorge u. Gedanken an Mütter, Geschwister, Welflein u. an Dich, Liebes, Dein Botho.«

So schrieb er ins Ungewisse und sich Mut zu.

Dann wurde ab Ende April Postsperre verhängt.

Botho konnte im August nur zwei kleine Nachrichten aus dem Lager schmuggeln. Die eine verfaßte er mit kleinster Schrift auf einem 7 x 5 cm messenden Zettelchen am 4. August 1945:

»Liebstes! Der treue Ehrbeck will das durchbringen. Er war mir hier der beste Freund. Wieviel einsame Angst u. Kummer hast Du durchgemacht. Trotzdem versuchen Deine <u>einzigen</u> Briefe vom 17. u. 25.2. noch mich aufzuheitern. D./Wohnungs- u. Gartenteilung sehr gut, oben unser Reich – <u>wenn</u> es noch steht! Ich vegetiere bei trop. Hitze dahin, bin aber gesund u. braun gebrannt trotz schmaler Kost. Die Sorge um Euch drückt schwer. Wenn ich erst bei Dir wäre, ist alles zu tragen. 1.000 Gerüchte über Heimkehrtermin von bald bis noch lange nicht, alles ungewiß. Auch, was für Beruf ich finden soll! Aber nichts ist mir zu schwer, Gärtner, Tischler,

Zettelbrief vom 4.8.1945 (Vor- und Rückseite)

Förster, Polizei, Fuhrunternehmer? M/Sehnsucht nach Dir ist unbeschreiblich, ich möchte Dir helfen, Dir nahe sein, Dich schützen. Jetzt bewährt sich unsere tiefe Liebesehe. In allem Unglück fühle ich mich hier damit reich und glücklich gegen andere! Dieselben Sterne grüßen Dich von mir jeden Abend. Geduld, Liebes, immer noch Geduld: eines Tages stehe ich doch an der Gartentür. Küss den süßen Jungen u. Du sei tausendfach gegrüßt u. geliebt von Deinem Botho. Frage überall, wo Du Land pachten oder kaufen kannst. König sein Grundstück? Beyer sein Stück? Sicher ein törichter Rat, weil keiner was hergibt.«

Und die andere Nachricht vom 28. August, eilig auf einem Fetzen Papier hingeschrieben, lautete:

»Liebste Gi! In aller Eile vor dem plötzlichen Abtransport von Günther nur diese paar Worte in aller tiefen Liebe u. Sorge um Euch. Ich bin gesund und trotz allem voller Hoffnungen, wenn ich erstmal bei Euch sein kann. Wann das ist, ahne ich nicht. Spätestens im Frühjahr! Gü. wird Dir alles, alles berichten. Ich lebe und denke nur für Dich und Welf. Ihr seid mir mein Alles, was uns auf der Welt verblieb. In tiefer Liebe u. Sorge Dein Botho.«

Erst am 7./10. November 1945 durfte Botho wieder schreiben.

»Liebste! Diesen Brief nimmt ein heimkehrender Kriegsgef. mit. Eigentlich sollte ich auch schon mit diesem Transport mitfahren. Dann wurde ich wieder nicht genannt. Vielleicht nun also mit einem der nächsten. Oder will man ›Generäle‹ bis zuletzt aufschieben? Ich sollte mit General v. Liebenstein, Jebenhausen b/Göppingen, los, der nun auch noch hierbleibt. Rechne also genauso ungewiß wie wir. Ich erhielt im Mai die beiden ersten Briefe 16.2. und 22.2. und im September die Briefe vom 1. und 5.8. Glücklich zu wissen, daß Du u. Welf durch das Chaos durchkamt. Von mir seit April keine Post mehr unterwegs, da Postsperre. Vorher monatlich 5 Briefe u. 5 Karten, die wohl alle unterwegs verloren gingen. Dieser Brief geht in 3 Durchschlägen mit 3 verschiedenen Heimkehrern an Dich ab. Wenn doch einer wenigstens Dich erreichte! ... Ja, Liebes, jetzt ist es über ein Jahr, daß ich hier hinter Stacheldraht sitze. Wir sind im April mit 5 netten Generälen von Clinton nach hier verlegt worden. Hier, 150 km weiter nördlich, ist ein großes Offizierslager (6.000), Hochschule, großes Lager in Ebene, rings von Wald umgeben, man merkt das Eingesperrtsein weniger. Täglich Zeitungen, die ganze Welt liest man daraus und fühlt sich nicht ausgesperrt. Dies Amerika ist fabelhaft, wer hier doch leben könnte! Ich würde Euch sofort hierher holen. Leider will man uns nicht – noch nicht! Unglaublich, aber wahr: In der Gleichmäßigkeit u. völligen Ereignislosigkeit gehen die Monate wie Wochen herum. Und da die Behandlung immer fair war, wenn auch zeitweise bei knapper Verpflegung, die aber jetzt wieder reichlich wurde, und wir von dem Zusammenbruch ja sowieso nicht überrascht wurden, bin ich genauso tatkräftig und unternehmend wie immer. Gesundheitlich voll auf der Höhe. Du wirst also, Liebes, in jeder Beziehung Freude an mir haben!

Ich bin weniger traurig über den Zus.bruch Dtschlds als in hellglühender Wut auf all die Zerstörer, diese sog. ›Führer‹ des Volkes wie auch die Kreaturen der Nachbeter. Was haben sie alles verspielt in Größenwahn und Kasernenhofgehorsam. Und dieses Gesindel wollte mich noch prozessieren, weil ich aus einer völlig aussichtslosen Lage heraus, mitten in Frankreich nach 4-wöchigem blutigem Marsch im Stich gelassen, der Kampftruppen beraubt, ohne Verpflegung, Waffen u. Munition mit elenden Etappenbehörden allein vor den gesprengten Brücken der Loire stand, umzingelt von amerikan. u. franz. Panzertruppen? Weil ich den sittlichen Mut fand u. mit meinem sauberen Namen die Verantwortung dafür übernahm, 20.000 deutsche Männer ihren Frauen u. Kindern zu erhalten? Das Vaterland wird mir dafür nochmal Dank wissen. Statt meiner aber wird dieses Gesindel hängen. Hier erteilte mir ein Ehrengericht des Generalobersten v. Arnim u. von 32 Generälen ehrenvollste und völlige Entlastung u. billigte m/Entschluß voll u. ganz. – Aber das liegt ja nun schon lange hinter uns. Jetzt stehen ganz andere Dinge im Interesse. Wichtiger ist die Frage, wovon wir leben sollen in Zukunft. Zunächst reichen ja wohl die paar Kröten des Bankguthabens noch fürs Tägliche. Aber dann muß ja wohl was geschehen. Staatsdienst gern, aber als ›General‹ ist man ja so ›belastend‹, ebenso in Handel u. Industrie. Also wird es wohl bei Handarbeit enden, wozu ich ja geschickt und auch gern bereit bin. Irgendwie werden wir uns schon durchschlagen. Dein Leih-Bibliotheksplan sehr gut für den Anfang, da kommt man mit Leuten in Fühlung und nichts ist nötiger als Herumhören. Vielleicht ein Heim, oder Holzeinkauf für Rogge, Karnickel-Farm und Angora-Spinnerei, Novellist a la Genf oder etwa doch die ›Helga-Bar‹? Später vielleicht Privatdozent an der Uni Tübingen in Geschichte und Literatur, Konsul im Ausland. Ich lerne mit Macht Englisch, Französisch kann ich, Spanisch fängt an – das sind für internationale Möglichkeiten die Voraussetzungen. Vielleicht auch hilft später Paris u. Marseille, z.B. Südfrüchteimport und Olivenöl? Die Däuser von Tante Lisbeth gab ich in letzter Stunde einem Span.Deutschen. Muß später bei seiner Heimatadresse anfragen, ob er sie aufheben konnte. Sonst sind wir durch die Hauszerbombungen in Braunschweig gottlob jetzt schon vermögenslos geworden. Trotzdem: Prolet wird man, wenn der Charakter nicht taugt, nicht, weil man arm ist. Notfalls werde ich Tischler und Zimmermann. Deshalb bleibst Du doch meine herzgeliebte süße Frau u. Geliebte – dies Glück im Leben ist uns erhalten geblieben u. aus dem Welflein wird mal ein ganzer Kerl mit Weltblick u. kein Kommiss! Trotz allem Unglück, es wird eine reinere Luft wehen als in diesem Konzentrationsstaat von 1933, auch die östliche Gefahr wird überwunden werden.

Wie ich hier lebe? Ein Studienrat Jäckle aus Gaildorf (Wü.) kehrt auch heute heim u. soll Dir berichten, ebenso ein Hptm. Arnholz aus Öhringen, beide mir zwar nur flüchtig bekannt, aber im selben Lager gelebt. Schreib hin, ebenso an Frau v. Liebenstein in Ibenhausen b/Göppingen, deren Generalsmann seit 1 Jahr mit mir zus. Jeden Morgen 6:30 Uhr auf. Vormittags meist Sprachen, auch Hörsaal, mittags 2 Stden gepennt, dann gelernt u. gelesen bis 12:00 Uhr nachts. Mittags und abends je 1 Stde. Essen mit sieben Generälen zus., meist nette Leute in kl. Barackenzimmer, nicht mit Massen in den Offiziersbaracken. Wohnung in langgestreckten Baracken, Wohn- u. Schlafzi., Lokus u. Brause extra für mich dabei, ausreichend Kohlen u. el. Licht. Im Sommer um die Bar. herum selbstgepfl. üppigblühenden Blumengarten, auch Tomaten, Melonen pp. Noch jetzt blühen Chrysanthemen u. Astern u. Zinnien, Betumien u. Rosen. Klima ca. + 35 Grad im Schatten, zum Zerfließen, nur nackend. Jetzt 12–25 Grad, Regenperiode. Rings ums Lager, das riesengroß, flach mit unzähligen schwarzen Barakken, von Lampen erhellter Zaun, dehnt sich Wald. Alle Woche Spaziergang durch Baumwollfelder an Negerfarmen vorbei, auf denen ich öfters malte. Alte Talente werden wach, nur das vielgeliebteste ruht! 1 x Kino od. Lagerkonzert. Viele Bekannte, aber am liebsten mit m/Büchern u. Zeitungen u. Zeitschriften, die ich abonnieren konnte. So kommt die ganze Welt zu mir ins Zimmer, die große New York Times ist täglich 30, sonntags 200 Seiten dick! Das ist ein Land, wir Schafsköpfe, uns damit zu verfeinden. – Wann ich nun dran bin z. Heimtransport? Heute geht der erste kleine Transport los, alles Halbgesunde. Man rechnet mit dem Frühjahr für die letzten von den hier 350.000 dtschen POW's. Ich nehme an, daß ich früher drankomme. Im Stillen hatte ich die Hoffnung, schon Weihn. bei Euch zu sein, aber das ist wohl ein Traum. Ach Liebes, wenn wir 3 erstmal wieder zus. sind, dann ist alles ½ so schlimm. Ob unsere Mütter noch leben? Und Welf wurde 7 Jahre! Welch großer verständiger Junge! Da kam ich nach Nachod u. weiß noch alles. Er soll man bei den Amis Englisch lernen. Und Du, Liebes? Dünner, aber gesund, schreibst Du? Die Ernährungsfrage muß schlimm sein. Und hier ist solch ein Reichtum. Aber wir können ja gar nichts kaufen, geschweige denn schicken. Wenn ich doch früher noch mehr gesorgt hätte! ... Unser oller Opel kann noch unsere Lebensgrundlage werden: Hintersitze weg u. Kleinlieferwagen als Beginn eines Transportunternehmens – das Gesuchteste heute in D.! Täglich suchen Dich meine Gedanken oben im 1. Stock, meine geliebte Gefangene, auch ich habe gelernt, auf schmalstem Raum nur im Barackenumkreis zu leben, unser Gefieder ist uns beschnitten, aber die Gedanken fliegen über Raum u. Zeit zu Dir u. abends der Orion, das Sternbild des Jägers, das hier von Ost nach West über den Himmel zieht, grüßt Euch von mir jeden Abend! So hoffe ich, daß ich als ruheloser Jäger nach 7 Jahren der Unrast nun bald heimkehre, ohne Beute und Waffen aber mit einem reinen Herzen voller Liebe u. Hoffnung! In tiefer Liebe umarmt Welflein u. Dich immer Dein Botho.«

Wahrhaft bewegende Zeitzeugnisse! Sie lassen die Spannungen des Entfernt- und Getrenntseins ebenso nachempfinden wie die Beurteilung sowohl der überwundenen als auch der bevorstehenden Entwicklung in Deutschland. Eine bemerkenswert abgeklärte Einstellung zur doch recht bitteren Situation wird hier sichtbar.

Mit ihr war es Botho sogar möglich, sich malerisch zu betätigen und sich dabei über alle Kümmernisse hinweg zu helfen. Er schaffte – in Kreide und

Zeichnung POW-Lager

Federzeichnung – Bilder des Barackenlagers, die die Herbststimmung des Jahres 1945 einfangen.

Zwei weitere Briefe vom 20. und 21. Januar 1946 verdienen es, festgehalten zu werden.

»Liebste Gi.! Heute geht der zweite große Offz.-Transport hier ab nach der Heimat. Nachdem wir zunächst wieder wie beim ersten Mal (Anfang November) mitfahren sollten, kam nun wieder Befehl, daß die Generäle hier bleiben. Ob wir nun das nächste Mal, was bald sein soll, oder erst später drankommen, ahnt niemand. Vielleicht sollen wir die letzten sein! Es heißt ja, daß man bis Ende April alle POWs aus den U.S.A. abgefahren haben will. Unsere Geduld wird langgestreckt. Das Warten fällt immer schwerer, wenn sich das Lager leert. Dem Transport am 10. Nov. gab ich Brief mit vielen Durchschlägen mit. Ob Dich wohl einer wenigstens erreichte? Sonst konnte ich seit April 45 nicht mehr schreiben. Von Dir habe ich nach wie vor im Ganzen 4 Briefe: Vom 16. und 23. Febr. u. vom 1. und 5. Aug. Es ist unmenschlich, diese Postsperre. Aber einmal wird ja auch für uns der Tag der Heimkehr anbrechen. Mich verläßt heute auch mein letzter treuer Begleitoffizier Oberst Schmidt, der seit Biarritz täglich bei mir war! Er geht ungewissem Schicksal entgegen, ob sein Hof in Cremzow b/Prenzlau noch steht. Er wurde mir ein treuer Freund täglicher langer Stunden. So bleiben immer weniger Bekannte zurück.

Es ist uns völlig dunkel, wie und wovon wir in dem verengten Deutschland alle leben sollen. Welchen Beruf soll ich ausüben?! Irgendwie muß man doch den Lebensunterhalt verdienen. Aber wir beide, liebstes Tier, haben ja gottlob unsere Lebensphilosophie, die uns nur noch lachen machen kann ob aller Grundsätze bisheriger Art. Mich kann jedenfalls nichts mehr enttäuschen! Endlich ist das Zeitalter des kleinen Mannes angebrochen! Soweit haben wir es nun geschafft. Glücklich der, der als einzigen Schatz solche Frau sein eigen nennen kann wie ich. Wir beide, Liebes, werden auch durch diese Etappe mit ungebrochenem Optimismus durchgehen. Und unser Welf soll ein Mann mit offenem Blick für diese lächerliche Menschheit werden. Über meine Haustür kommt jedenfalls ein Schild: ›Besuch nur nach vorheriger Anmeldung beim Psychiator!‹ Hier fließen die Tage im ewigen Gleichmaß. Ich hätte nie geglaubt, daß man 1½ Jahre nur mit Büchern und ganz einsam auf geringstem Raum verbringen kann, ohne vor Freiheitssehnsucht zu platzen. Aber im Gegenteil, man wendet sich ab von der Welt, ohne nach ihr viel Verlangen zu spüren. So muß es wohl weisen Klosterbrüdern gehen! Die einzige Sehnsucht bist Du, Du und der Welf u. der kleine Platz um unser Haus. Sonst könnte mir die ganze Welt gestohlen bleiben. Nur die Wut um so viele mit Dir zusammen ungelebte und ungeliebte Stunden und zu denken, daß man darum betrogen worden ist – unwiderbringlich –, auch um das süße Miterleben der Kinderjahre von Welf – das schmerzt! Von Amerika haben wir zwar nichts gesehen als ein Stück Erde hinter Stacheldraht, aber die tägl. Zeitungen u. Zeitschriften ließen es uns doch besser kennen lernen. Wo wir Sorgen mit unserer Armut haben, haben sie hier Sorgen, ihren Reichtum an den Mann zu bringen. Ich bin im Englischen ein gutes Stück vorwärts gekommen. Lese fließend, verstehe gut, spreche schlecht, da das Letztere am wenigsten möglich. Mit Amerikanern kommt man ja gar nicht zusammen. Gelegentlich wurden wir zwei Stunden außerhalb spazieren geführt, man sah Baumwollfelder u. Negerfarmen, unendliche Ebenen. Die deutsche Innigkeit und deutsche Dorfbilder fehlen, alles Kolonialstil. Meine Gesundheit unverändert gut, Verpflegung einfach aber ausreichend. Der Winter milde, nur 1 x Schnee u. nur ein paar Tage Frost. Ich denke mit Sorge an Euch, täglich viele Male steht das Bild vor meinen Augen, wie Du im Eckzimmer mit dem Kaminofen fertig wirst u. wie knapp das Essen sein wird u. ob Du überhaupt noch in dem Hause bist oder gar beschlagnahmt? Nach Verwandten frage ich gar nicht, Du wirst auch keine Nachricht haben. Ob meine Mutter noch lebt? Und Hildesheim? Bis auf Königstraße zerstört! Grete Weimar? Hanns-Martin wohl bei den Russen gefangen oder umgekommen? Häuser in Braunschweig kaputt. Noch so viele Fragen, aber alles stumm. Mein größter Wunsch, wenigstens zum Frühjahr zu Haus zu sein, um den Garten mit bestellen zu können. Auch dieser Brief geht in mehreren Durchschlägen mit je einem Heimkehrer an Dich ab, damit wenigstens einer Dich erreicht. Ich schließe Dich in tiefer Liebe in meine Arme u. Welflein dazu. Ihr seid mein Ein u. Alles, wofür ich noch lebe u. was mich noch glücklich macht. Bald, bald an der Gartentür! Ich küsse Euch in aller Innigkeit Dein Botho.«

Aus dem Brief vom 21. Januar 1946:

»Liebstes! Heute gab ich einem schwäbischen Heimkehrer einen Brief an Dich mit. Aber ich habe noch Zeit, diesen zweiten zu schreiben. Es geht heute wieder ein großer Transport nach der Heimat ab. Ursprünglich sollten wir auch mit. Dann kam Gegenbefehl: Generäle bleiben noch hier! Wie lange? Keine Antwort! Wir sind eben nur POWs und bekommen keine Erläuterungen. Ob wir nun bald oder noch Monate warten sollen? Man hat ja die Absicht, alle POWs bis April hier aus dem Lande abgefahren zu haben. Ich kann mir nicht denken, daß man ausgerechnet uns 5 hier, die wirklich harmlose Nebenfiguren sind, noch länger auf Eis legen wird. Also hoffen – hoffen, wie schon seit dem ersten Transport Anfang November, als wir auch mit sollten.

Wir lesen Berge von Büchern aus, lernen Englisch u. laufen am Zaun entlang. Aber deshalb habe ich doch keine Stacheldrahtkomplexe bekommen. Bin gesund und spannkräftig u. trotz allem voller Zukunftshoffnungen.

Wie es in der Heimat aussieht, wissen wir, tägliche Zeitungen u. Zeitschriften halten uns besser auf dem Laufenden als in der früheren Freiheit u. wir können über die unsagbar traurigen Zustände in keiner Form enttäuscht werden. Womit ich Geld verdienen soll, ist mir vorläufig noch schleierhaft, aber irgend etwas wird sich schon finden. Ich scheue auch keine Handarbeit – sie ist jedenfalls am sorgenlosesten! Am liebsten würde ich Bauer, wenn man mir 20–40 Morgen Land gibt, bin ich bereit. Wenn der Rgtsübungsplatz verkauft wird, dann gleich dort – ich habe hier viel landwirtschaftliche Kurse mitgemacht, auch gesehen, wie viel unkomplizierter der amerik. Farmer wirtschaftet – aber ich fürchte, daß andere eher drankommen als wir, die wir ja überall nur die Puppen waren, auf die man hinterher einhaut. Das trifft mich zwar daneben, aber ändert deshalb nichts. Nur, Liebes, wenn wir nun sooolange – 7 harte einsame Jahre – aufeinander gewartet haben, dann nur jetzt noch ein kleines Weilchen Geduld und Kopf hoch, dann bin ich wieder bei Euch u. zusammen ist alles halb so schwer zu tragen. Laß den Mut nicht sinken, ich tue es auch nicht, wir haben ja kommen sehen, daß wir vor dem Nichts stehen, alle Überflüssigkeiten können wir entbehren, wir lieben uns und das kann uns niemand wegnehmen aber es kann vieles ersetzen. Ich denke, daß dieser Brief Mitte Februar in D/Händen sein wird – vielleicht sind wir dann auch schon im Abtransport! So soll dieser Zusatzbrief Dir nur neue Kraft geben, auch noch die letzte kurze Spanne bis zu m/Rückkehr durchzuhalten mit Deinem klugen Kopf und Witz, bis ich Dir trotz allem lachend in die Arme sinke. Der Winter hier war milde, wenig Frost – wenn es doch bei Euch auch so wäre. Wie bist Du bloß mit der Kälte fertig geworden. Ich bin nicht verwundert, wenn außer den 3 Rostock-Balten noch mehr im Hause wohnen. Dann bauen wir das Dachgeschoß aus! Wenn Du nur wohnen bliebest u. nicht beschlagnahmt würdest! Und ich zur Frühjahrsbestellung zu Hause sein kann! Ich komme mit viel Schaffensmut zurück. Wir haben viel nachzuholen! In jeder Beziehung, Liebes! Und verlernt habe ich nichts trotz 2-jähriger Trennung. Gerade jetzt vor zwei Jahren sah ich Dich zum letzten Male! Meinen Magen spüre ich überhaupt nicht mehr – kein Tröpfchen Alkohol seit September 44! Gute Kur für Körper, aber auch für den inneren Menschen – man hat soviel Zeit gehabt zu denken – mein größtes Glück war, Dich zu finden. Das ist meine tiefinnerste Überzeugung! Ich liebe Dich in aller tiefer Innigkeit, Dein Botho.«

In der dicken Mappe voller Briefe und Karten aus der Gefangenschaft findet sich, in Abschrift, wenigstens ein einziger Brief, den Gisela am 1. März 1946 an Botho geschrieben hatte:

»Mein geliebter Mann, 3 Tage vor meiner erneuten Operation, die sicherlich gut ausgehen wird und die ich nur für Dich machen lasse (denn soo geht es nicht weiter), will ich Dir aufschreiben, wo Du all die von mir verlagerten Sachen findest, wo die Schlüssel liegen usw. Da mir gar nicht nach Tod zumute ist, sondern ich wie in all den einsamen Jahren ganz von der Stunde unseres Wiedersehens an u. ausgefüllt bin, ist es schwer, solch einen vorsorglichen testamentsähnlichen Brief zu schreiben. Ich <u>will</u> leben und bei Dir sein und Dich lieben. Welf ist ganz Dein Ebenbild, hat aber in seinem Wesen viel von mir. Er ist sehr begabt, muß aber eisern zur Konzentration erzogen werden – leider Deine Hauptschwäche. Unendlich zärtlich und liebebedürftig braucht er all die Weichheit, die so schwer in diesen harten Zeiten aufzubringen ist. Sein Mal-Talent u. s. Beobachtungsgabe ist auffallend. Bestärke ihn darin. Vielleicht wird er ein Baumeister oder Maler, richte seinen kleinen aufnahmefähigen Geist darauf aus. Reinlich, ordentlich u. ein klein wenig pedantisch u. sehr pünktlich. Es wird höchste Zeit, daß er in Deine männlichen Hände kommt. Sag ihm, wenn er groß ist, daß er eine Mutter gehabt hat, die in ihrem Lebensinhalt nur Euch beide sah u. daß er nur dann eine Frau nehmen soll, wenn er überzeugt ist von ihrer restlosen Hingabe ohne jeden Vorbehalt. Es gibt nur einen Menschen in jedem Leben, für den es lohnt, dazusein. In meinem Leben warst Du es, mein unsagbar geliebter Mann. Du und das Warten auf Dich war unsagbar schön und weh. Deine Gisela.«

Die Operation, von der sie spricht, war erforderlich geworden, weil sie im Gefolge marodierender Marokkaner im Frühjahr 1945 vergewaltigt worden war und dadurch erhebliche Verletzungen im Genitalbereich erlitten hatte.

Frühjahr 1946: Die Operation hat Gisela gut überstanden. Weiter arbeitet sie mit gelinder Unterstützung ihres siebeneinhalbjährigen Sohnes in dem großen Garten der ehemaligen Generals-Villa, um durch Anbau der notwendigsten Früchte und deren Ernte den nächsten Winter überstehen zu können: Anbau von Kartoffeln, Lauch und Zwiebeln, Tomaten, Gurken, Bohnen, Möhren, Kohl und Salat, Pflege der Beerensträucher und der Obstbäume, schließlich Ernten und auf Vorrat Einmachen. Es ist eine nach allen autodidaktisch erworbenen Regeln der landwirtschaftlichen Kunst erfolgende Selbstversorgung, die der Not, sich von der eigenen Scholle ernähren zu müssen, aber gottlob auch zu können, entsprungen ist. Sie plagen dabei ganz erhebliche Hüftschmerzen wegen der infolge der harten Arbeit immer mehr zum Ausdruck kommenden Verschleißerscheinungen einer angeborenen Coxarthrose. Mit der oft eintretenden völligen körperlichen Erschöpfung und der dazu ständig einher gehenden seelischen Belastung durch die schwer lastende Ungewißheit über die allernächste Zukunft leistet sie einen unglaublich starken Überlebenskampf, wie es viele Soldaten-»Witwen« in diesen ausweglos erscheinenden Zeiten getan haben.

Botho indessen wurde am 5.3.1946 aus dem amerikanischen POW-Camp entlassen. Eine Entlassung aus der Kriegsgefangenschaft bedeutete dies allerdings noch lange nicht.

Karten vom 26. März/1. April 1946:

»Liebste! Erste Post wieder erlaubt. Hoffe, nicht lange nach dieser Karte selber bei Dir zu sein. Stehen mit gepacktem Koffer fertig zum Abtransport. Ob ich zu D/Geburtstag (7.5.) zu Hause bin? Frühling auch hier. Erhielt D/Antwortkarte vom vom 17. Januar, sonst seit 1 Jahr nur D/Brief vom 1. Aug. 1945. Ich komme gesund und froh wieder. Wir beide zusammen! Alles andere Wurscht! – – –

Auf Abtransport! In wenigen Tagen hoffen wir auf Abfahrt v. Hafen. Glaube sicher, daß wir dann in Dtschld. bald entlassen werden u. nicht noch länger gefangen bleiben.«

Prisoner of War-Post vom 14. Mai 1946:

»Liebes! Seit 3 Wochen Europa Festland. Traf hier Großzahl Gleichrangiger. Hoffen, bald nach Dtschld. verlegt zu werden. Ob dann Entlassung, ungewiß. Ich möchte es aber annehmen. Enttäuschung, nicht zu D/Geburtstag u. zur Frühjahrsbestellung des Landes bei Dir sein zu können, riesengroß. Ersehne endlich Post; seit 1 Jahr kaum etwas gehört, wo, wie, mit wem Du lebst. Bin gesund wenn auch jünglingsschlank. Briefe hierher, auch Päckchen u. Pakete bis 5 Kilo ohne Stückbegrenzung erlaubt. Nichts nötig außer Lebensmitteln, nach denen ich aber kaum zu fragen wage, denn ich fürchte, ihr leidet sehr an Knappheit. Sonst Kartoffeln, Zwiebeln, Erbsen, Brot. An Fett, Sardinen, Fleisch wage ich nicht zu hoffen ... Habe Sorge um Eure Ernährung u. Geld. Wenn wir beide nur erst wieder zusammen, ist alles zu ertragen. Ich habe keine Bange, daß wir uns trotz allem neues Leben aufbauen werden. Viele Pläne im Kopf. Ich bin voll lang aufgestautem Arbeitswillen, egal, was verlangt wird. Lager u. Behandlung in U.S.A. ausgezeichnet. Sahen auf Heimweg viel, fuhren ab New York, ganzes Stadtbild vor uns. Gepäck bei mir, bin in guter schwarzer wollener Kluft. Uniformen und Bücher u. Wäsche u. Tabak per Rotkreuz-Paket zu Dir abgesandt. Ungeduld, endlich frei zu sein u. allen alten Plunder hinter mich werfen zu können, schwer erträglich, nutzlose Zeitvergeudung, zumal offensichtlich, daß ich völlig unbelastet u. im Gegenteil durch die Tat meine Gegnerschaft zu dem Wahnsinn bewies. Hier kalte Seewinde über das flache Land, am Zaun grünt Frühlingswald u. Viehweiden dehnen sich friedlich. Du erhältst denselben fröhlichen, optimistischen u. junggebliebenen Mann zurück, der ich einst war, ehe dieser Irrsinnskrieg begann. Welflein Kuß, Dir 1.000 liebe Dinge, Dein Botho.

Der nachfolgende POW-Brief vom 29. Mai 46 beschreibt die Empfindungen beim Empfang der ersten Post seit Monaten:

»Liebes – Gestern als erstes Lebenszeichen 1 Päckchen Hafer und 1 Päckchen Röstbrot. Du ahnst meine Seligkeit nicht, obwohl noch kein Brief da! Aber dieses erste Zeichen, daß Du lebst u. m/Adresse hast, ist Gottesgeschenk. ... Heute geht hier wieder ein Transport ab. Wir älteren rechnen mit Verlegung nach Lager in Dtschld. im ersten Drittel Juni; ob dann Entlassung oder weiter gefangen, völlig unklar. Ich persönlich erhoffe immer noch unsere baldige Freilassung, zumal ich politisch in keiner Form belastet; im Gegenteil, ich habe viele Opfer und Verfolgung auf mich nehmen müssen zu Zeiten, wo es noch nicht so einfach war wie jetzt im Vaterlande, ein offener Gegner u. Bekenner zu sein! Heute hat es natürlich jeder schon seit langen Jahren gewußt; nur gehandelt hat keiner danach, als es noch gefährlich war. Diejenigen, die ich rettete, sind längst entlassen. Nur ich, der seinen Namen hergab dafür, bin noch gefangen. Bitter, aber nicht zu ändern. Also weiter Geduld, Liebes – einmal schlägt die Stunde u. ich hoffe doch, bald!«

Am 8. Juli 46 konnte er aus Belgien folgende Zeilen schreiben:

»Am 5.3.46 sind wir von Camp Dermott abgefahren. Bin glücklich mit Briefen vom Juni! Wie herrlich nahe bist Du mir nun wieder! Ich fühle ganz mit Dir Deine Einsamkeit und Sehnsucht. Immer allein! Glaub mir aber, ich bin im hiesigen Massenkraal womöglich noch einsamer. Kleinlichkeit, Egoismus, Unaufrichtigkeit – selten ein Mensch! Ich lebe seit 2 Jahren ganz für mich u. m/Gedankenwelt, die nicht die landläufige ist. Aber ja nicht noch zum Schluß verzweifeln! Ja nicht! Ich tue es in keiner Form. Im Gegenteil, ich lache nur noch über soviel Unsinn u. Unlogik. Und bitte, bitte, Du mußt u. sollst Dich pflegen, ganz eisern u. systematisch, gehe ran an die Vorräte, mir schmeckt sonst kein Päckchen, wenn ich weiß, daß Du hungerst. Inständige Bitte: tu etwas für Dich! ... Gehe hin zu Dr. Hengstberger, prima Mann, wir waren uns bei letzter Kasinozusammenkunft politisch durchaus einig. Bestelle Grüße u. frag nach Pachtung des Landratnachbargrundstücks u. sag ihm, ich hoffte fest, daß, wenn erstmal meine Tat bekannt ist, ich endlich auch mal den Dank des Vaterlandes ernten werde. Denn ich schenkte ihm, als es noch gefährlich war, ein Protestler durch die Tat zu sein, 20.000 Lebende und <u>keine</u> Toten. Man braucht wohl heutzutage nicht erst gehenkt zu sein, um Anerkennung zu finden. Sowohl die Amerikaner wie die Engländer sind sich klar über mich; daß ich noch hier sitze, ist die Uniformität der Behandlung aller Generäle. Aber das wird sich bald ändern. Ich habe jedenfalls allen Grund, den Kopf sehr frei und aufrecht zu tragen, mehr als viele, die heute schon frei herumlaufen und irgendwo heimlich die richtige Parteikarte von früher noch gehortet hatten. In diesem Sinne in alter Frische Dein Botho.«

Über die Art der Unterbringung der Kriegsgefangenen in dem belgischen Lager schreibt Botho in einem Brief vom 15.7.46. Er spiegelt Bothos Lebenseinstellung genau wider:

Liebestier, heute Briefmöglichkeit, da einige wegen Krankheit entlassen werden. Vorweg: Dein Päckchen mit Frühkartoffeln vom 4.7. aus Böblingen abgestempelt u. größeres Paket dito, mit Eiernudeln, Eipulver, Haferflocken u. Zuckerstückchen waren schon am 12.7. bzw. 10.7. hier!! Reisen also viel schneller als Briefe. Sie werden überhaupt nicht mehr kontrolliert.

Durch Eure rührende Hilfe komme ich nun durch. Die hier gelieferte Verpflegung ist nach wie vor unzureichend. Alle Welt erhält Päckchen und kocht primitiv vor den Baracken auf Holzfeuer in Blechkanistern irgendwelchen zusätzlichen Suppenkram. Wer so unglücklich ist, nichts zu kriegen, verfällt rasch zu einer Klapperknochengestalt. Frag Andrassy nach Vitaminpillen, da wir hier nie Frischsalate oder sowas kriegen. ... Hier hält man uns zu ca. 200 Generälen weiter hinter Draht in geradezu saumäßigen Wellblech-und Dreckbaracken. Ich liege in einem Munitionsschuppen mit 15 anderen Generälen, elende Beleuchtung, je 1 Klappstuhl, für 4 Mann 1 Tisch, Holzgestell mit Strohsack – fertig. Na, mich kann das nicht niederdrücken. Solange Sonne ist, sitze ich vor der Tür an selbstgezimmertem kleinen Tisch mit Klappstuhl u. stiere gegen die Nachbarwände, aber unterkriegen lasse ich mich nicht. Nur so lange man von morgens bis abends mit leerem Magen herumlief u. vor Schwäche sich aufs Bett legte, war es übel. Die Erbsen waren wunderbar, zusammen mit D/Trockenzwiebeln u. zigmal ausgekochtem Speckvorrat ein Gedicht. Der Zwieback sehr, sehr willkommen! Ach, Liebes, überhaupt alles. Ich danke Euch, Dir, allen so sehr, sehr. Wenn Pepis mir weiter Trockenkäse schicken könnten – wir haben hier zwar Brot, aber nichts drauf – also der Käse hochwillkommen. Auch das Öl eine Kostbarkeit, reicht sehr sehr lange. Also vorläufig kein Öl mehr.

Mist verfluchter – immer nur über den Fraß schreiben zu müssen! Unsere Entlassung völlig undurchsichtig. Jetzt ist hier englisches Vernehmungsbüro eingetroffen, das wohl nochmal allen auf den Zahn fühlen will – ich brenne darauf, sie sprechen zu können, werde ihnen schon erzählen, was das für ein Blödsinn ist, mich noch festzuhalten. Aber ich glaube, daß man eben alle solange festhält, bis der Nürnberger Prozeß zu einem gewissen Abschluß gelangt ist. Neulich ging hier das Gerücht, wir würden so am 15. Aug. nach Dtschld. transportiert, dann die ›Unbelasteten‹ entlassen, die anderen noch weiter festgehalten. Dann könnte ich also mit Ende August frei zu sein rechnen. Aber, aber – alles Gerücht! Jedenfalls schreib Du und schick Du solange weiter unbeirrt hierher, bis Du von mir andere Nachricht hast. Aber, Liebes, <u>keine</u> kostbaren Kartoffeln aus unserem Garten! Auf keinen Fall! Die brauchen wir im Winter.

Liebes, Deine lieben Briefe – das einzige Gut, das mir die Tage hell macht. Ich habe den Eindruck, als wenn Du manchmal reichlich down bist. Das darfst Du auf keinen Fall sein! Denke nicht, daß ich niedergedrückt bin, ich schließe mich ganz gegenüber den täglichen Häßlichkeiten hier ab u. lebe nur innerlich u. in der glücklichen Gewißheit, Deiner Liebe u. unseres Zusammengehörigseins. So ertrage ich all die Jahre ohne innerlich hart zu werden. Ich will und werde Dir so gegenüber stehen, wie Du mich liebtest u. das ist mein einziges Ziel. Was nachher kommt, wovon wir leben sollen u. wollen, sind alles spätere Sorgen. Z. Zt. ist das bewußte Bremsen der deutschen Wirtschaft doch so, daß man gar keine Pläne fassen kann. Aber, daß ich durchkomme, ist für mich gar kein Zweifel. Zunächst melde ich mich beim Arbeitsamt als selbständiger Gemüsegärtner an, hoffe, daß man mich damit zunächst ungeschoren läßt und will mit Dir Ferien machen von allem Kram. <u>Wenn</u> wir schon auf dem Vulkan u. von den letzten Groschen leben, dann aber auch richtig Bohème. In die Betten marsch marsch und sich erstmal liebgehabt und all die süßen Stunden nachgeholt – Dein warmes Menschenfleisch, eng beieinander, die Welt kann mir am Abend begegnen, zum Tagelöhnen komme ich immer noch zurecht. Aber dazu ist eins notwendig: Daß auch du Dich pflegst, daß Du ißt u. wieder dicker wirst, daß Du Dir jeden Tag sagst, was wahr ist, nämlich daß Du eine so pikante u. süße u. anziehende Frau bist, daß Du das Recht u. die Pflicht hast, Dich hübsch und gesund zu erhalten. Ich bräune mich hier in der Sonne nur für Dich, tue Du das Gleiche u. bleib fröhlich. Die Einsamkeit zu ertragen, habe ich nicht nur gelernt, sondern weiß nun, daß alle Stunden mit anderen Menschen hohl u. nutzlos sind – es gibt heute keine Freunde mehr in Massen. Und so habe ich nur den einen großen Wunsch, daß ich Dich bei unserem Wiedersehen rund und glücklich wiederfinde u. nicht als ›Nervenbündel‹ – das paßt ja gar nicht zu Dir. Und in Deinen Briefen klingt ja auch meine alte, humorvolle Gisela durch – Herrgott, was gibt es für Weiber – und die Männer dazu – mir wird ganz schlecht, wenn ich hier in der Badedusche diese häßlichen nackten Kerle ansehen muß – Jammerlappen.

Was ich treibe? Englisch und Landwirtschaft. Wenn ich letztere nicht gebrauchen kann, auch gut. Trotzdem hoffe ich, irgendwo ein paar Morgen zu kriegen u. darauf das Nötigste für 1 Ziege u. 1 Schwein anbauen zu können. Mir geht dauernd das Nachbargrundstück (Landrat) im Kopf rum. Was wurde aus Herrn König? Kann man evtl. dessen Grundstück pachten od. kaufen? Ich habe genau wie Du nicht die Absicht, in Böblingen zu bleiben. Das Grundstück von Hans auf dem Moritzberg (in Hildesheim) wäre ideal, wenn es was abwirft. Wie groß ist es, was für ein Haus drauf? Je kleinbäuerlicher desto besser.

Ich könnte mir sehr gut denken, durch Hans in Hildesheim in der CDU später als Propagandaleiter pp. tätig sein zu können. Das Flugblatt hat mich sehr interessiert, sowas könnte ich als Hauptamtlicher oder unter Decknamen bildschön darstellen u. auch zum Nutzen der Masse. Ich glaube überhaupt, daß ich mit Hans Beitzen sehr gut zusammenarbeiten und manches Ding drehen könnte. In Württemberg, glaube ich, bleiben wir dauernd unerwünschte Fremde. Ich will mich also nicht in Böblingen festkaufen. Aber für den Übergang. Denn von heute auf morgen können wir auch nicht umziehen. Nur Du sollst wissen, daß ich jederzeit bereit bin, Böblingen zu verlassen, und sollst nicht denken, wenn ich dort Land haben will, daß ich mich da verankern will.

Liebes, schreib an Rotes Kreuz, Genf, daß Du in meinem Auftrage darum bittest, daß meine Pakete aus dem POW-Camp Dermott/Ark., USA, und 1 Paket aus dem POW-Camp Shelby/Miss., USA, an die auf den Paketen befindliche Adresse, nämlich Deine, abgesandt werden. Ich stelle gleich Antrag von hier. Es ist nichts Dringendes drin, nur die Zigaretten u. der Tabak würden Dir zum Tausch gegen Lebensmittel und mir direkt viel helfen. Außerdem kommen im Winter womöglich Bahneinschränkungen, wo sie dann nicht geschickt werden. Halte bloß die Daumen drauf, daß der gute Wunderlich nicht unsere Pullen austrinkt (in Stuttgart bei W. eingelagerte ca. 600 Flaschen!), er ist darin vielleicht etwas großzügig. Sie sind wertvollstes Kapital für uns u. vielleicht unsere einzige Reserve. Bitte gebrauche folgende Deckworte u. schreib mir die Anzahl, was noch bei Wunderlich und was noch bei Dir ist: Für Sekt ›Kupferstiche‹, für Rotwein ›Ölbilder‹, für Weißwein ›Aquarelle‹, für Cognak ›Pastelle‹ und für Benediktiner ›Federzeichnungen‹. Und schreib, daß von der Sammlung soundsoviel noch bei Onkel Wunderlich und soundsoviel bei Onkel Abort (herrlicher Name!) gerettet wurden. Zudem: Die allermeisten Briefe werden überhaupt nicht mehr zensiert, von Deinen noch gar keiner.

Liebes, es geht alles etwas wirr durcheinander. Züchte weiter Karnickel, gib ihnen ab und an frische Zweige, deren Rinde sehr gesund für sie ist. Mästung dauert nur 14 Tage (6 Mon. alt), dann aber während dieser Zeit, falls erhältlich, das Grünfutter ersetzen durch stärkehaltige Futtermittel, die gekocht oder gedämpft und mit Getreidekleie oder -mehl vermischt werden. Oh, ich bin Vollandwirt geworden. Und werde im Herbst doch ein Schwein mästen. Wenn Du nur überall, wo ein Plätzchen ist, jetzt noch Mais anbaust. Bis er schnittreif ist, hoffe ich doch zurück zu sein. Ach Liebes, frei zu sein u. mit Dir zusammen im Bett zu schnorcheln. Wir werden unseren Haushalt auf die primitivste und arbeitsparendste Art umstellen. Nix mehr groß getafelt. Hier leben wir mit 1 Löffel und 1 Suppenblechtopf und 1 Blechteller, das ist alles und geht auch. Und Welf wird viel Spaß an seinem Papi haben, er wird ihm soviel erzählen können von dieser schönen Welt u. mit ihm spielen. Zu Weihnachten bastele ich ihm dann ein Puppentheater. – Warum übrigens nicht eine Damenschneiderei anfangen, in der junge Mädchen das Sticheln besorgen könnten. Dabei ist viel zu verdienen. Warum schreibt mir Schmidt-Cremzow u. die anderen alle nicht? Gabst Du nicht überall meine Adresse hin? Kein Aas schreibt. Jeder mit sich selbst beschäftigt, ist ja erklärlich.

Ich trage hier ständig entweder ›die‹ schwarze Hose oder meine grüne amerikanische Unterhose als Short, dazu Wollhemd mit oder ohne Pullover. Meine einzige Kleidung, aber restlos zufrieden mit diesen Schmierlappen.

In meinem Koffer wohl gehütet noch eine Schreibmaschine u. ein paar Bücher u. wenig Wäsche, dazu 1 amerik. grüne Steppdecke u. Wolldecke, mein ganzer Besitz, vereint in 2 Handkoffern u. 1 kleinen Wäschesack. Mein sehr neuer feldgrauer Umhang ist im Rot-Kreuz-Paket und wartet auf Verarbeitung für Dich!

Liebes, Liebes, ich küsse Dich in heißer Liebe, innig, weich u. tierisch, ganz wie es mir gerade um den Sinn ist. Ich bin noch Dein alter Botho, verlaß Dich darauf!

Dank für die überraschenden Avus-Zigaretten, große Freude. Meine amerik. Zigaretten zu Ende. Tauschte hier durch den Zaun Unterhose gegen belgischen Tabak, abscheuliches Zeug. Letztes Päckchen Zigarettenpapier geht auch zu Ende. Schick also bitte weiter von den letzten Reserven im Blechkoffer, falls noch vorhanden. Cognac gegen amerik. Zigaretten geht wohl nicht zu tauschen.«

Aus Bothos Briefen vom 2./3. September 1946, den Tagen der Verlegung von Belgien nach Deutschland, erschließen sich seine tief enttäuschten, schlicht rationalen, aber auch politisch wertenden Empfindungen bei der Rückkehr in heimische Lande:

»Der letzte Brief aus diesem belgischen Lager bei Brügge. Heute fahren wir nach Munster ab. Die paar Klamotten waren schnell gepackt. Es scheint dort nicht fürstlich zu sein, denn wir mußten sogar unsere armseligen Kistenbretter-Tische mitverladen, die wir improvisiert hatten. 26 Stunden Bahnfahrt, wir werden gerädert ankommen. Wir sind froh, von dem scheißkalten Kanalwetter wegzukommen, wenn es auch eine traurige Rückkehr in die Heimat ist.

Auf Fahrt von Belgien nach Munsterlager. Es ist 6:00 Uhr früh, wir halten in Krefeld, um ›Mittagessen‹ zu fassen. Wir werden heute abend dort sein. Man will für bis zu 600 Generäle und 2.000 Offiziere Raum hergerichtet haben. Also wieder in neuen Käfig, man schleppt uns von Käfig zu Käfig, nunmehr also auch innerhalb Deutschlands. Krefeld liegt zerstört und verbeult. <u>1932 stand ich hier als Polizei-Major!</u> Wir halten z Zt. auf Dortmund Hbf – ich blicke über die völlig zerstörte Stadt hinweg –

mein Besitztum von hundertfünfzig Häusern bei Ehe mit Ruth nun auch im Schutt! – So und überhaupt: Du bist mir liebes Liebestier! Wir fuhren durch das trostlose Ruhrgebiet – das ist ja in Jahrzehnten nicht wieder aufzubauen. Der Verbrecher Hitler hat ganze Arbeit getan. Die Bevölkerung freundlich uns zuwinkend, also scheinen die vielen Generalsuniformen trotz Rot kein rotes Tuch für die Leute zu sein. Der Engländer steht mit gepflanzten Bajonetten auf dem Bahnsteig um unseren Zug herum, als wenn wir Goldwert hätten, wir armen Pintscher. Es mutet nun 1½ Jahre nach Kriegsende und angesichts der hoffnungslos zerstörten Industrie als Hintergrund mehr als lächerlich an, hier unter solch waffenstarrender Bewachung durch sein eigenes Land zu fahren. Sonst verhält er sich aber loyal und ordentlich, so daß man seine Ruhe hat. Wir haben sogar zwei kleine Polstersitze, gegenüber den Viehwagen, in die wir als Begrüßung in Antwerpen gesperrt wurden, also ein Fortschritt. Diese 24 Stunden Fahrt sind das Einzige, was wir nach Ankunft in Europa von der Außenwelt zu Gesicht bekamen. So tankt man alle Anblicke durstig in sich hinein. Städte und ihre Zerstörung sowie Haltung der Bevölkerung entspricht durchaus unseren Vorstellungen. Lustlos und von allem die Nase voll, übersättigt mit Hurra und Heil und nüchternem Katzenjammer, so mußte es ja auch kommen. Wer vorher warnte, wurde von demselben Volk, das jetzt mit stumpfen Augen einen anstiert, beschimpft und angezeigt. Nun, wo sie endlich merken, wie weit man kommt, wenn man immer nur ›dem kleinen Mann aus dem Volke‹ nachläuft, stehen sie da und wissen gar nichts mehr zu denken, weil keiner mehr da ist, der befiehlt, was gedacht werden muß. Man kramt irgendwo nach Regungen des Mitleids mit diesen ›Verführten‹, aber es will sich nicht recht einstellen, weil man nicht vergessen kann, wie sehr gerade der ›kleine Mann‹ geschrien hat. Was haben sie mich noch beschimpft, als ich Schluß machte, um sie selber am Leben zu erhalten. Aufhängen wollten sie mich. Nun sind sie selber wie aus einem Opiumtraum erwacht und stehen da und glotzen.

Liebes, wir wollen bloß froh sein, daß wir nicht in solch einer entsetzlichen Trümmerstadt zu wohnen brauchen. Mag sein, daß wir in Böblingen auswachsen werden ab u. an, wie Du ja schon sehr verständlich 1.000 x tatest. Aber immer noch 1.000 x besser dort gegen die Bäume gucken als täglich dies herzlich trostlose Trümmerfeld von Straßenschluchten. Inzwischen fahren wir wieder. Hamm, Rolfs Stätte der Lust, zog total zerstört vorbei.

Ich selbst sah mich übrigens zum ersten Mal seit 2 Jahren in einem Spiegel (auf der Toilette des D-Zugwagens) wieder an (außer einem winzigen Metallspiegel hatte ich sonst keine Gelegenheit gehabt). Naja, die Falten sind ein wenig herber geworden, die friedliche Seelenglätte vollgefressener Landpfaffen ist nicht mehr drin, irgendwo hat sich doch der Ernst der 2 Gefangenenjahre niedergeschlagen. Aber sonst geht es noch, und ich weiß, daß Du manche Falte daraus wegküssen wirst, wenn ich erstmal bei Dir bin.

Über Entlassung ist nichts raus. Der Engländer soll in 3 Kategorien einteilen. 1. Unbelastete und verbrauchte Deppen, 2. noch spannkräftige aber nicht ganz so Gefährliche, 3. die ganz furchtbar Gefährlichen. Nanu, ich räumte mir ein die Nr. 1. Diese edle Sorte ›soll‹ der Engländer bald entlassen wollen. Ob das alles Mist oder noch mehr ist, weiß der Himmel. Diese vier Monate in ›2226‹ waren in jeder Beziehung bitter. In einer lärmigen, dreckigen, kalten und überfüllten Wellblechbude nie, nie allein, auch nicht eine einzige Sekunde allein, leben zu müssen mit Tierblick gegen die Nachbarbaracken-Dachpappwände. Nur die Wahl zwischen ›Deinem‹ Klappstuhl oder ›Deinem‹ Strohsack, ohne Zeitungen, ohne Bibliothek, ohne alles, mittags 1 Blechnapf voll Suppe hingewischt, etwa abends um 5:00 Uhr ein Stück Brot mit einem Teelöffel voll Zucker – das genügt! Aber ich habe ja doch wohl eine geringe Portion Energie, mit der ich das alles meisterte. Wenn ich meine englische Grammatik, das Wörterbuch und ein paar landwirtsch. Lehrbücher nicht gehabt hätte, wäre ich geistig vor die Hunde gegangen. So habe ich doch 2 leere Jahre wenigstens mit dem engl. Dolmetscher (›Gut‹) abgeschlossen und sie sind neben allem anderen Innerlichen nicht ganz umsonst gewesen. Ich kam ja in Gefangenschaft ohne außer yes und no ein Wort zu wissen. Und jetzt ist Spanisch dran. Das geht 10 x so leicht. Vielleicht kann ich die Sprachen als alter Völkerbunds-Delegierter doch noch mal gebrauchen.

Draußen dehnen sich freundliche Felder in der Herbstsonne. Herr Gott, was hatten wir für ein schönes Vaterland und waren ja auch Gott weiß reich und satt genug, ohne noch immer mehr und mehr haben zu wollen.

Ich suche nach Gefühlen bei dieser Wiederkehr in mein Heimatland nach jahrelanger Trennung. Aber mein Herz ist zutiefst angefüllt von einer großen Bitterkeit nicht nur gegen diese Hitlergauner selbst, sondern doch auch gegen mein ganzes Volk, daß es nicht die Kraft und den Willen fand, diese Schweinerei aus seinem einst so sauberen Stall auszukehren, als es noch Zeit dazu war und alle Vernunft danach schrie. Mit der ›Verführung‹ und ›Knechtung‹ alleine ist das nicht abzutun. Und so empfindet man sein Opfer, daß man sich 8 Jahre hat in der Fremde rumtreiben müssen, nicht nur als sinnlos sondern auch als schade. – Und nun kommt dieses selbe Volk und will einen als ›Militaristen‹ in ›Sühne‹ nehmen! Ich vermag darüber noch nicht einmal mehr zu lachen.

Ich denke, wir werden aber noch andere Dinge finden, Liebes, worüber wir beide wieder das Lachen lernen werden, denn ich glaube, daß wir es regelrecht erst wieder zu lernen haben werden ...«

Die erste kleine POW-Karte aus Munsterlager vom 5.9.46 läßt in nüchterner Klarheit ein Bild von den neuen Lebensumständen als POW – nunmehr im eigenen Land – entstehen:

»Liebes! 24 Stden. hier. Umstehend nun die endgültig richtige Adresse. Alte Post wird nachgesandt. Bitte neue Adresse <u>allen</u> mitteilen. Unterkunft besser, Kasernenblock, Mannschaftsstube durch Holzwände in 3 schmale Boxen geteilt für je 1 General. So hat man wenigstens in richtigem Haus ein schmales Handtuch von Raum 2 x 4 Meter für sich mit Tisch, Stuhl, Bett, Spind (Holzfußboden), womit die Bude dann auch knüppelvoll. Blick auf Kiefernkuppeln, Nachmittagssonne, Glück, da andere nur Nord u. gegen Kasernenmauern. Sonst nur eingedrahteter Kasernenhof mit ein paar Bäumen. Eng belegt, auf Schritt u. Tritt PW's. Verpflegung genauso schlecht wie in Belgien, womöglich noch knapper. Ich bin traurig, Dir nicht schreiben zu können, daß Päckchen nun unnötig. Es langt eben nicht u. man denkt immer wieder an den verdammten Magen. Neben Kartoffeln u. Haferflocken sind auch Graupen u. Weizenschrot oder Grütze pp. zum Andikken der dünnen Mittagssuppe sehr gut. Wenn Du Zwiebeln oder Mohrrüben, auch Erbsen mal hast. Bitte weiter Zigaretten, wenn noch da. Hochwichtig wäre elektr. Tauchsieder od. el. Kochplatte od. Kocher, vielleicht hat Trude Braun Tauchsieder übrig. Bitte <u>helle</u> Birne, Steckkontakt (auch die Dose dazu). Bitte 1 Vorhängeschloß, da Tür sonst immer offen. Bitte kl. Spiegel, einfache Postkarten, da Formulare hier wegfallen. – Besuch durch Angehörige soll demnächst erlaubt werden. Näheres noch nicht bekannt. Plane aber bitte schon, wie Du dann evtl. Haus u. Welf versorgst, wenn Du Reise hierher unternehmen würdest. Lieber wäre mir, ich könnte in nicht zu ferner Zeit selbst entlassen werden, so daß Deine Reise unnötig. Aber darüber ist noch gar nichts raus. Nach sehr schneller Entlassung sieht es hier nicht aus, da alles erst jetzt für uns hergerichtet wurde. Fahrt durch Deutschland war erschütternd, nirgends Leben, Hannover in Ruinen. Liebestier, ich bin wieder in Deutschland u. damit Dir wieder einen Schritt näher. Also hoffen wir weiter. In zärtlicher Liebe, Dein Botho.«

Das so vermittelte Bild wird durch Schilderungen in Briefen vom 10. und 22. September noch plastischer.

»... Gestern kam das 2. Drittel aus unserem alten Lager in Belgien an und so bekam ich die aufgelaufenen Päckchen mitgebracht. Ich bin tiefgerührt über Deine ständige liebe, liebe Fürsorge. Die Verpflegung ist hier noch dünner als drüben. Ich koche mir (mit geborgtem Tauchsieder eines Kameraden) einen Schwung voll Kartoffeln gleich für 2–3 Tage auf einmal und habe dann Pellkartoffeln zusätzlich zum abendlichen Brot, teils zur Mittagssuppe, so daß der Bauch voll wird. Wenn Du mal an Zwiebeln kommst, sie verlängern den dünnen Aufstrich. Brot mit Zwiebeln oder Pellkartoffeln mit Zwiebeln sind völlig ausreichend. Ich habe immer nur die große Sorge, daß ich Euch zuviel entziehe. Deshalb, Liebes, bitte denke auch an Dich selbst u. schicke nicht alles hierher. Die Paketrevision ist schon wesentlich oberflächlicher, ich sprach mit dem kontrollierenden Engländer in seiner Muttersprache. So ist mir das Paket mit dem Aluminium-Kochgeschirr hochwillkommen, Du praktisches liebes Tier! Und das Nudelpäckchen Nr. 12 vom 29.8.: Ich staune ob Deines Hamstersinnes aus dem ersten Kriegsjahr. Hitlermarke mit ›Aschloch‹ bezeichnet machte mich sehr lachen, wobei aber ein richtiger Arsch sich mit einem R schreibt. Wenn ich man Deinen süßen erst in meinem Schoß fühlte – Du liebes Tier und wollüstiges Weib Du – ja – nein – ich habe gar, gar nichts verlernt, nur restlos aufgespart für Dich süße Geliebte.

Wegen der Rot-Kreuz-Briefe: Wegen meines Spaniengepäcks habe ich gerade vor 14 Tagen nochmal durch den amerik. Rotkreuz-Vertreter aus der Schweiz, den ich persönlich sprach, je 1 Brief an Genf und an Madrid mitgegeben. Ich hoffe noch sehr, daß die Sachen noch da sind. Sie sollen bei einem spanischen Spediteur in Irun/span.-franz. Grenze eingelagert sein, wie mir ein POW-Offizier meines Stabes in USA sagte. Er hatte von einem Bekannten aus San Sebastian nach USA Nachricht bekommen, daß dieser seine Sachen aus dem Lagerhaus an sich genommen hatte. Also hapert es wahrscheinlich nur vorläufig noch an der Transportfrage Spanien – Deutschland. Das gleiche gilt ja für die USA-Pakete in Genf. Aber eines Tages werden sie ja ankommen u. dann hoffentlich mit den ca. 2–3000 amerik. Zigaretten, die ich reinpacke!!

Denn die Rauchfrage ist hier ja eine Katastrophe. Durch Dein Schicken habe ich immer noch was, wenn auch knapp. Nur Zig.-Papier geht ganz aus und man raucht mit Lokuspapier, was weniger schön schmeckt, obwohl es sogar noch unbenutzt ist! Mit meiner vermeintlich sicheren Reserve von weißem Seidenpapier aus USA wische ich mir inzwischen meinen Hintern, weil es für Zigaretten zu porös ist.

– – – Ich bin ja nie richtig mit meinem Beruf als Offizier verbunden und zufrieden gewesen und ersehne den Tag, wo ich dieses dumme Titelleben endlich hinter mich werfen kann, wo die Klugheit nach Dienstgraden gemessen wird. Ich wohne hier zusammen mit einem 53jährigen Generalveterinär (Westfale, netter ruhiger anständiger kluger Mann, Frau jetzt in 1 Zimmer in Uelzen, geflohen, Sohn gefallen) und einem 40jährigen Generalmajor, früher in der Schupo, Bauernsohn aus der Altmark, aber Abitur, klug, kameradschaftlich, verheiratet, 4 Kinder, im Krieg Kdr. einer Ski-Division, breites Maul, Humor, gutes Auge, netter Kerl. Beide also gottlob keiner von dieser gräßlichen Sorte von Generälen mit dem Kopf voll Rangliste und Komißgedanken. Ich suchte sie mir aus, weil ich diese andere Kategorie nicht mehr ertrage. – Gotkowski – ich bei Rückkehr ›gelyncht‹?

Daß ich nicht kichere!! Er soll ja sein zerflossenes Maul halten, ich springe ihm sonst ins Gesicht. Der Einzige unter all diesen Jammerlappen, die aus Angst u. Verantwortungslosigkeit die Befehle zur Selbstzerstörung unseres schönen Vaterlandes knechtisch ausführten, bis sich dieser elende Schuft in Berlin mit seiner Eva totschoß, der Einzige, der in sittlichem Mut deutschen Männern ihr Leben erhielt und Schluß machte, wie sie es alle hätten tun sollen, bin ich gewesen. Glaubt dieser Jammerkapaun vielleicht, man würde mich jetzt noch wegen dieses verlogenen, schmierigen Treuegefasels, das ihnen die Sinne vernebelte, anklagen u. verfolgen? Diese Art Leute haben nichts dazugelernt u. es beweist nur, daß sicher die Verkehrten noch hinter Stacheldraht sitzen.«

Bothos Ansichten zu der allgemeinen Lage der Kriegsgefangenen in Munsterlager, seine tiefe Verbitterung darüber, aber auch seine Ohnmacht und sein dennoch nicht sinkender Lebensmut kommen in folgendem Brief vom 14.9.46 sehr deutlich zum Ausdruck.

»Liebestierchen – ... So arbeitet der Engländer völlig willkürlich u. unsystematisch; die einen läßt er seit Jahr u. Tag frei, andere, genau gleich in Rang u. Vorgeschichte, hält er fest. Uns kommt es manchmal so vor, als ob er per Zufall so die letzten Fische im Netz geketscht hat, die nun die Dummen sind. Morgen kommt nun das letzte Drittel der Lagerbelegung aus Belgien hier an; dann sind wir wieder vollzählig beisammen. Es heißt, in 14 Tagen bis 3 Wochen ›soll‹ der ›Secret-Service‹ dann anfangen zu arbeiten und die Böcke von den Schafen trennen, d.h. erst fängt er wohl bei den Junioren an, Generalstabsoffiziere und junges Gemüse vom Inspektor, Zahlmeister bis zum Hauptmann, die alle irgendwas Kleines in der Partei waren, wie eben hunderttausend andere auch, die schon längst frei sind. Dann sind hier noch ca. 50 bis 100 Obersten, die das Pech hatten, irgendwo im OKH oder im Oberkdo. der Wehrmacht gesessen zu haben oder eine Division geführt hatten u. auch noch im Netz hängen blieben. Wie blöd das alles ist, sieht man ja daraus, daß Konni v. Beguelin seit Jahr u. Tag frei ist und der ausgerechnet hat ja während des gesamten Krieges eigentlich ausschließlich im OKH, noch dazu in der sehr aktiven Abteilung von Gen. Reinecke gesessen (auch ehem. 79er). Es ist also völlig unsystematisch, warum gerade diese Leute hier noch festgehalten werden. Das Ziel dieser Abschlußuntersuchungen soll dann sein, wer entlassen werden kann. Wir rechnen dann damit, daß wir Generale dann endlich auch in die gleiche Mühle kommen u. man sich dazu bequemt, zu entscheiden, wer dann nach Hause kann u. wer noch nicht. Die örtl. engl. Lagerkdten haben damit gar nichts zu tun. Das geht alles auf dem politischen Dienstweg, d.h. letzten Endes sind es oben die Politiker, die es für gut befinden, ob wir noch festsitzen oder nicht. Das ganze ist so sinnlos, aber es ist wohl die Methode, bloß keinen auch noch so gutwilligen intelligenten Menschen frei zu lassen, wenn er die roten Hosen trägt. Man quält uns stumm u. sinnlos durch jahrelange Trennung von der Familie u. faselt uns dann was vor von Humanität. Ich z.B. bin ein völlig klarer Fall – ich verdiente seit langer Zeit, frei zu sein. Ich hänge einfach mit im Netz u. schmore hier. Und zu Hause laufen irre Nazifanatiker frei herum wie der Gotkowski u. prahlen noch damit, ich würde ›gelyncht‹, wenn ich heimkäme! Feine Sache diese Logik. Wie oft hat uns der Amerikaner u. dann der Engländer ›versprochen‹, nun ginge es endlich los u. die Entlassung begänne. Jedesmal wars gelogen und keinerlei Versprechung wurde eingehalten. Am 5. März fuhr ich von dem Lager Dermott/Arkansas ab mit der festen Zusage, es geht nach Haus u. innerhalb drei Wochen spätestens wäre ich bei meiner Familie. Man nahm mir meine ganzen Uniformen weg, gab mir 2 Hosen u. 2 Hemden u. 1 Mantel (schwarz gefärbt) und das sind die einzigen Sachen, die ich jetzt noch habe. Damit läßt man uns nun einfach rumsitzen. Feine Leute, das muß man sagen; durchaus berechtigt dazu, uns Anstand u. gute Sitten zu lehren!

Aber glaub nicht, wenn ich das hier so breittrete, daß ich davon nun niedergebeugt bin – ich kenne diese Methoden, verstärkt durch miserable Verpflegung und, in Belgien, durch eine Unterbringung, wie man sie sonst nur chinesischen Kulis zumutet, lange genug und kann diese Siegervölker bedauern, daß sie sich selber so um ihren guten Ruf bringen. Viele wissen das natürlich genauso wenig, wie wir die Sauereien gewußt haben, mit denen die Gestapo arbeitete. Aber das spricht die verantwortlichen amerik. u. engl. Stellen nicht frei. Ich würde jedenfalls als Sieger nicht so schäbig handeln.

Hier hat man anscheinend den guten Willen, uns wenigstens die primitivsten Selbstverständlichkeiten eines Kriegsgefangenen zukommen zu lassen. Die Unterbringung ist in unseren Steinkasernen je eine Mannschaftsstube, durch Sperrholzwände in 3 Käfige geteilt, von denen jeder 2 x 4 m groß ist und 1 General beherbergt. Eine Gefängniszelle ist unwesentlich kleiner. Der Grundriß sieht also so aus: (Zeichnung). 1 Bett, 1 Stuhl, 1 Tisch, 1 Spind machen diesen Käfig so voll, daß ich mir morgens bei den Freiübungen die Knochen kaputt haue. Und so wohnen wir wie die Kanarienvögel korridorlang und stockweise übereinander zu hunderten von Generälen und Admirälen! Das ganze ist auf 300 x 300 Meter eingedrahtet und nachts von Lampen am Stacheldraht entlang taghell beleuchtet und mit Postentürmen besetzt. Wenn man näher als 5 Meter an den Zaun herangeht, wird ohne Warnung scharf auf einen geschossen. Bei Tage hörst Du stundenweise die Artillerie-Schießübungen der Engländer auf dem Übungsplatz. Im übrigen stierst Du gegen die gegenüberliegenden Kasernenmauern. Ich habe das große Glück, mit meinem Fenster nach ›draußen‹ zu sehen, d.h. über die Kiefern des nächsten Waldrandes! Von morgens bis abends knallen auf dem Steinkorridor die Nagelstiefel und wird zu irgend etwas herausgepfiffen, 2 x täglich zur ›Zählung‹, ob auch noch alle da sind, da steht dann der Haufen von ca. 800–1000 Menschen im Karree auf dem Kasernenhof rum, in Zehnerreihen, Vordermann, Seitenrichtung, Meldung, Stillstehen – dann morgens zum Frühstück, mittags zur Suppe, abends zum Abendbrot (schon um 17:00 Uhr!), zwischendurch noch ein paarmal zum Postempfang, Seifenempfang, Päckchenempfang, Handtuch‹empfang‹ und was weiß ich noch für ›Empfang‹. Nur nicht zum Besuchs‹empfang‹. Denn der ist verboten und die armen Frauen, die in der Hoffnung (wie es uns vom Engländer in Belgien versprochen war), sie könnten nun mal endlich für eine Stunde ihre Männer sehen (wenn auch in Gegenwart eines englischen Postens), wurden mitleidlos weggeschickt, ohne ihren Mann gesehen zu haben, obwohl sie z.T. ein paar hundert Kilometer gefahren waren u. sich die Nächte auf der Bahn um die Ohren schlugen. – Abends gegen 22:00 Uhr tritt dann allmählich Ruhe ein, soweit Dich durch die pappdünne Sperrholzplatte der Nachbargefangene nicht im Schlaf zersägt.

Aber wehe, wenn Du bei diesem Komißbetrieb ›Militarist‹ bist! Na ja, da können selbst die Hühner lachen. Ich lache schon lange über diese irrsinnig gewordene Welt. Und ich muß doch den Amerikanern zu gute halten, daß sie solchen Blödsinn mit uns nicht gemacht haben. Sie gaben uns eine Wohnung, natürlich auch im Lager, was allerdings einen mehr symbolischen Zaun aus blankem Draht hatte (ich habe drüben nie Stacheldraht gesehen), aber öffneten uns durch ihre Zeitungen, Bücher, Universitätsstudien, Filme usw. den ganzen geistigen Reichtum ihres freien und herrlich ungezwungenen Landes. Wir amerik. POWs haben fast alle dieses Land lieben gelernt. – Was hier gemacht wird, ist stumpfsinnigster Komiß, der uns nicht abbringt von diesem blöden Militarismus sondern uns Schritt und Tritt mit der Nase darauf stößt.

Ich werde den Tag segnen, wo ich endlich diese Uniformen und diese Militärallüren nicht mehr mit dem Hintern anzusehen brauche, ich habe den Komiß ja nie geliebt und bin immer wieder durch den Lauf des Lebens dahin zurückgezwungen worden – unsere ganzen Freunde und Bekannten sind ja auch immer andere Berufe gewesen und um Offiziere haben wir immer einen großen Bogen gemacht: Wenn man schon den ganzen Tag damit zu tun hat, dann abends und auf Ferien bitte etwas anderes. Na, nun ist das Leben ja zu ¾ rum und ich hoffe wenigstens auf einen zivilen Rest ... Ich bin deshalb aber nicht niedergedrückt. Nein – so weit langt es nicht mehr – wenn man ins dritte Jahr der Gefangenschaft geht, wie ich jetzt, hat man sich darüber die Hörner abgestoßen und sich seine eigene Weisheit zugelegt, wenn man überhaupt etwas Innerliches aufzuweisen hatte. Ich habe von Anfang an meine Freunde nicht unter den Menschen gesucht, sondern bei den Büchern und bin gut damit gefahren ... Und ich bin soweit ganz friedlich, nur der ständige, stündliche, tägliche, immerwährende Gedanke bist Du in Deinem Alleinsein, Deinen Sorgen u. Deiner Not, daß Du seit Jahr und Jahr dasitzt und wartest, treu und lieb und traurig wie Solveigh und ich kann nicht kommen und nicht trösten und nicht helfen. Und der Schmerz um die nutzlos wandernden Jahre – gerade jetzt sind es zwei Jahre, daß ich freiwillig Schluß machte und mit wirklich großer Geste den Amerikanern zeigte, seht her, hier ist nochmal ein deutscher General ohne Furcht vor diesem verbrecherischen Wahnsinnigen, einer, der die allgemeine menschliche sittliche Verantwortung höher stellt als alle Drohungen und in ehrenhafter Form Schluß zu machen versteht, der nicht zu feige dazu ist, Menschenleben zu retten, wenn ihr Opfer sinnlos vertan worden wäre.

Wo sind diese zwei Jahre hinabgeflossen in den großen Strom der Zeit? Sie sind wie im Fluge oder wie im Traum vergangen – und in wenigen Wochen jährt sich dreimal der Tag, als unser Haus zerbombt wurde und ich das letzte Mal für längere Wochen bei Dir war. Und all die lange, lange Zeit warst Du dann ohne mich! Die schlimmsten Zeiten allein! Das ist bitter, zu denken. Und schon deshalb zieht es mich mit allen Fasern nach haus. Wir haben soviel aneinander nachzuholen, Liebestier, in all und jeder Form. Und ich kann Dir immer noch nicht sagen, wann das sein wird. Jeder Verbrecher weiß vom Richter seine Strafzeit und kann sich in seiner Zelle einen Strichkalender anlegen, der ihm sagt, wann die Stunde schlägt. Uns läßt man ohne diese aufrichtende Hoffnung ...«

In der großen Zahl der Briefe, die Botho in diesen letzten Monaten der Kriegsgefangenschaft an seine Frau schrieb, finden sich immer wieder ähnliche Gedankengänge, Schilderungen der Umstände des Lagerlebens, Danksagungen für Paketsendungen, Bitten um »Kleinigkeiten« usw. In einem Brief an seinen Bruder Hanns-Martin vom 27.9.1946 äußert er seine Gedanken um Deutschland:

»Lieber Hanns-Martin u. Dorette,
inzwischen sind einige Wochen vergangen durch unsere Verlegung von Belgien nach hier, ohne daß ich Dir auf Deinen lieben, langen Brief vom 19.8. mit dem Trockengemüse-Paket, das rührend lieb von Dir war, gedankt habe.

Wir wurden Anfang September nach hier verlegt, wo man nun die ganzen Rotbehosten von Heer, Luftwaffe u. Marine, die der Engländer hat, zusammenzieht. Hier läuft z. Z. eine englische Überprüfungs- und Untersuchungsbehörde an, die jeden Einzelnen auf Entlassungsmöglichkeit oder weiteres Festhalten prüft. Solche, die wegen aktiver Kriegsvorbereitung, Naziaktivität oder wegen Kriegsverbrechen in die Gruppe 1 oder 2 (Hauptschuldige oder Belastete) eingereiht werden, bleiben wohl noch einige Jahre interniert, die anderen werden aus der Gruppe 2 in die Gruppe 3 (Minderbelastete) überführt und dann (wann?) freigelassen. Eine geringe Zahl, deren Fall klar liegt, wird ohne Verhör und Verhandlung in Gruppe 3 eingestuft u. freigelassen. Als Entlassener kann u. wird man dann vor den deutschen Spruchkammern überprüft, ob man in 3 drinbleibt oder nach 4 (Mitläufer) kommt oder gar nach 5, und somit als ›Entlasteter‹ gilt. So das Verfahren. Wer also hier entlassen wird, ist vorweg sozusagen ›halbentlaust‹, den Rest sollen dann die deutschen Kammern machen, die nicht das Recht der Zurückstufung von 3 nach 2 haben. Ich sehe dem Verfahren mit Ruhe entgegen, möchte annehmen, daß ich gar nicht reinkomme, denn bei mir liegen ja handgreifliche Beweise genug vor, daß ich weder das eine noch das andere gewesen bin. Es fragt sich also nur, wann sich endlich die Tore für mich öffnen.

Ich glaube, mit Recht Anspruch darauf zu haben, nachdem Hunderttausende seit langem frei sind, von denen recht viele wohl sehr aktive Naziparteigänger waren. Man hat mir auch erklärt, daß ich mit längerem Festhalten nicht zu rechnen habe, nur eine vorzeitige Einzelentlassung könnten sie aus prinzipiellen Gründen nicht durchführen.. So hänge ich hier weiter mit im Netz und zu Hause wartet Gisela nun schon das 8. Jahr einsam auf mich wie eine Solveigh, während ich mich sinnlos in der Weltgeschichte rumtreibe. – Der deutschen Spruchkammer will ich dann schon ein Licht aufstecken, ich verlange nicht nur die sofortige Einstufung in 5 als Entlasteter, sondern im Gegenteil den Dank des Landes. – Während es ja üblich war, mit den Zahlen der Toten um sich zu schmeißen u. zu prahlen, die irgendeine Division hat opfern müssen, habe ich unter Einsatz von Kopf und Kragen dem Vaterland 20.000 <u>lebende</u> Männer zurückgebracht und habe mich dafür von den verrückt gewordenen Nazi-Prisoners verfolgen und beschimpfen und von der Gaunerregierung zum Tode verurteilen lassen müssen. Welch ein Massenwahnsinn – hätte dieser Hitlerlump sich ein halbes Jahr früher zusammen mit seinem Verhältnis totgemacht, dann ständen jetzt noch Jahrhunderte deutschen Städtebaus! So aber mußte erst Deutschland untergegangen sein, ehe sich dieser kriminelle Wahnsinnige vergiftete und dann mit Benzin übergießen ließ. – Dann aber stand im selben Augenblick dieses hypnotisierte Uhrwerk still. Oh, Oh, wir haben es der Welt wirklich leicht gemacht, uns auszuschalten, anstatt eine vernünftige Friedenspolitik zu betreiben! – Aber Menschen unter Mitte 50 durften überhaupt nicht an die verantwortlichen leitenden Stellen eines Volkes heran gelassen werden. Schon 1918 schrie ja die damalige ›Jugend‹ nach Macht – rückblickend ist dabei dann nichts weiter rausgekommen als diese Hitlerschreierei. Das ist ja das Prinzip in England, daß man dort nur weißhaarige Köpfe zur Leitung der Geschicke des Volkes ranläßt. Und in Amerika ist's nicht anders. – Ja, und nun sind wir selber alt und sehen zurück und bedauern ja wohl aufrichtig die Jugend, die nun dieses Erbe übernehmen muß, ob sie nun will oder nicht. Ihr wird wohl, später heranwachsend, jegliches Verständnis, aber auch jegliche Erklärung für dieses einmalige Phänomen masochistischer Selbstzerstörung eines Volkes und seines Landes fehlen. Und ich stelle es mir sehr schwer vor, mit solch einer Lücke im Wissen um das Werden eines Volkes leben zu sollen und wäre begierig, noch zu erfahren, welche Art von Geschichtsbild man sich in späteren Jahren von dieser Epoche der Hysterie und der Hypnose machen wird. Denn wenn die letzten Lumpen aufgeknüpft sein werden, dann ist ja wohl der Zeitpunkt nahe, wo die mehr geschichtliche Betrachtung der vergangenen 12 Jahre einsetzen und seine ersten Ansätze nehmen kann. Ich halte es für den zukünftigen Weg unseres deutschen Volkes für viel entscheidender, wie diese Betrachtung sich dann formt, als ob hier oder da eine Fabrik mehr oder weniger gebaut wird. Das derzeitige deutsche Schrifttum lebt ja leider immer noch auf dem Niveau des posthumen Geschimpfes. Sie hätten man früher schimpfen sollen, die Zahl der Märtyrer unter den Redakteuren und sog. Geistigen ist nicht so groß, wie man es gerne möchte. Und auch eine deutsche Hugenottenbewegung großen Stils hat es nicht gegeben. Deshalb sind die heutigen Ergüsse nicht sehr erfreulich zu lesen. Jeder will mit und zwischen den Zeilen auch gleich seine eigene neue Lizenz sich erschreiben. Und wenn das arme Volk soviel zu fressen hätte wie an schnell hochgeschossenen Zeitschriften zu lesen, dann wäre alles satt. Aber alles macht plötzlich in hochgeistiger ›kultivierter‹ Schau und stolziert auf dem Kothurn zwischen den Ruinen herum wie der letzte Pfau. Man weiß doch ganz genau, daß der Kothurn in der Klassik auch nur gebräuchlich war, als die Säulen des Parthenon noch standen, aber nicht, als zwischen den Trümmern die barfüßigen Ostgoten rumstapften. – So glaube ich diesen ganzen Zeitschriftenspuk zum sehr baldigen Tode verurteilt, wenn sie sich nicht anders einstellen. Denn es ist noch nicht einmal neuer Wein in alten Schläuchen, sondern ganz schäbig abgestandener von vorgestern. Wir kriegen hier durch die Vielzahl der Insassen einen ganz guten Überblick, weil jeder mal was anderes anbringt an Druckerzeugnissen.

Wie sehr mußt Du, lieber H. M., darunter leiden, aus dem gegenwärtigen Werden so ausgeschaltet zu sein. Es müssen sich da doch Mittel und Wege finden, daß Du wieder reinkommst. Diese ganze Spruchkammer-Bürokratie ist ja doch nicht viel mehr als eine klägliche beamten- und aktenmäßig gesteuerte Revolution – auch so etwas typisch Deutsches. Anstatt die Hauptgauner mit den Beinen nach oben á la Mussolini an der nächsten Tankstelle aufzuhängen. Mich wundert nur, daß es zu den 5 Klassen nicht auch noch 3+ und 2– Zensuren gibt. So was kann man eben nur machen, weil alles in Agonie dahinsiecht und nix zu Fressen da ist. Oh, es ist schon zum Kotzen, daß man sowas alles ernst nehmen soll. So sitzen auch wir hier auf unsere Zensuren wartend, mit denen man dann entweder nach Hause gehen kann, um sich von Vater Staat <u>nocheinmal</u> den Hintern versohlen zu lassen, oder mit denen man hier nachsitzen muß.«

Aus einem weiteren längeren Brief Bothos an Gisela vom 4./5.10.46 sind viele Details zu entnehmen, die für das Verständnis der Gesamtsituation dieses seit Jahren getrennten, geistig aber voll übereinstimmenden und sich innig liebenden Paares von besonderer Bedeutung sind. Schilderungen des Lagerlebens wechseln ab mit politischen Betrachtungen, Darstellungen primitivster Lebensbedürfnisse gehen einher mit Gedanken zur gemeinsamen Zukunft, Intimstes wird ausgetauscht, ebenso wie alltägliche Banalitäten.

»Liebstes – Pakete Nr. 16 (Kochplatte) und Nr. 18 (Holzkistchen mit grüner Decke, Eipulver pp.) und Nr. 20 (?) vom 26.9. (Zigarrenkistchen mit Mürbekeks, Zigarettenpapier pp.) sind nun alle da. Es sind also alle Pakete vom 3.9. Nr. 13 bis 27.9. Nr. 19 da. Inzwischen kamen heute 5.10. auch noch Nr. 21 und 22! Überhaupt sind alle von Nr. 1 ab da. Keines ist vermißt. Also allerhand Zuverlässigkeit der Post.

Menschenskind – Du bist eine Mordsfrau.

Als ich beim Auspacken vor der Kontrolle die Kochplatte sah und er auch, guckten wir uns beide verständnislos an und dann war's ›okay‹.

In die Pakete lege bitte immer obenauf einen kurzen Gruß von 1–2 Sätzen, wenn der gesehen wird, dann ist die Suchbegierde nach Briefen gestillt u. man läßt den übrigen Inhalt meist ungeschoren. Wenn sie aber im Paket gefunden werden, verzögert das den Empfang, denn sie müssen erst zur Zensur.

Ja, Liebes, wo soll ich anfangen? Die Kochplatte ist der Trumpf von allem. Nun kann ich endlich wieder kochen, ohne daß der Tauchsieder überanstrengt wird u. das Zeug an ihm anklebt u. anbrennt. Gestern stieg die erste grüne Erbsensuppe u. heute dicker Porridge von Haferflocken.

Die Glühbirne schafft endlich helles Licht u. spart mir Augenpulver.

Du sollst kein Butterfett schicken u. auch nicht das angekündigte Schmalz!! Das sollt Ihr beide selber essen u. wieder rund werden, hörst Du? Ich habe noch Öl zum Braten, wenn ich was brauche, werde ich schreiben. Der Senf ist ein Erlebnis!! Wunderbar. Auch die Würste sind wunderbar, aber die sollst Du in Deinen Bauch tun! Zwiebeln stopp – erstmal Vorrat da. Holzteller prima – gerade ersehnte ich ihn! Benutze ihn nun täglich. Vorhängerschloß sehr nötig für meine Budentür, später für Koffer.

In der Holzkiste vom 23.9. war leider das Marmeladenglas mit Brombeeren in Scherben gegangen. Es hatte die 4 Zigarren durchtränkt u. ebenso die Zwiebeln u. floß aus der einen Ecke raus. Gottlob war die grüne Decke nicht betroffen, die Zeitungen hängen rot vollgesogen zum Trocknen. Die beiden Gläser Eipulver u. Trockenkäse blieben wie durch Wunder heil. Kann ja mal passieren, wenn man bei der großen Not an Packmaterial ohne Pufferfederung packt.

Die grüne Decke ist sehr lieb von Dir, ich werde sie hüten.

Bitte außer Gardine u. einfacher bunter Decke sonst aber nichts mehr von solchen Sachen schicken, bloß keinen Teppich! Um Gottes willen – in dieser Scheißbude! Außerdem muß ich das dann alles bei Entlassung zurückschleppen. Höchstens nochmal einen Emailletopf mit Henkel u. passendem Deckel, ich koche z. Zt. in Konservenbüchsen, sie sind etwas dünn u. brennen leicht an. Aber es geht sehr gut, also, wenn Du knapp, dann bitte nicht.

Und dann kam das Zigarrenkistchen mit dem Mürbekeks, 2 Waschlappen, 8 Zigarren, Zeitungen – in denen Dein Brief vom 26.9. entdeckt wurde mit den Nebenbriefen von Andrea, Mutter pp. – und dem Zigarettenpapier – Mensch – ganz groß!! Wo hast Du das nur her? Und gibt's davon mehr? Dann hamstere!

Und schließlich Päckchen Braun mit Trockenkäse, ungebranntem Kaffee! Und 6 Zigaretten! Zu lieb von Trude, danke ihr dafür. Ebenso Walliser für höchst generöse 3 Pakete Haferflocken, Grünkernmehl, 6 Suppenwürfel, 1 Tüte Gries und lieben Worten von Irene W. vom 26.9. – wunderbar! Porridge ist meine Lieblingsspeise geworden.

Und endlich: Heute von Grete aus Braunschweig vom 1.10. ab, schon 4.10. hier ganz überraschend ein großer runder Kringel grobe Mettwurst u. ein paar Kekse. Fabelhaft.

Nun siehst Du, Du sollst mal etwas stoppen u. selber essen, ich kann erstmal von dem Vorrat sehr gut leben ohne daß Du Sorge zu haben brauchst.

Halt, noch 2: Elly schickte Kartoffeln, Weizengrütze und einige Äpfel u. Birnen. Und Leni schickte Pumpernickel (von dem aber die Hälfte der Scheiben grün durchgeschimmelt waren, weil wohl sehr frisch u. feucht versandt. Besser wäre, sie vorher lufttrocknen zu lassen, wenn sie dann auch trockener hier ankommen, schadet das nicht, ich mache sie in Büchse dann wieder frisch u. feucht).

Also, Liebestier, nun siehst Du, was alles an lieber Fürsorge hier ist, es war ein Strom von Segen u. ich bin wirklich tief gerührt u. muß nun immer wieder bitten, stopp u. tue etwas für Dich u. glaube nicht, ach, es geht ja auch so u. dies u. das kannst Du noch sparen u. aufheben. Nein: Du sollst ordentlich in Dich hineinfuttern u. aufholen. Ich habe ja nun wirklich Erfahrung darin u. weiß, daß in Zeiten, wo man nichts ordentliches im Bauch hat, man matt u. müde u. auch im Gehirnkasten leer ist. Man merkt das erst, wenn man mal wieder den Bauch voll hat, wie der Kopf ganz anders denken kann. Wir nennen das hier ganz typisch ›Prisonergedächtnis‹, wenn einem die landläufigsten Namen von Bekannten oder Vokabeln pp. nicht einfallen wollen, es ist einfach Blutleere im Gehirn, vom allgemeinen Kräftezustand rein körperlich ganz abgesehen. Denk also nicht, ach, das geht ja noch so, nein, Du mußt was für Dich tun u. Dir abends nach der Tagesraxerei, wenn der Körper ausgepumpt ist, durch einen dicken Haferporridge oder sonst was etwas voll in Deinen Bauch tun, dann hat der Körper nachts Zeit, das restlos aufzusaugen. Morgens ißt Du ja vor lauter Zappeligkeit nix ordentliches u. dann geht der Vormittag mit Rennen u. Stehen dahin u. mit leerem Magen. Ich bitte Dich ernstlich um Bericht, ob u. was Du für Dich tust. Ich drohe Dir sonst an, die mir geschickten Konserven wieder mitzubringen u. dann unter meiner Aufsicht in Dich hinein zu pumpen!! Antworte, Satansweib!

Und nun, zwar an zweiter Stelle, aber deshalb doch das Wichtigste: Die Einquartierung bei Dir.

Das ist ja toll, daß die Wielandstraße geräumt wurde. Wo zogen denn nun all die Unglücklichen hin? Das ist ja furchtbar. Wann ging das vor sich u. wie lange hatten sie Zeit?

Und Du nahmst kurzentschlossen Frau Z.? Um dem Wohnungsamt zuvorzukommen? Du wirst schon alles genau durchdacht haben. Anderer Ausweg blieb ja wohl auch nicht. Solange ich nicht da bin, können wir ja wohl mehr als 1 Zimmer nicht verlangen bei der entsetzlichen Not. Und wir wollen immer noch dankbar sein, daß wir in unseren alten Wänden hocken mit dem Garten u. Balkon. Ich bin ganz klar u. mache mir keine Illusionen. Hauptsache man verträgt sich im Hause, nichts wäre furchtbarer als Krach mit den Hausgenossen. Da bietet ja eine gebildete Frau wie Z. die Gewähr, daß man verständig ist. Lieber wäre mir allerdings gewesen, keine Generalsfrau mehr im Haus. Ich kann dieses ganze Generalsgeklüngel nicht mehr sehen u. riechen u. ersehne den Tag, wo ich frei bin, daß ich davon nichts mehr zu hören brauche. Ich würde ungern zu Hause wieder dieselbe Mühle treten u. dieselben Gespräche führen müssen, die mich hier schon ankotzen. Möglichst vergessen u. durch keinen täglichen Anlaß wieder daran erinnert werden. Wenn ich denke, daß womöglich der Mann auch kommt u. dann entgegen allen Vorbehalten doch auch noch mit in unserem Hause wohnt u. ich wieder Wand an Wand mit einem anderen General wohne u. denselben Affenkram an zurückdenkenden Gesprächen auf dem Korridor u. im Badezimmer führen soll, dann weiß ich, daß ich das wohl nicht sehr lieben würde. Ich will u. will u. will von diesem Milieu los u. nix mehr hören u. sehen. Aus diesem Grunde wäre mir eine andere Lösung lieber gewesen und auch, weil es naheliegt, nur von zwei ›Generals‹frauen zu reden, die sich wieder ›zusammen stecken‹ usw. usw. Das hat mit der Nettigkeit von Frau Z. ja gar nichts zu tun, ich kann sie ja weder positiv noch anders beurteilen. Natürlich hat es auch seine Vorteile für Dich, daß Du eine gebildete Frau daneben hast. Eine einfache wäre vielleicht aber ebenso praktisch gewesen. Mir legt das von Dir bemängelte ›Miljö‹ von Frau V. gar nicht mal so gegen den Strich, besser heute so'n ›Miljö‹ als dieses dauernde Leben mit dem Wendehals nach früher. Ich bin sehr für ein handfestes, praktisches ›Miljö‹ von Bohème u. Kuddelmuddel. Bedenke mal, daß Du zunächst von Frau V. sehr nett berichtetest, ulkige Nudel, etwas verrückte Ideen und so, und bitte überlege, ob Du Deine

Einstellung, die Du dann langsam gegen sie einnahmst, nicht etwas revidieren solltest. Ich verstehe sehr, daß man in dieser Zeit, wo Du jahrelang alleine hocktest u. keinen Menschen zur vertrauten Aussprache hattest, vielleicht selber auch etwas borstig geworden ist u. man sich dann entfremdet. Daß sie mit Frau Feller befreundet ist, spricht unbedingt für sie, die kleine Fellerfrau ist eine ganz ulkige Type, besser doch als wenn sie Frau Haarde zur Freundin wählte! Liebes, ich will nur andeuten, daß wir doch großzügig bleiben wollen und es Dir leicht machen, dort mittenmang zu leben u. Dich nicht gar zu sehr einzuspinnen, sie hat sich im Gotkowski-Falle ja doch wohl auch sehr ordentlich benommen.

Wie gesagt, ich kann das alles aus den so kurzen Andeutungen, die Du ja nur mal gelegentlich machtest, vielleicht nicht ganz beurteilen, aber mein Gefühl geht ja manchmal nachtwandlerische Wege u. nicht immer falsch. Ich jedenfalls würde in diesen heutigen Zeiten, wo aller Flitter u. Tünche nichts mehr nützen, mit etwas primitiveren Gemütern zusammen zu hausen vorziehen, als mit abgebrochenen Generalexistenzen, bei denen man spiegelgleich immer an sich selbst erinnert wird u. die einen auf Schritt u. Tritt hindern durch ihre Gegenwart, sich davon frei zu machen u. ganz anders anzufangen zu leben. Denn ich will z.B. gar keine Gespräche mehr führen über Rangliste u. Beförderungen u. Personalpolitik u. diese ganze idiotische Kriegsführung u. dieses Gesox von OKH-Leuten usw. usw. Ich tue es schon hier nicht mehr, wieviel weniger erst, wenn ich endlich frei bin u. dieses alberne Volk, was hier jetzt noch in roten Hosen rumläuft u. noch Maskerade spielt, nicht mehr zu sehen brauche.

Wenn also sicher gestellt ist, daß bei meinem Erscheinen ich von dieser Gefahr befreit bin, dann Amen. Sonst bitte Sicherungen einschalten, daß das möglichst vermieden wird. Wir wollen nach Möglichkeit doch versuchen, daß wir von unseren Untermietern auch was haben oder zumindest nicht auch noch für sie Opfer rein persönlicher Art in unserer rein persönlichen Freiheit bringen müssen, mehr als man es so schon tun muß durch das Zusammenleben. Und wir wollen vermeiden, das Haus voller abgebrochener Existenzen u. Pensionärsjäger zu haben. Das Ehepaar Z. würde uns jedenfalls gar nichts nützen, das Ehepaar V. dagegen hat Dir doch schon 'ne ganze Menge genützt u. geholfen. Laß diese Überlegungen Dir nichts von Deinem unabhängigen Verhältnis zu Frau Z. nehmen, sie kann ja gar nichts dafür, aber überlege, daß diese Wohngemeinschaft keine Dauerehe wird, die ich nicht begrüßen würde u. wenn die Leute noch so nett wären. Gerade dies ›Miljö‹ will ich nicht, das Völknersche stört mich weit weniger.

Verstehe mich bitte ganz u. voll richtig, die Überlegungen sollen u. wollen Dich in keiner Form gegen Frau Z. einnehmen, im Gegenteil, ich freue mich, daß Du doch sicher auch einen ganz netten Ausgleich dadurch hast u. nicht mehr das Gefühl des ganz Alleinehockens oben auf Deiner Etage, vor allem jetzt im Winter, wenn die langen Lampenabende kommen. Selbst anfreunden soll dadurch nicht gehemmt werden, auch ich würde strahlend nett zu ihr sein. Nur: als ein eisernes Prinzip den Grundsatz unveränderlich konstatieren: keine Dauermiete! Darüber hast Du ja auch sehr richtig von vornherein keinen Zweifel gelassen u. das soll auch ohne Zweifel weiter klar sein. Darum ist es gut, offene Klarheit zu behalten u. keine Illusionen aufkommen zu lassen. Natürlich weiß ich, Liebes, daß unser Wille alleine auch darin keineswegs allein maßgebend sein u. bleiben kann. Es können Umstände eintreten, die uns einfach dazu zwingen, die Miete weiter fortzuführen. Nur wäre es, auch der Öffentlichkeit, Stadt, Wohnungsamt, Arbeitsamt usw. gegenüber nicht immer praktisch – auch dem Ami gegenüber –, die Waldburgstraße 32 zum allgemeinen ›Generalsnest‹ zu machen, desto eher werden wir dann eines Tages beide rausgeworfen, er sowohl wie ich!! Schon, weil man das propagandistisch bildschön verwenden kann. Insofern ist das Wohnen von V. und dem PW ganz was anderes u. ›sozial‹ tragbarer. Du verstehst, daß solche psychologischen Gesichtspunkte nicht als Nebendinge zu bewerten sind.

So, genug davon. Bitte faß es richtig auf u. werde deshalb zu Frau Z. nicht unliebenswürdig. Die Lösung bot sich ja sowieso an u. ist wohl nicht anders möglich gewesen.

Frage: Wie kommt Frau Z. überhaupt nach Böblingen u. hat sie dort Wohnrecht? Und hat sie oder kriegt sie Wohn- und Zuzugsrecht nach Dortmund? Sonst sitzt sie nämlich in Böblingen fest!

Inzwischen wurde es 5.10. abends u. ich erhielt noch Nr. 21 und 22 (Tomaten u. Schlipsnadel, die ich schon trage u. liebe u. die bewundert wird. Die Tomaten sind alle heil und prall und rot und sauber und erinnern in ihrer prallen Frische und roten Üppigkeit an Sommersonne u. Liebe). Und Nr. 22, das Heringsfilet in der höchst praktischen, schützenden Holzwolle, die nur ganz leicht angetränkt war, sonst aber hielt das Glas. Ich schimpfe sehr, daß Du das nicht selber aßest, Du sollst nicht sowas alles hierher schicken. Ich werde es mit Wollust zu Pellkartoffeln essen.

Beide Pakete wurden heute nicht geöffnet, dadurch entging der Brief mit dem Marokkanerschwein der Kontrolle, was mir sehr lieb war, denn der Engländer kann u. soll ihn ruhig lesen –, aber anschließend gibt er diese Briefe offen, zumal kein Briefumschlag drum ist, in unsere deutsche Postzentrale, von wo sie durch zig Hände zu dem Postgeneral unseres Kasernenblocks gehen u. dann endlich zu mir. Diese Zwischenstellen lesen natürlich alle Briefe u. das wäre unnötig gewesen. Also bitte solche Sachen lieber per Briefpost, die zu bleibt u. meistens nicht kontrolliert wird, und wenn, dann wird sie wieder geschlossen u. bleibt nicht offen.

Ich verstehe aber völlig, daß Du z.Zt. zu langen Briefen keine Zeit hast, Dein Paketepacken zeigt mir so auch Deine ganze Liebe, Liebestier. Nun wird ja langsam auch mit der Ernte mehr Ruhe eintreten u. dann wirst Du sehr gerne mal einen ruhigen Tag mit langem Brief an mich ausfüllen. So lange warte ich gerne.

Deine Vergewaltigung war ja eine wüste Schweinerei, ich bin nun völlig im Bilde u. muß sagen, daß Du froh sein kannst, daß der Hund Dich nicht anschließend noch niederstach! Bitte noch das Datum und Namen des behandelnden Arztes im Krankenhaus und Vornamen Frau Völkners u. Name der Tante. Ich will sie parat haben für evtl. Bericht, wenn ich es hier brauche. Hast Du es amtlich gemeldet u. angezeigt? Wann u. wo ist es registriert?

Armes Tier, ich kann mir vorstellen, daß Du einfach versteinert warst – in solchen Momenten versagt einfach das Wort u. man ist stumm vor Wut u. Schmerz u. Empörung. Dieser zynische Hund von Gotk. mit seiner Bemerkung. Du hättest damals gleich auf der Stelle Schluß machen sollen mit ihm. Ich hoffe, Du hast – ohne falsche Scham – seiner Zeit u. immer wieder bis jetzt noch allen u. jedem diese Vergewaltigung erzählt u. amtlich zur Kenntnis gebracht. Das dürfte wohl dem lumpenhaftesten Gegner das Maul stopfen. Sei sicher, ich werde davon Gebrauch machen, wo immer ich nur kann – dem Engländer gegenüber wie auch, daß ich es Mr. Mante, dem ich es andeutungsweise schon schrieb, ausführlich mit Deinen Worten schildere. Mag sein, daß wegen meiner Andeutung – ›violence‹ heißt Vergewaltigung auf französisch – der Brief seiner Zeit gar nicht Mante erreichte, denn ich wundere mich, von ihm nie Antwort bekommen zu haben. Die Auslandsbriefe gingen von Belgien aus über eine Kontrollstelle in England, möglich, daß dort Leute saßen, die es für nicht opportun hielten, solche Schandtaten ins Ausland gelangen zu lassen. Ich werde noch nicht fertig mit dieser Sauerei, aber ich will noch zig Sachen schreiben u. komme nicht weiter, wenn ich noch so lange darüber schreibe. Du kannst Dir denken, daß das in mir nagt u. einen Haufen Gefühle u. Gedanken auch allgemeiner politischer Natur auslöst, in erster Linie gegen den Hitlerlumpen aber auch gegen manches andere auf dieser edelmuttriefenden Welt.

Also – Anfang der kommenden Woche dürfen wir hier das leere Packmaterial unserer empfangenen Pakete nach Hause schicken, es darf aber weder Brief noch sonst irgendetwas anderes drin sein. Wundere Dich also nicht, wenn als erstes Paket von mir nach 2½ Jahren nur einige zerbeulte Kartons – die meisten sind zerquetscht u. aufgebrannt – u. Strippen eintrudeln – eigentlich ja zum Hohnlachen tragikomisch – mein erstes Paket u. dann nix wie zerrissenes Packpapier u. Strippen! Na, immerhin, also knotete u. wickelte ich seit dem 1. Tage nicht umsonst jeden kleinen Bindfaden auf u. behütete ihn. Da sitzt manche Knibbelstunde u. lieber Gedanke drin.

Dann – wir dürfen demnächst ein 10-Pfund-Paket per Express nach Hause schicken mit Sachen, die wir hier nicht mehr brauchen. Dabei dürfen keine vom Engländer gekauften Wollsachen pp. sein! Da ich meine paar Bücher u. Lexika hier noch brauche, wird wenig zusammenkommen. Brief darf auch nicht drin sein, also suche nicht danach. Ob ich meine Schreibmaschine an Dich abschicke, habe ich noch nicht entschieden. Ich fürchte für ihre gute Ankunft u. würde sie sonst lieber persönlich in der Hand haltend mitbringen. Andererseits würde sie Dir enorm helfen, Deine Briefe könntest u mit Durchschlag tippen, den Du nachlesen kannst, was mir in früheren Formularbriefen sehr wertvoll war bei den langen Postzeiten. Auch könntest Du damit, wenn Not an Mann kommt, einen Posten als Sekretärin ergattern u. Geld verdienen. Ich muß erstmal sehen, ob der Weg sicher ist. Diese Schreibmaschine stellt ja heute einen enormen Wert dar bei der Seltenheit solcher Dinge.

Dann: 100.000 amerik. POW-Pakete sind in München angekommen u. sollen innerhalb der nächsten 2 Monate per LKW, nicht Eisenbahn, da man dort Klauerei befürchtet, unter Aufsicht des RotKreuz zu den Kreisstellen dieses RotKreuz ausgefahren werden u. von da an die Empfänger ausgegeben. Bitte die Kreisstelle des Landkreises Böblingen – wer ist das, wo ist sie? – aufsuchen und ihnen sagen, daß Du die Sendung selbst abholen wirst – keiner soll sie ›bringen‹ wollen! Sonst wird dabei zum Schluß auch noch geklaut. Die Liste der Pakete mit Inhalt schicke ich in diesen Tagen extra. Der Inhalt geht die Leute nichts an. Ich schicke noch eine zweite Liste (ohne Inhalt) für die Abgabe an die Paketstelle mit. Bitte feststellen, ob evtl. Böblingen, weil zu klein, etwa in Stuttgart mit einbezogen ist u. dort Abholung erfolgen müßte. Dein PW müßte Dir helfen u. dann ein Tabakpäckchen dafür abkriegen.

Der Vertrag Zimmermann war 2 x hier, 1 x anbei zurück. Ich halte es für richtig, daß dieser provisorische Mietvertrag durch einen endgültigen ersetzt wird, der juristisch einwandfrei ist. Also evtl. Hans Beitzen bitten, oder wen hast Du in Böblingen? Hinein müßte, daß 1. Mietvertrag a) freiwillig, b) befristet ist mit den üblichen Kündigungsfristen des BGB und der gesetzl. Mietvorschriften; 2. Mietvertrag automatisch erlischt mit a) Heimkehr aus amerik. Kriegsgefangenschaft Deines Mannes sowohl wie b) ihres Mannes!! – 3. Mitbenutzung des Badezimmers, der Küche – aus, damit kein Gartenanspruch erhoben werden kann! 4. Vereinbarungen über Benutzung der üblichen Bettwäsche für ein Bett, Küchengeräte, Geschirr, Keller? Auch Heizungsregelung, Kohlen, Lichtrechnung (z.B. elektr. Heizung, Kochapp.). Ich halte es für unbedingt notwendig, daß vor allem die Ziffern 1. und 2. ganz klar u. präzise schriftlich fixiert werden, sonst ist nachher langes Palaver u. keiner hat Recht.

Dann: Antrag an US-Army wegen meiner Entlassung kommt nach, ich will ihn Dir evtl. nochmal anders aufsetzen. Ich zweifle an jedem Erfolg, man wird uns hier festhalten oder freilassen, ganz nach eigenem Entschluß, ob mit oder ohne Gesuch. Aber es macht vielleicht doch aufmerksam u. hilft.

Urteil Nürnberg durchaus zu billigen. Finde es durchaus gemäßigt u. über den Dingen stehend. Hier gibt es einen kleinen Haufen Unwandelbarer, die für die Soldaten (d.h. Keitel, Jodl) noch ein Gnadengesuch-Telegramm sammelten u. losließen! Wo diese Zerstörer des guten Rufes der deutschen Armee für den Tod so vieler Generäle pp. verantwortlich sind, die ihre Befehle ausführten und dafür nun hängen!! – Hoffnungslos – ich habe jedenfalls laut und deutlich abgelehnt, mich dazu herzugeben. Ich habe mit diesen Kreaturen nichts zu schaffen. Wenn ich in ihrer Hand gewesen wäre, hätten sie alles getan, mich aufzuhängen, das wissen wir ja nun.

Ob nun das Nürnberg-Urteil das Signal zur Entlassung von einem Teil von uns ist? Wir hörten nichts! Ich rechne also mit gar keinen Terminen u. stelle mich darauf ein, noch lange warten zu müssen, umso eher ist man dann frei. Dieses Hin- und Hergezerre macht einen sonst ganz verrückt.

Bitte regelmäßig weiter die N. Zeitung und Stuttgarter, sie sind z. Zt. meine einzigen Nachrichtenquellen! Das dünne Papier eignet sich durchaus als Zigarettenpapier, wenn es auch natürlich beißt, aber nicht so schlimm wie unser Lokuspapier. Noch besser natürlich dies wunderbare Papier von Walliser von der Firma Schoeller & Hoesch, Papierfabrik in Gernsbach. Ist das in Württemberg? Dann schreib mal ein Bittgesuch für einen armen POW dorthin, vielleicht haben sie ein weiches Herz u. schicken! Allerdings, aus aller Not heraus wäre ich erst, wenn ich auch Tabak dazu hätte. Mit Deinem lieben Schicken geht das ja so hin, aber wie lange kannst Du das noch? Antworte, damit ich früh genug auf das Ende gefaßt bin!!

Ich bekam einen heiligen Schrecken, als ich dachte, der heutige Brief in dem Päckchen 21 (30.9.), das ja gottlob nicht geöffnet wurde, wäre offen durch's Lager gelaufen mit Deiner M... an der Tischkante, prall, dick und süß! Du Satan – mir schoß alles Blut in mein Säcklein und das zu lesen und mir vorzustellen, regt mich schlagartig auf. Aber das bitte, Liebes, in einen geschlossenen Brief ohne Päckchengefahr, es sei denn, es wäre tief im Gries oder Haferflocken versteckt. Mein dickes Tier ist ganz kribbelig und naß geworden. – Ich warte auf die Photos, bitte nicht nur Berufsphotos sondern Amateurbilder, der Photograf soll Dich auch harmlos vor seiner Bude auf der Straße knipsen.

Schluß jetzt, es ist Mitternacht, ich krieche in meine kalte Falle u. denke, ich hätte Dich warmes Tier im Arm.

Sonntag früh, 6.10. – um 10:30 Uhr muß Brief im Postkasten sein. Guten Morgen, liebes Liebestier, draußen stürmt es kalt u. glasig, ich habe mich warm geturnt u. von Kopf bis Fuß, wie jeden Morgen, gebürstet, das bringt das Blut in die Haut u. man wird ganz warm u. frisch durchblutet und dabei stand mir das große Tier schwer u. unverschämt im Wege u. der Liebeshonig floß über u. wartete auf einen weichen warmen Mund. – – –

Bekam sehr netten Brief von Leni, die schrieb: ›Gisela sah noch immer entzückend aus, es macht ihr noch immer Freude, sich zu pflegen. Für und mit Gisela und Welf lohnt es weiß Gott noch einmal anzufangen.‹ – Nett gesagt. Ich werde antworten. Aber: rund mußt Du wieder werden, Du!! Ich will es u. wünsche mir nichts mehr als das!

Ich küsse Dich in aller warmen Liebe, schling Deine weichen Schenkel um mich und laß mich Deine Liebe trinken, Dein Botho.«

Hier blickt man tief in die von den außergewöhnlichen Umständen jener Zeit geprägten Gefühle und Gedanken der Opfer des Nachkriegs-Deutschlands. Keine noch so wortreiche Schilderung der Nöte, Bedürfnisse und Kümmernisse der Hinterlassenen des Krieges könnte diese plastische Darstellung in Briefen unmittelbar Betroffener besser wiedergeben.

Man vergegenwärtige sich nur die aus folgendem Brief vom 16.10.46 hervorgehenden Umstände:

»Liebestier, Donnerwetter – der Tabak! Gestern kam der dicke Brief mit dem ersten selbstgebauten Produkt. Alle Hochachtung! Du bist ja ein Mordsweib! Mir blieb der Mund offen stehen. Das ist ja wirklich allerhand! Und er ist prima! Hätte ich nie gedacht. Und jetzt schon! Ich glaubte, daß man bis Winter warten muß, bis er getrocknet ist, um ihn fermentieren zu können. Wie hast Du die Gärung denn gemacht? Hast Du von Andrea ein Fermentierungsmittel – ich las sowas in ihrem Brief? Und was ist das u. wie geht das? – Ich habe, zum Teil aus USA, mehrere Fermentierungsrezepte.

Und hast Du ihn anschließend in eine Beize getan? Anbei einige Rezepte dafür, weil man damit das Aroma u. den Duft des Tabaks sehr günstig beeinflussen kann. Er scheint mir nämlich gebeizt zu sein u. zwar mit Pflaumensaft, stimmt's? Sehr gut, gar nicht aufdringlich, was sonst oft zuviel ist. Und wie Du gleich alles zusammen packtest. Die Zigarettenmaschine ist sehr gut – ich wollte schon immer so'n Ding haben, aber nicht zu kriegen. In USA gab es sie auch, aber ich kam nicht dran. Und das ausgezeichnete Zigarettenpapier! Und der praktische Blechzigarettenkasten! Ich hatte einen alten Pappkarton, 10mal geleimt u. geflickt. Sowas ist ja alles hier eine Kostbarkeit. Nun habe ich doch wenigstens wieder eine Blechschachtel – ja, ja, man freut sich hier über das geringste Ding.

Wie bekamst Du ihn denn geschnitten – erzähle doch mal. Du ahnst meine Freude u. Du kannst wirklich stolz auf Dein Werk sein!

Langsam gehen hier die Entlassungen der jüngeren Offiziere vor sich, ob wir auch später drankommen, sagt uns keiner. Ich denke an gar keinen Termin mehr u. denke lieber an noch lange als an bald. Denn sonst wird man nur irre u. hat keine Ruhe mehr. Mag also sein noch vor Weihnachten, mag auch sein, nach Weihnachten. Wir wissen nichts mehr u. geben das Raten auf. Bei Tage ist es ja noch warm, aber abends wird es schon verdammt kühl. Mit Wolle geht's noch. Ab 15. Okt. sollen wir Kohlen kriegen, allerdings wohl nur ein paar Pfund pro Woche.

Heute kochte ich Linsensuppe! Ideal – seit 2 Jahren die ersten Linsen wieder!

In meiner Handtuchbude stehen Eichen- und Buchenzweige von den abgehauenen schönen alten Bäumen hier im Lager, die runter mußten, damit die Wachtürme freie Sicht bekamen! Es ist ein Jammer, wenn man die Bäume fallen sieht. Und der Stacheldrahtzaun ums Lager wird immer dikker – bei Hagenbeck sind die Tiger direkt frei. Man kann nur lächeln, aber für manche Idioten, die sonst ›ausbrechen‹ würden, ist's wohl nötig. Wohin wohl ausbrechen? Ganz Deutschland scheint sich ja darin einig zu sein, daß die dicken Kriegsverdiener und Industriellen und Kaufleute alle unschuldige Opfer waren, nur wir teuflischen Generäle wollten ja in unserem Blutdurst unbedingt den Krieg! Jawoll, die Dummheit auf der Welt wächst leider nach. Ach, Schluß damit, mich kotzt der ganze Schwindel so an, es ist völlig müßig, darüber ernst zu reden.

Wie weit bist Du mit Ernte u. Einmachen? Laß mich wenigstens durch ein paar Sätze an Deinem Tun teilnehmen. Alles kann ich ja auch nicht immer nur erraten. Ich erlebe u. höre doch nichts, gar nichts. Nur was Du mir schreibst, ist für mich Erleben, deshalb halte mich bitte nun nicht gar zu kurz mit Nachrichten. Ich schreibe Seiten auf Seiten u. wenn man nichts wieder hört, dann leidet man hier in seiner Einsamkeit am Wissenmöchten u. Mangel am Sichvorstellenkönnen, wie u. was Du lebst u. erlebst. Ich weiß, daß Deine Zeit angefüllt ist, aber ab und an mußt Du Dir nun schon mal die Zeit nehmen u. Ruhe u. Sammlung. Es tut Dir dann auch gut, weil Dein süßer Popo dann endlich mal stillsitzen muß. Und Du weißt doch, wie ich ihn liebe, Deinen weichen runden Po. Komm, küß mich süß und trinke mich aus, Du zärtliches, heißes Tier Du. Dein Botho.«

Die süßen Träume werden immer intensiver. Ist es eine Ahnung der baldigen Entlassung? Im Brief vom 19.10.46 verbindet Botho seine Vorstellungen mit den jeweiligen wohnlichen Gegebenheiten:

»Die Skizze von dem umgeräumten Zimmer macht mir alles ganz deutlich. Ich staune, was da alles reingeht an Möbeln. Muß ja ur-saugemütlich sein! – Und Dich halbnacktes Tier mit aller langsamen Wollust dann süß f... zu können, wenn wir die Gläser geschwungen haben – Liebes, Geduld, es kommt alles doch noch wieder! ...

Die dickgefütterten Hausschuhe sind ein prima Gedanke – gar nicht zum Laufen, nur zum abendlichen Sitzen. Es ist ja saukalt u. fußkalt. Ich lege abends für ein paar Minuten einen Ziegelstein auf die Kochplatte u. dann in Decke im Bett. Das hilft wunderbar. Empfehle gleiches! Wenn Du ihn Dir dann zwischen Deine weichen Schenkel legst, fließt der süße Saft von alleine.

Du schreibst: Gebadet und mich lieb gehabt – lieb von Dir, sollst Du nur jedesmal schreiben, ich liebe das so, wenn Du mir Dein intimstes Wünschen und Tun so offen und lieb schreibst, denn all das gehört ja mir – Du überhaupt ganz mit Seele und mit Haut und allen Haaren. Ich glaube, unsere Liebe ist deshalb so vollkommen, weil sie im himmlischen genauso tief und ehrlich ist wie im tierischen, wir haben eben nichts voreinander zu verbergen und freuen uns an der Wollust des anderen genauso wie an seinem anständigen Herzen. Und deshalb mußt und sollst Du mir das alles immer schreiben. Deine zärtlichen Finger und Dein weicher Mund werden mich heute abend streicheln und trinken. So wirkt solch ein Brief von Dir – schön, daß es so ist, noch so ist, immer so ist! — Ich küsse Dich in aller heißen Liebe und in alle süßen Winkel, Dein Botho.«

Am 21.10.46 schickt Botho einen von ihm verfaßten Brief an einen Mr. Alfred Baldwin in Cambridge/Mass./USA an Gisela mit den Zeilen:

»Da ist der Brief an Baldwin, es wäre gut, wenn Du ihn gleich abschikken würdest, da es schon allzu lang her ist und umso eher Wiederholung zu erwarten. Ich schrieb ihn zum Teil in Französisch und Deutsch, da er beide Sprachen auch versteht und der Brief damit an Farbe gewinnt und man drüben ja für solche Extravaganzen besonders empfänglich ist. Ich bin gespannt, ob mal ein CARE-Paket eintrudeln wird. Es ist ja sowieso eine der erstaunlichsten Begebenheiten, daß ausgerechnet der Mann, der noch vor kurzem ... usw., nun der erste ist, der aus dem fernen Amerika an uns denkt. Eigentlich doch ein tröstliches Zeichen in all der Verhärtung der Herzen.«

Dieser folgende Brief ist lesenswert, er spiegelt eine ganz eigene Sicht der Dinge:

»Dear Mr. Baldwin!
When some days ago the board of customs has called me up for examination receipt of a parcel from USA, my head turned around and I was speekless with amazement and surprise noticing the name of the sender and the contents. You can't imagine my delight and joy. My little boy and I stood gazing with astonishment like children at the Christmastable at these long missed things! I thank you with all my heart for your benevolent rendering assistance. It came to my aid just in the right moment being on our last legs by this small rationcards and underfeeding. But I don't complain of all these miseries if it were not for the children; all the days and months seeing the children suffering starvation and under nonrishment is hard thing for a mother heart, more over knowing the husband still a prisoner of war

– and what is more – in his own country. I may know about his situation very well how he has professed his antagonism and opposition against Nazism – frankly, courageously and high-spirited. I can't understand he is not yet released and free. And whatever may be said – je sais de lui, ce qu'il avait à craindre personellement de la part du gouvernement despotique allemand d'entreprenant cette révolte d'alors – mais – si dans un tel moment décisive, l'entreprise avait été sans dangers, il aurait en honte de l'entreprendre! D'alors les Alliés appreçaient ça – mais aujourd'hui on passe cette résolution andacieuse sous silence et n'accorde pas justice á lui.

You may understand that we as women have a lot of grief and hours of sorrow now. So much the more your surprising gift was like a shooting star in our gloomly and encircling silence. Oh – this Europe is so hard – hearted! How different is the USA, how generous and magnanimous! ›Amerika, Du hast es besser, als dieser Kontinent, der alte!‹, sagte schon Goethe.

Ich kenne Sie von den Briefen meines Mannes beinahe so gut, daß ich meine, Sie wären schon lange ein guter alter Freund. Wann wird es Wahrheit sein, daß Sie persönlich zu uns kommen, um diese Freundschaft zu erweitern? Und wann können wir Ihnen Ihre Liebenswürdigkeit mit einer Gegenfreude vergelten?

Leider dürfen wir aus Deutschland ja noch kein Paket absenden – otherwise I'd like to requite your kindness at you with a christmas parcel. Let us hope the world may turn over a new leaf very soon.

Regarding you with kindness and gratitude I greet you remaining

Yours sincerely Gisela Elster.«

In einem Brief vom 23.10.46 spricht Botho den bevorstehenden 8. Geburtstag seines Sohnes mit folgenden Gedanken an:

»Der Geburtstagsbrief an Welflein wird nun doch wohl nicht rechtzeitig da sein, was mich sehr ärgert, denn ich habe genug Zeit gehabt, ihn so früh zu schreiben, daß er pünktlich hätte da sein können.

Dir als Mama und Gebärerin dieses süßen Jungen gelten aber meine Gedanken gleicherweise. Ich bin mehr wie je froh, daß der Junge in Hildesheim geboren wurde u. damit für sein Leben, überall wo er gefragt wird u. eingereiht wird, eine deutsche u. seine Heimat hat, wo er herkommt u. hingehört und nicht so ein Zufallsort wie Frankfurt/Oder, was zudem auf unserer Wohnseite jetzt sogar polnisch ist. Und daß er Welf heißt zur ewigen Erinnerung an den Protest seiner Väter gegen diese unselige preußische Politik, die schließlich ja auch der Lump Hitler weiter verfolgt hat und in ihrer Übersteigerung des preußischen Kasernengehorsams die Zerstörung des ganzen Reiches und seiner blühenden Städte herbeiführte. In diesen beiden Dingen, Hildesheim und Welf, die ich ja damals schon ganz bewußt gewollt habe, liegt all meine Weltanschauung und mein innerlicher Protest gegen diesen Jahrmarktsbetrüger beschlossen, lange ehe er sich und uns dann in den Krieg und ins Verderben stürzte.

Und Du, Liebes, sei bedankt für Deinen ungebrochenen Mut, daß Du nach der Panne mit der ersten Geburt (Totgeburt eines Mädchens 1937 unter dramatischen, weil mit hohem Blutverlust verbundenen Umständen) sofort und ohne zu zögern freudig gleich wieder bereit warst, wieder ein Kind zu kriegen. Tragisch ist's, daß mich das Schicksal all die süßen Kinderjahre nicht miterleben ließ – das ist unwiederbringlich verloren. Aber für Dich war u. ist Welflein doch ein ständiger Trost u. Freude u. Aufmunterung gewesen in all den langen Jahren des Alleinsein-Müssens. Und wenn wir bald wieder zusammenleben können, dann wird er unsere gemeinsame Freude bleiben u. unser Anreiz, daß das Leben eben doch noch einen Sinn und Zweck hat.«

In einem Brief vom 29.11.46 kommt eine ganz besonders unglückliche Geschichte zur Sprache, die für beide insbesondere wirtschaftlich schwerwiegende Folgen haben sollten (Es geht um den Verlust einer ganz erheblichen Menge an Flaschen französischen Cognacs usw., die aus einem Lager bei Freunden in Stuttgart gestohlen wurden):

»Liebes – heute nachmittag kamen Deine Briefe v. 21.11. und der kurze handgeschriebene vom 23.11. mit den Nachrichten vom Verlust der Sachen bei Schenk. Das ist allerdings niederschmetternd und mir fehlen vorläufig die Worte, meine tiefe Traurigkeit und meinen Schreck auszudrükken. Es war ja nicht nur die tröstliche Sicherheit, daß man sich damit in diesen Zeiten über manche bittere Stunde hinweghelfen konnte, es war vielmehr die Sicherheit, wenigstens einen unwandelbaren Sachwert zu besitzen, wenn es auf den letzten Drücker geht. Dieser Verlust wird weitreichende Auswirkungen haben! Wir werden ihn nie wieder einholen können! Wir haben nun auch nichts mehr, um uns mal für einen Dienst erkenntlich zu zeigen, von Tauschmöglichkeiten ganz abgesehen. Unser Tisch wird auch für niemanden mehr anziehend sein und Verbindungen und neue Anknüpfungen sind dadurch erschwert. Diese Art Sachwert ist leider unersetzlich! Und was hatte ich mir Mühe gegeben, das alles zusammen zu karren.

Deinen Verdacht auf die beiden teile ich nicht. Das ist völliger Unsinn. Bitte streiche diesen Gedanken gründlich aus, er vergiftet sonst nur Deine Beziehungen zu den beiden Familien, die ich für honette Leute halte und die weiter unser Verkehr bleiben sollen. Wir isolieren uns sonst immer mehr und ich finde nach Rückkehr sonst keinen Ansatzpunkt mehr, wenn wir gar keinen Bekanntenkreis mehr haben. Bitte sieh diesen Verkehr auch, und vor allen Dingen, unter diesem Gesichtspunkt. Wir sind nicht mehr in der Situation, auf solche Bekannten verzichten zu wollen, da man durch sie wenigstens ein Ohr mehr in die Welt hat. Das bedenke bei all unseren nützlichen oder vielleicht nützlichen Bekannten. Wenn ich zurück bin, kann ich nur durch Beziehungen irgend etwas werden oder verdienen. Und unsere Beziehungen in dem fremden Württemberg sind ja wirklich gering oder besser gleich Null. Ich möchte also nicht, daß dieses Unglück Deine Beziehungen zu den beiden Familien verändert.

Ob eine Anzeige Zweck und Erfolg hat, kann ich hier nicht beurteilen, da ich nicht die gesetzlichen Gefahren kenne, inwiefern rechtmäßig gekaufte und erworbene französische Weine zu lagern straffällig sein soll. Im übrigen gaube ich auch nicht an einen Erfolg der Polizei.

Höchstens daß Ehrbeck raten könnte. Vielleicht könnte er privat der Kriminalpolizei den Wink geben, falls sie bei Auffindung eines Diebeslagers auf solche Waren stoßen, dann ihn zu benachrichtigen. Er könnte ja gern einen Teil davon abkriegen. Ich kenne leider Ehrbecks Stuttgarter Adresse nicht, auch geht sowas brieflich nicht. Wenn Du Ehrbeck sprechen kannst (vielleicht kommt er zu Dir raus, wenn Du ihn per Telegramm bittest), dann tue das. Das aber, ohne mit Sch. oder Wu. darüber zu reden, und ohne daß Ehrbeck unseren Namen bei den Nachforschungen erwähnt.

Im übrigen, wenn das nicht geht, wird nichts übrig bleiben als resignierend unseren Schatz abzuschreiben. – Ich weiß, daß Du es gut gemeint hast. Daß die Helfenden ihr Teil abbekamen und sich auch schon davon nahmen, ist klar. Nur aus Nächstenliebe tut man sowas ja auch nicht. Deshalb ja auch ihre große Bereitwilligkeit zu dem Transport. Ich sehe deshalb auch nichts Arges darin, daß damals dann 100 Pullen fehlten. Es war eben der Tribut und wir hätten sie ja auch gerne missen wollen, wenn der Rest noch erhalten geblieben wäre.

Es ist ja natürlich müßig, darüber hinterdrein zu reden, ob man den Luftschacht durch eine eingeführte Stacheldrahtrolle hätte besser sichern können und wer die Täter waren. An die Genannten denke ich in keinem Fall. Im Gegenteil, wenn Du alles gerecht überlegst, mußt Du zugeben, daß doch – neben dem natürlichen Vorteil, daß etwas abfiel – auch viel guter Wille, Dir zu helfen, da war und noch ist. Schließlich kenne ich Wu.'lichs nicht viel mehr und weniger als viele andere Leute in Paris. Gewiß, ich gab ihnen seinerzeit meine dortige Wohnung, aber das hat mich nichts gekostet und war kein Opfer. Daß sie Dir durch Unterbringung und Verwahrung vieler Sachen, vor allem in der damaligen Zeit, vor der möglichen Beschlagnahmung halfen, muß man schließlich auch anerkennen. Gewiß, Lore ist vielleicht die wertvollere, aber auch er ist ein ganzer Kerl, der eben in der heutigen Zeit auch weiß, daß man kämpfen muß, wenn man oben bleiben will. Gewiß, ein Kaufmann, aber doch ein Herr und kein Piefke, und wir wollen uns unsere paar Bekannten nicht unnötig vergraulen.

Alle Menschen haben ihre Fehler, wir selber sind auch nicht die einzigen ›Edel‹menschen. Also sei verständig, Liebes, und lege den Leuten gegenüber keine Schärfe an den Tag. Natürlich, besser ist, das Schicksal seiner

Sachen selbst zu verantworten! Wären sie bei uns selbst geklaut, wäre es vielleicht tröstlicher.

Aber es ist eben aus – futsch – es hat gar keinen Zweck, darüber lange hin und her zu grübeln. Darüber hinweg komme ich sowieso nicht. Aber ich habe mich schon wieder gefangen und wackle nicht. Wir müssen eben ganz von vorne anfangen. Und dazu scheint es wohl vom Schicksal bestimmt, daß wir das nicht mit Saufen tun sollen! Dann bleiben wir gesund. Und können arbeiten, um das Brot zu kaufen, um die Kraft zu haben, um zu arbeiten, um das Brot zu kaufen, um die Kraft zu haben, um zu arbeiten, um das Brot zu kaufen ... Komm Liebes, tu mir die Liebe, sei auch Du wieder lebensmutig, wir wandern miteinander, Hand in Hand, in unerschütterlicher Treue – und unseren Jungen zwischen uns – es wird uns eines Tages auch wieder besser gehen – anständige Herzen gehen nicht unter!«

Flaschen köstlichen Inhalts – ca. 560 Stück – waren restlos und unwiederbringlich verloren. Ein gerade in der damaligen Zeit unersetzlicher Verlust! Der Tauschwert dieser Waren hätte die Familie Elster über weite Strecken der Not gebracht. So aber war dies flüssige Gold zerronnen. Es half nichts weiter, als diesen herben Verlust zähneknirschend als unabänderlich hinzunehmen.

Botho mußte sich deswegen ganz besondere Sorgen um das Auskommen der Familie nach seiner Entlassung machen. In einem Brief vom 11.12.1946 an seine Schwägerin Gerda und deren Ehemann Hans (Rechtsanwalt und Notar Dr. Beitzen in Hildesheim) nimmt er sich daher des Problems der Versorgung der Wehrmachtsangehörigen an:

»... Nun ist durch diesen Einbruch in Stuttgart alles futsch! Das ist ein ganz harter Schlag und gar nicht wieder gutzumachen. Nicht, daß ich den persönlichen Freuden nachtrauere, die uns damit entgangen sind – man hat sich an den Verlust so vieler Freuden gewöhnt, daß davon nicht die Lebensgestaltung abhängt. Es ist weit mehr, es ist der rein materielle Verlust, den ich nicht zu hoch, eher zu niedrig, auf 50 bis 60.000,– RM einschätze, die damit weg sind! Sind es doch die einzigen Werte gewesen, die auch bei einer Währungsreform entsprechenden Kaufwert behalten hätten. Sie sollten mir, nach dem Verlust von allem, was ich glaubte, mir in 36 Dienstjahren erarbeitet zu haben, den Start geben für einen neuen Beginn. Ich muß leider sagen, daß mich das sehr hart getroffen hat, weil ich nun allerdings völlig arm und ohne jede Reserve dastehe. Aber ich muß mich, gefangen wie ich bin, damit abzufinden suchen und weiter mein Hirn zermartern, wie ich, nach Wiedererlangung der ›Freiheit‹, meine Familie ernähren und durchbringen werde. An Arbeitswillen fehlt es mir bestimmt nicht und auch nicht an der Einsicht, daß ich nicht einfach als behäbiger Vollpensionär mich hinsetzen kann und mich vom Staat ernähren lasse. Andererseits habe ich keinerlei Verständnis für die ängstliche Haltung sämtlicher Parteien, der Frage der Versorgung der langgedienten Wehrmachtsangehörigen aus dem Wege zu gehen. Mit demselben Recht kann man die Pensionen aller Staatsbeamten streichen, auch ein Eisenbahner hat im Kriege durch Fahren von Truppentransporten Kriegsdienst getan, auch ein Richter hat unter dem Hitlerbild sogenanntes Recht gesprochen. Ich habe 10 Jahre dem alten Deutschland und 14 Jahre der Republik gedient. Wird das alles einfach mit ausgestrichen? Das sind mit den doppelten Kriegsjahren 28 Jahre, die ich schon gedient hatte, ehe dieser Haderlump aus Österreich 1933 überhaupt die Macht erschlich! Ich saß damals längst – von Severing hineingeholt – im Ministerium des Innern, saß 1½ Jahre in Genf auf der Abrüstungskonferenz, hatte einen Namen durch meine Bücher und Broschüren nicht nur in Deutschland sondern auch draußen, da ich ja das Ressort der Auslandsabteilung im Ministerium verwaltete. Als ich aus Genf zurückkam 1933, war ich natürlich bei den Nazis, die ja inzwischen in den Ministerialsesseln saßen, eine höchst unerwünschte Persönlichkeit! Ich ging – hinausgedrängt – zur Armee in der Überzeugung, dort noch ein sauberes Feld zu finden, wo man uns politisch nicht vergewaltigte. Als die Jahre der Enttäuschungen ins Land gingen, man vollends 1937 Blomberg als Kriegsminister durch seine Heirat korrumpierte, Fritzsch schmählich ausbootete, die Hybris stieg, tat ich nur noch maschinell, durch Gesetz an den Dienst gefesselt, aber zähneknirschend meinen Dienst. Ich habe ja dann auch seit 1940 kein Kommando mehr angenommen, was diesen Wahnsinn unterstützte. Im Stabe v. Witzleben ein enger Vertrauter und mit vielen geheimen Aufträgen versehen, war ich in den Jahren danach nur noch Widerstand. Und habe ja dann auch nach den Mordurteilen in Verfolg des 20. Juli 44 den Verbrechern den Degen vor die Füße geworfen. Als ich im Oktober 44 in Washington in USA eintraf, kündigte das Radio das Eintreffen des ›Antinazigenerals Elster‹ auf amerikanischem Boden an. Natürlich fiel die Meute hypnotisierter Naziirren in den Gefangenenlagern über mich her und bewarf mich mit Dreck. Zu Hause aber sammelte das Hauptquartier auf Hitlers Befehl Material gegen mich, ich sollte ausgetauscht und dann aufgehängt werden, zumal man meine Verbindung zur Witzlebengruppe inzwischen geklärt hatte, und meine Familie sollte ins KZ kommen. Das verhinderte dann der ›Endsieg‹ und der eigene Selbstmord dieser Gauner. Ich aber hatte und habe die Genugtuung, als einer der ganz wenigen den Mut und die sittliche Verantwortung aufgebracht zu haben, 20.000 deutsche Männer dem Vaterland und ihren Müttern und Frauen und Kindern zu erhalten, die sonst unweigerlich von der über uns hängenden amerikanischen Luftwaffe und den zwischen uns stehenden amerikanischen Panzern hingemäht worden und an der Landstraße verreckt wären. Ich hatte den sittlichen Mut, vor Gott und den Menschen, meinen Kopf dafür hinzuhalten. Und jede Mutter, deren Sohn ihr damit wiedergeschenkt ist, wird mir zu danken wissen. Dieses ›politische‹ Deutschland aber mit seinen großen Worten nach Menschlichkeit und Bekennertum und Recht dankt mir nicht. Man sucht zwar mit der Laterne überall nach Leuten und Beispielen des offenen Widerstandes, man umkränzt die Opfer des Faschismus, zumeist mit Recht, zum anderen Teil wohl mit zweifelndem Gefühl, aber für einen Mann wie mich, der in offenem Widerstand Schluß machte, soweit seine Kommandogewalt reichte, rührt sich keiner dieser neuen Politiker. Das ist ein zu heißes Eisen, der Mann ist nämlich General und das ist eben unopportun! Daß indessen seine Frau auch noch von marokkanischen Soldaten vergewaltigt wurde, zwei Unterleibsoperationen hinter sich hat, elend und siech ohne Hilfe dasitzt und nun bald zwei Jahre nach Kriegsschluß immer noch auf ihren Mann wartet, rundet das Bild nur ab.

Und die heutigen Parteien sind sich auch dessen sicher, daß ihr Nichteintreten für einen General wie mich ihnen nicht ›schaden‹ wird, denn – mein Gott – so ein General ist heutzutage ein toter Mann und man geht besser darüber weg und setzt sich also keine Läuse in den Pelz!

Aber in Ansbach in Bayern z.B. hat sich die CDU, die LDP und die SPD zusammengetan und hat an die Britische Rheinarmee in Oeynhausen den Antrag gestellt, einem General, der dort seit Jahrzehnten ansässig ist und zZ hier im Lager POW spielt, freizulassen, weil sie sich für seine Untadeligkeit einsetzen und verbürgen. Und dieser General hat keine so kämpferische Vorgeschichte wie ich, er hat nur das Glück, daß sein Vater und der Vorsitzende der CDU und der SPD Duzfreunde sind seit altersher und er eben ein honoriger Mann ist! Aus!

Ich werde mich damit abfinden, daß mein Vaterland keinen Finger für mich rührt und trotzdem den von mir seit je als einzig richtig erkannten Weg unseres politischen Handelns, nämlich den der demokratischen Synthese von Christentum und Humanismus, einschlagen und fördern. Warum aber, warum, so frage ich mich immer wieder, sind unsere politischen Parteien heute noch so feige, von der Klugheit gar nicht zu sprechen, sich an solchen Menschen und ihren mutigen Handlungen vorbei zu drücken? Glauben sie wirklich im Ernst, die Stimmenernte schon für dauernd in die Scheuer gefahren zu haben, indessen noch 5 Millionen Soldaten draußen hinter Stacheldraht sitzen? Nicht, daß diese Rückkehrer á la 1918–1933 wieder randalierende Stahlhelmer und Nazis werden! Aber sie werden ihr Vaterland fragen, ob man ihnen als verlorenem Sohn aufmachen und ihre Wunden zu lindern bereit ist, oder ob man – Nürnberg übertreffend – die ganze Armee und ihre altgedienten Männer, soweit sie saubere Hände haben, trotzdem verfemen und als Parias behandeln will. Und ob das ein guter Beginn für einen Rechtsstaat ist, eine einzelne Berufssparte, die selbst Nürnberg nicht verurteilt hat, um ihre wohlerworbenen Rechte zu prellen, nur aus Verbeugung vor der Straße? So etwas trägt á la longue nie gute Früchte.

Rechtsbeugungen haben immer kurze Beine gehabt. Und der Einwand der Armut des deutschen Volkes und des Bombenverlustes der Hausbesitzer und der Ostflüchtlinge ist durchaus landläufig und anzuerkennen. Kein Mensch verlangt daher einseitig Ausschüttung aller früheren Ansprüche in Füllhornbreite. Aber die moralische Anerkennung der Rechtmäßigkeit der Ansprüche und das offene moralische Ja in dieser Frage ist etwas, an dem man nicht vorbei gehen sollte. Und zwar gleich und nicht erst, nachdem sich die Wettbewerbsagitation der Parteien der Sache bemächtigt hat. Denn nur das eint uns in unserem furchtbaren Unglück, an dem wir ja alle gleich schuldig oder unschuldig sind, und beseitigt die innere Zerrissenheit und verhindert die Bildung neuer reaktionärer Gruppen und Gebilde, die – so wahr wie Gott lebt – andernfalls doch wieder von Dummköpfen und Volksverführern gestartet und propagiert werden, weil die anderen ihnen ihr einfaches menschliches Recht auf Anerkennung gleichberechtigten Staatsbürgertums nicht zuerkennen wollen. Deshalb: Macht in Euren Parteien des guten Willens für einen neuen friedfertigen Staat die Tore auf und weit für die alten, ebenso mißgeleiteten und ebenso getäuschten Soldaten, die auch guten Willens sind, umzukehren und den Degen in die Ecke zu stellen. Macht nicht den Fehler, diese Millionen von Männern, die zudem noch draußen mit ihrer Hände Arbeit als Gefangene aufbauen, was sie einst auf Befehl zerstören mußten, diese braven Männer zu enttäuschen, indem Ihr sie einfach übersieht. Habt den Mut, dafür einzutreten. Eure Partei wird es in ihrem Zuwachs an Stärke und Zustimmung zu spüren bekommen – und die Gesamtheit des deutschen Volkes in dem Gefühl inneren Ausgleichs und Friedens. Denn: Wir saßen alle in einem Boot!

Und je unbequemer es heute scheinen mag, für den aktiven Soldaten eine Lanze zu brechen und auch für ihn einzutreten, desto segensreicher wird sich das in Zukunft auswirken. Man sei versichert: Dieser Frage wird sich eines Tages entweder ein Mann aus der Mitte der derzeitigen Parteien annehmen, was Gott geben möge, oder es wird sich dieser Frage ein Außenstehender annehmen und dann beginnt das alte verdammte Spiel. Aber mir scheint, man hat sich in den Parteien diesen Gedanken noch gar nicht unterzogen, die Objekte sind ja meist noch hinter Stacheldraht ›und hoffentlich bleiben sie es noch recht lange, sie würden ja nur stören‹.

Haben wir nichts aus der Behandlung dieser Frage nach 1918 gelernt? Glaubt man heute, die menschliche Dummheit zur Verführung wäre geringer geworden? Verläßt man sich darauf, daß ja die Alliierten schon dafür sorgen werden? Hat nicht fast jede Familie einen Mann oder Sohn draußen? Was glaubt man, wird ein Soldatenproletariat machen?

Ich habe ernstlich vor, an diesem neuen Staate mitzuarbeiten, damit diese Militäridiotie preußischen Stils endlich ausgerottet wird. Aber um so mehr kann ich nur raten, die Rechte der anständigen Berufssoldaten nicht achtlos in den Papierkorb zu werfen. Man kann sie nicht als verfemte Rechtlose in dem neuen Staat mit vegetieren lassen, indessen alle anderen nicht um ihre Rechte zu bangen brauchen. So hat selbst Nürnberg abgelehnt, Recht zu beugen. Es kommt sonst so wie im alten Rom: ›Ihr habt den Sinn des Unheils verspielt!‹

Es ist klar, daß es sich bei der Regelung dieser Frage nicht um jeden Mann handeln kann, der 1914-1918 mal Offizier war und aus Lust am Soldatenspielen und am bunten Rock 1935 oder später wieder ›aktiv‹ wurde, nachdem er bald 20 Jahre einen Zivilberuf inne hatte und nun gerne als ›alter‹ aktiver Offizier auf Versorgung lossteuert. Es handelt sich auch nicht um diejenigen, die auf Grund gerechter Spruchkammerverfahren die heißspornigsten Hitleranhänger waren.

Es handelt sich um diejenigen alten Soldaten, die ein Leben voller Pflichterfüllung und Sauberkeit gedient haben und nicht mehr in der Lage sind, durch neue Berufe für ihre Kinder und für ihren Lebensabend zu sorgen. Die Zahl ist, wenn man sie sachlich untersuchen würde, sehr klein, der Tod hielt auch unter ihnen reiche Ernte. Und die finanzielle Belastung des Staates ist selbst heute nicht untragbar.

Ich bin ungewollt langatmig geworden über diese Gedanken. Sie richten sich, je länger ich sie ausführte, um so mehr an Dich, lieber Hans. Mag sein, daß Du gar keine Zeit und Lust hast, sie zu überdenken. Mag sein, daß die Parteien die Zeit für noch nicht reif halten, diese Frage anzuschneiden. Je länger man wartet, desto einfacher regelt ja das Absterben die Sache von allein und die Witwen mag dann der Deubel holen – seine Majestät der Herr Wähler darf nicht molestiert werden – ich wollte Dir aber doch mal diese paar Gedanken übermitteln. Nicht, weil wir hier in Verkennung der Lage um unsere Pensionsgroschen bangen, sondern weil auch dieser Punkt gelöst werden muß, wenn wir aufbauen und mit der beschämenden Vergangenheit fertig werden wollen.«

Bothos Briefe sind zahlreich, fast jeden Tag schrieb er an Gisela. Im wesentlichen ging es um die Lebensmittelversorgung und den Dank für die überaus liebe Fürsorge, um die Sorge wegen der abschließenden Vernehmung wegen mutmaßlicher Vorwürfe, um Beweisstücke für früheren offenen Widerstand, um das weitere Verfahren vor Review-Board und/oder Spruchkammer, um die davon abhängige Entlassung, gar etwa nur in die britische Zone ohne Möglichkeit der wirklichen Heimkehr in die amerikanische Zone, in der Böblingen liegt.

Zu Weihnachten 1946 schrieb Botho die abgebildete kleine Briefkarte.

Am 9.1.1947 kann Botho endlich eine frohe Botschaft senden:

Briefkarte vom 14.12.1946

»Liebes, endlich wieder für kurze Zeit elektrisches Licht – schnell ausgenutzt. Größtes Ereignis: Ich bin fertig mit meiner Vernehmung! Nach tagelangem Warten kam ich am Montag, 6.1. und gestern, 8.1. endlich dran. Mehrere Stunden! Hochdramatisch! Engländer sehr gerecht und fair, absolut im Bilde, erstaunlich diese Kenntnis der deutschen Verhältnisse. Ich rollte mein ganzes Leben vor ihnen auf mit allen Beweisen meines Kampfes gegen dieses Nazisystem seit seinen Anfängen. Unmöglich, hier Einzelheiten zu schildern; Kälte, Licht und Briefform hindern das. Aber sei versichert, ich habe mich über mich selbst gefreut! Nun hat doch all mein Kummer und all das Bittere, das ich durchgemacht habe, gelohnt: Ich kann damit rechnen, in Klasse V eingestuft zu werden und damit freien Eintritt in die amerikanische Zone zu haben und nach Hause zu können!! Ich wäre, wenn das eintritt, der erste und einzige der Generäle, der nach V als völlig Entlasteter freigesprochen wird. Mir steht dann jeder Beruf offen, keinerlei Sühnemaßnahmen, keine Reisebeschränkungen usw. – Die gewaltige Bedeutung dieses Spruches wird einem erst klar, wenn man weiß, wie sehr andere in höheren Klassen eingeengt sind, bzw. mit II ja noch lange interniert bleiben werden. Das weitere Verfahren ist nun so, daß die gestrigen Vernehmungen zu einer Anklage vor dem Review-Board als Unterlage dienen und dieser den Verhandlungstag festsetzt. Das ist erfahrungsgemäß in

2–3 Wochen dar Fall. Der dann erfolgende Spruch (der bei mir, wie ich hoffen darf, auf V lauten wird) löst dann mein Entlassungsverfahren aus, was nochmals ca. 3 Wochen dauert, bis man das Tor verläßt. Alles in allem rechne ich also doch noch mit 6 Wochen, bis ich frei bin. Angesichts der endlichen Gewißheit schwer für meine Ungeduld zu tragen. Denn nun, wo das Entscheidende hinter mir liegt, zerrt man an dem Draht. Aber ich will mich in Geduld bescheiden und zufrieden sein – all meine Sorge, daß ich, selbst wenn frei, noch nicht einmal nach Böblingen konnte, ist entfallen und alle diesbezüglichen Erwägungen in meinem vorigen Brief gegenstandslos!! Und nun werden wir doch diesen Frühling wenigstens zusammen erleben, Liebes! – Ich bin noch etwas benommen von diesem Umschwung – 2½ Jahre habe ich auf diesen Tag gewartet, endlich sprechen und mich rechtfertigen zu können, nun endlich war es soweit! Es war denkbar dramatisch und wirkungsvoll, mehr kann ich darüber nicht sagen. Boyneburgs und Yströms Briefe taten etwas dazu, sie waren gerade noch rechtzeitig gekommen. Mit deutschen Spruchkammern habe ich ja nun nichts mehr zu schaffen!! – Liebes, Deine, unsere Sterne 1947 – sie haben uns doch geholfen. – Ich muß komprimiert schreiben, gleich ist wieder Licht aus, und morgen früh um 8:30 Uhr muß der Brief weg. – Gestern Dein Brief vom 1.1., heute der vom 4.1., Dank, Dank. Oh – und Dein Telegramm! Ja, nun freue ich mich auch mächtig, Dich zu sehen, zumal nach dieser Entscheidung! Aber hoffentlich kommst Du nicht bei dieser infernalischen Kälte morgen, sondern wartest auf Tauwetter *(Gisela war schon seit einigen Wochen in Hildesheim bei ihrer Mutter und Schwester zu Besuch).* Ich überlasse alles Deiner Einsicht. Mir ist jeder Tag gleich recht. Ich bin immer greifbar. Auch Heimreise lege später und wenn es drei bis vier Wochen später werden, ganz egal. Nun bist Du mal hier oben und Böblingen kann warten.«

Diesem so hoffnungsfrohen Brief mußte er allerdings schon am nächsten Tag einen Dämpfer hinterher schicken.

»Liebes, mein gestriger Freudenbrief, der Dir das erste Ergebnis der Vernehmung mitteilte, wonach ich hoffen konnte, nach V zu kommen und damit als ›Entlasteter‹ ohne Formalitäten in die amerikanische Zone abreisen zu können, ist leider durch heutige erneute Rücksprache, zu der mich der Engländer holen ließ, einzuschränken:

Ich bin hier, ohne noch einmal vor ein engl. Reviewboard zu kommen, in Klasse IV b eingestuft worden! Diese Klasse IV b (lfde. Nr. 30 in der Verordnung Nr. 42 der Britischen Militärregierung) umfaßt: ›Alle Militaristen, die auf Grund einer Überprüfung (review) aus einer höheren Klasse gestrichen wurden‹.

Man stellte mich nun vor die Wahl: <u>Entweder</u> zu warten, bis die engl. und amerik. Zonenregierung sich über die gegenseitige Anerkennung der

Klassen III und IV und deren unmittelbare Einreisen in die wechselseitigen Zonen einigen würden; das würde bedeuten, daß meine Akten solange weggelegt würden und ich weiter POW bliebe; das könnte vielleicht noch lange dauern. <u>Oder</u> eine Adresse in der britischen Zone anzugeben, wohin ich entlassen werden wolle. Dann wäre ich in 2–3 Wochen frei! Man empfahl mir diese zweite Wahl dringend, ich hätte dann den Stacheldraht hinter mir und würde auch keine Schwierigkeiten haben, die Ausreiseerlaubnis aus der britischen Zone nach Böblingen zu erhalten. Ich müsse dazu zu dem brit. Safety-Officer des Ortes gehen, der diese Genehmigung erteilen werde. Außerdem solle ich sofort die deutsche Spruchkammer ersuchen, mich in Klasse V runterzusetzen. Ich brachte meine Zweifel vor, ob eine deutsche Spruchkammer dazu befugt sei, die engl. Einstufung nach IV b auf V abzuändern, worauf mir ganz klar gesagt wurde, daß sie durchaus das Recht dazu habe (nur aus Klasse III Ziff. 25 sei ihr das nicht erlaubt). Man bedauerte hier, daß hier keine günstigere Entscheidung möglich sei, aber an sich gehörten wir Generäle ja nach II, und IV b wäre damit schon eine der ganz seltenen Ausnahmen! IV b sei ja nur noch mit ganz geringen Beschränkungen belegt und habe lediglich noch Registrierungsgründe der ehemaligen Militärs.

Ich habe mit dem Bearbeiter sehr offen sprechen können und den Eindruck, daß man mir durchaus wohlwollte, aber formale Gründe das Hindernis waren.

Ich habe dann nach reiflicher Überlegung mich zum <u>Oder</u> entschlossen und als Entlassungsadresse Hildesheim, Dr. Beitzen, Königstraße 14 angegeben! Im anderen Falle muß ich sonst befürchten, daß ich noch Monate festsitze und dann womöglich doch keine Abmachungen kommen und doch der Weg genommen werden muß, den ich jetzt nehme! Andere Leute, die auch in die amerik. Zone wollen und keine Bleibe in der englischen angeben konnten, liegen hier nämlich schon seit Monaten, obwohl ihre Papiere fix und fertig sind, fest, weil sie nicht rüber können ohne den Weg über eine Entlassungsadresse in der engl. Zone.

In der Praxis geht nun folgendes vor sich: Die engl. Dienststelle hier schreibt nach Hildesheim und annonciert mein Kommen bei dem engl. Safety-Officer. Dieser fragt durch die deutsche Polizei bei der von mir angegebenen Adresse an, ob ich dort bekannt bin und unterkommen kann. Dann antwortet er nach hier, worauf ich meine Papiere ausgehändigt bekomme und freigelassen werde. Ich fahre dann nach Hildesheim, wende mich sofort an den engl. Safety-Officer mit der Bitte um Genehmigung zum Verlassen der engl. Zone nach Böblingen. Ich hoffe, daß sie schnell gegeben wird und ich fahre dann über Braunschweig oder so nach Süden. Mir wurde hier auf meine wiederholten Fragen und Zweifel, ob ich die Ausreisegenehmigung bekommen würde, geantwortet, nein, Sie werden bestimmt keine Schwierigkeiten haben ...

Ich möchte nun Hans um eines bitten: Beim engl. Safety-Officer nachzufragen, ob ich tatsächlich mit alsbaldiger Reisegenehmigung nach der amerik. Zone rechnen kann und diese auch so ist, daß ich dann nicht etwa nur kurzbefristete Reise genehmigt bekomme und mich etwa nach 8 bis 14 Tagen wieder in Hildesheim bei der Polizei melden muß, sondern daß sie mir auch tatsächlich den Verbleib in Böblingen gestattet.

Sollte sich herausstellen, daß Einstufung nach V unmöglich und der Safety-Officer entgegen den mir hier gegebenen Versicherungen keine Reisegenehmigung erteilt, dann bitte sofort Telegramm hierher, damit ich meine Entlassung rückgängig mache, indem ich meine Adresse in Hildesheim zurückziehe und dann in Gottes Namen hier weiter hocken bleibe, bis die Engländer und Amerikaner sich mal einigen werden, was noch bis in die Puppen dauern kann.

Ich erwarte Dich, Liebes, heute natürlich nicht hier, Du tatest recht daran, bei dieser Kälte und tiefem Schnee nicht zu fahren. Bitte warte bloß erst Tauwetter ab, denn der Zug, der hier von Ülzen um 10 Uhr vormittags ankommen sollte, kam heute erst um 16 Uhr! An sich wäre ja nun, wo meine Entlassung so nahe bevorsteht, diese beschwerliche Reise sowieso überflüssig, aber dieser Brief wird ja wieder zu spät kommen. Und es ist nun vielleicht auch sehr gut, daß ich Dir diesen schwierigen Komplex nochmal mündlich erläutern kann.

Nun erhebt sich die Frage, ob Du nun so kurz vor meinem Eintreffen in Hildesheim noch nach Böblingen zurück sollst. Ich meine, Du wartest mich nun in Hildesheim ab und wir fahren dann gemeinsam los!! Ich würde das, wenn es irgend geht, sehr wünschen.

Was mich bedrückt, ist die Unterbringungs- und Verpflegungsfrage, mit der ich Euch dann auf der Pelle liege. Ich bin mit den primitivsten und bescheidensten Verhältnissen zufrieden, irgendwo in der Nachbarschaft in einer Mansardenecke oder auf dem Hängeboden ...

Mir brummt der Kopf von allem Hin- und Her-Überlegen. Allein das nimmt mir nicht meine Freude und Liebe, Dein Botho.«

Schließlich kam es dazu, daß sich Botho und Gisela nach Jahren wiedersahen, am Stacheldraht in Munsterlager – zweimal je eine halbe Stunde, und danach doch wieder ein herzloses Auseinanderreißen! Über dieses ihre beiden Herzen und Seelen aufwühlende Wiedersehen geben folgende Zeilen vom 13.1.1947 beredtes Zeugnis:

»Liebes! – Glücklich und strahlend über Deinen Besuch – und noch habe ich unser Wiedersehen morgen wieder vor mir – aber deshalb will ich doch ganz schnell diese Zeilen schreiben, die Du mitnehmen und lesen sollst, wenn Du wieder auf der Rückfahrt bist. Damit Du nochmal ein paar liebe Worte vor mir hast, viel weniger an Zahl als ich Dir sagen konnte oder wollte oder schreiben könnte. Aber doch wenigstens ein Gruß in der Hand von mir, wenn Du nun in der ratternden Bahn sitzt. – Liebes, ich bin ja so glücklich über unser Sehen. Und Du sahst so blendend aus und so strahlend, so glücklich – Deine schönen klaren Augen, Dein ganzer rassiger Schmiss – und Deine tiefe einzigartige Liebe, die mir entgegen strahlte. Ach, Liebes, ich bin ja so froh, Dich gesehen zu haben. Nun wissen wir doch wieder voneinander, daß wir alle beide noch unverändert dieselben geblieben sind – sind das wirklich drei Jahre? Mir fielen sie so schnell ab, als wenn wir nur ein paar Monate getrennt waren. Und in Blick und Wort war's ja nur, als wenn wir nur gerade gestern getrennt waren. Ja – das ist doch Einigkeit, ein Herz, eine Seele, Liebes, ich bin genauso verliebt in Dich wie in unseren ehesten Tagen! Schön, wenn man sowas fühlen kann, wunderbar! Ja, mit Dir, da lohnt sich's, wieder anzufangen. Da bin ich auch gleich wieder der alte lachende Launejunge, kann wieder lachen und die Welt gerade nur soweit ernst nehmen, wie sie es verdient, und mit Dir zusammen meine Faxen darüber machen. Ich hatte hier Zeiten, wo ich glaubte, ich könnte das nicht mehr in alter Frische. Dies Lagerleben ist eine bittere Mönchsklause voller Lebensunlust. Ich bin's ja auch, alt, aber ich werde es doch nie – alt! Mit Dir nicht! Und mit Dir lohnt's eben noch, mit Dir, mit Dir, Liebes! ... Mich hast Du glücklich gemacht und mir zum letzten Rennen einen unerhörten Auftrieb gegeben. Auf Wiedersehen – morgen – und dann immer! Ich sehne mich nach Dir, unsagbar. Und nach Freiheit, Dein Botho.«

In einem weiteren Brief vom 20.1.1947 kommt die Glückseligkeit über das – zweite – Wiedersehen wohl noch stärker zum Ausdruck:

»Liebestier! War das eine Überraschung! So freudig bin ich noch nie aus dem Nachmittagsschlaf herausgeholt und überrascht worden: Dein Telegramm! Du bist ja eine Mordsfrau! Du rühmst immer meine Aktivität. Aber Du hast sie mindestens genauso! Donnerwetter, Liebes, ich bin noch immer ganz durcheinander, Dich nun wieder mit mir am selben Ort zu wissen, nur durch den blöden Draht getrennt. Und wie lieb Du wieder aussahst! Genauso frisch, jung, leuchtend und von innen heraus strahlend. Wenn ich Dich sehe, sehe ich gar keinen anderen drumherum ... Liebes, ich bin ganz aus dem Häuschen, daß ich Dich nun nochmal sah und morgen nochmal sehen werde, liebste süße Frau! Es wird mir immer schwerer, Dich nicht hier in der Bude einfach in die Arme zu nehmen und nach Herzenslust zu küssen, was sind das alles für lachhafte Zustände, kriegsgefangen im eigenen Land, von eigener Frau besucht und doch nicht frei! Aber das hat ja nun ein Ende und zum Frühling hin komme ich nach Hause, es gibt keine schönere Jahreszeit, als jetzt die Gewißheit, daß wir der Sonne entgegen gehen. Wenn ich erst oben in Böblingen auf dem Balkon stehe, Junge, Junge!!«

Wenigstens ein weiterer Brief von Gisela an Botho vom 4.2.1947 ist erhalten, der die damalige Lage dieses innigen Paares wiedergibt:

»Liebstes Tier Du, ob es überhaupt noch Zweck hat, daß ich Dir schreibe und wir uns inzwischen nicht längst lieb gehabt haben? Aber ich schreibe doch, denn Dein Brief vom 17.1., abgestempelt in Hamburg am 31.1., klang so trostlos und hungrig nach mir, daß ich, bis ich Dein Telegramm bekommen werde, noch viel schreiben will. Seit dem 17.1. habe ich ja schon wieder Deinen Brief vom 20.1., den Du mir ja persönlich geben konntest, und daraus sehe ich, wie ich Dir durch meinen zweiten Besuch einen gehörigen Sprung weiter geholfen habe. Dieses erste Wiedersehen war einfach zu kurz und es hielten mich keine 10 Pferde, noch einmal loszufahren. Die Umstände waren ja auch viel bessere, ich kannte die Tour, es war kein Tauwetter und die Züge waren pünktlich. Am liebsten würde ich noch einmal losfahren, um Dir die letzte Wartezeit zu erleichtern, aber das wäre wohl purer Leichtsinn.

Gestern holte ich das Care-Paket von Baldwin ab. Auf demselben Weg konnte ich auch das 5-Pfund-Fettpaket von Frau Walch abholen. Es ist herrlichstes dänisches Rindertalg, zum Braten und Kochen hervorragend. Hoffentlich wiederholt sie nun nochmal solch eine Sendung, denn sie hat wirklich keine Last dadurch, sondern braucht ja nur den Geldbetrag bei der Schweizer Caritas einzusenden, und das sind vielleicht 8 Schweizer Franken. Das Care-Paket ist natürlich herrlich, aber wie ich schon von anderen Seiten hörte, ein ziemlicher Beschiß insofern, als der gute Mr. Baldwin den Inhalt, der in Bremen von alter amerik. Heeresverpflegung zusammengepackt wird, mit 15 Dollars bei weitem überzahlt hat. Die von den Amerikanern selbst zusammengestellten Pakete sind für beide Teile bedeutend rentabler. Aber ich finde, daß kann man Baldwin auf keinen Fall schreiben, denn wir können nicht gut verlangen, daß er persönlich ein Paket packt. Außerdem scheint er ja in der Lage zu sein, 15 Dollars ausgeben zu können.

Also nun der Inhalt: 22 kg!! Enorme Übersee-Verpackung. In einem großen Karton sind je 4 kleinere Kartons. Ich erhielt das ›Menü 5‹, bestehend aus 1 Karton mit der Hälfte Keks, 50 Zigaretten, Klopapier, Salz, 200 Gramm Zucker, 250 Gramm Kakao-Gries, 5 Rippen Block-Schokolade, 250 Gramm süße Morgensuppe, ein kleines Döschen (3 cm im Quadrat rund) Nes-Café. Dasselbe noch einmal in einem zweiten Karton. Dann: 2 Pakete mit folgendem Inhalt: 1 kleine Dose Butter, 1 kleine Dose Milch, 5 kleine Dosen Käse, 5 kleine Dosen Reispudding mit Ananas, zwei 2-Pfunddosen fertiges Mittagessen (Ham and Egg oder so), zwei 1-Pfunddosen Bohnen, 1 Stück Seife, Klopapier (leider keine Zigaretten!). Das Paket soll 40.000 Kalorien enthalten, also eine sehr schöne Sache. Ach so, Kaugummi und Nougatstangen sind auch noch drin, und damit machen wir Welflein eine unheimliche Freude. In je 2 Kartons ist immer das gleiche verpackt, so daß meine Aufzählung mal zwei zu nehmen ist, also 100 Zigaretten ...

So, und dann bekomme ich übermorgen meinen Raummeter Holz gesägt ins Haus und Kristen wird ihn mir hoffentlich dann gleich hacken und auf den Boden schleppen, sa daß wir ordentlich kacheln können und den Kamin brennen, wenn Du Du Du hier sein wirst!!! Ach, Botho, vorläufig ist es mir immer noch wie ein Traum, daß Du nun wirklich bald hier sein wirst. Ich kann es einfach noch nicht fassen, und denke immer, daß irgend etwas noch dazwischen kommt. Es schneit und es ist wieder kälter geworden und die Sonne hat sich verkrochen. Das Radio ist kaputt, Donnerstag werde ich erfahren, was dran los ist. Nun muß ich nur noch einen Dummen finden für meine riesig angesammelte Bettwäsche zum Waschen. Wäschereien sind alle geschlossen, und bei dem Wetter habe ich etwas Angst, mir selbst etwas in der Waschküche zu holen, denn die Stabilste bin ich ja leider nicht, das Heben wird mir nach wie vor sehr schwer.«

Dann war es endlich soweit: Am 14. Februar 1947 wurde Botho aus der Kriegsgefangenschaft entlassen! Frau und Sohn holten ihn in Hildesheim auf dem Bahnhof bei klirrender Kälte ab. Es herrschte seit Wochen starker Frost. Der Zug aus dem doch nicht sehr weit entfernten Munsterlager kam und kam nicht. Das Warten war schier unerträglich. Es war schon längst dunkel, als der Transport endlich in den Bahnhof einrollte. In dem heftigen Gedränge und Geschiebe der sehnlichst Wartenden auf dem Bahnsteig entdeckten dann Gisela und Welf endlich den gegen die Kälte tief vermummten Mann, der ihr Mann und Vater war. Er zeigte ein tief-glückliches Lachen, er nahm sie beide innig in seine Arme. Der 8jährige Sohn konnte die ganze seelische Tiefe dieses Augenblicks nicht erfassen. Im Oktober 1943, vor 3 ½ Jahren, bei dem Hausbrand, hatte der damals 5jährige seinen Vater zum letzten Mal für wenige Tage gesehen. Er mußte seinen Vater nun überhaupt erst einmal kennen lernen, ohne seine Mutter hätte er ihn nicht einmal erkannt.

Glücklicherweise konnten alle für die erste Zeit, bis die Formalitäten zur Weiterreise in die amerikanische Zone geregelt waren, im Hause Beitzen unterkriechen.

Neubeginn?

Endlich frei! Aber wie sah diese Freiheit in der Realität aus? Es war ganz gewiß keine glückliche Zeit im Nachkriegsdeutschland. Hunger, Entbehrungen, Sorgen ums Überleben, um den Broterwerb und der Kampf um Rehabilitation überlagerten ein kleines Fleckchen privaten Glücks.

Die Lebensumstände und die Stimmungslage der ersten Wochen nach der Entlassung können nicht besser geschildert werden als durch die Wiedergabe des Briefes vom 30. März 1947, den Botho und Gisela zusammen an Bothos Mutter und Schwester in Braunschweig schrieben.

»Ihr Lieben!
Wenn Ihr wüßtet, in was für einer Engigkeit wir hier sitzen (11 Personen in drei Zimmern!), dann würdet Ihr verstehen, warum wir so schweigsam sind. Nur aus dem Grunde, weil man einfach keinen Gedanken fassen kann, und Botho nicht weiß, an welchem Tisch er seine Gedanken ordnen soll. So zieht er es z.Z. noch vor, sie überhaupt nicht zu ordnen, sondern geht mit Axt und Säge und Spaten in den Garten, guckt in die Sonne und will nichts hören und sehen als die Natur. Denken und sprechen tun wir so oft von Euch, liebste Mama, und es steckt in keiner Weise irgend etwas dahinter, daß wir nicht schreiben. Über Botho kommt endlich nach diesem entsetzlichen Alpdruck des Gefangenseins ein ›dolce far niente‹. Er will von den Menschen nichts sehen und hören, er will endlich einmal einen Frühling zu Hause nach 9 Jahren der Odyssee erleben, der ja nun endlich zu kommen scheint. Die Reise Ende Februar hierher spottet jeder Beschreibung, unser Telegramm werdet Ihr erhalten haben. Seitdem versuchen wir, uns einzuleben und nicht daran zu denken, auf was für einem abgesägten Ast wir sitzen. Oft gelingt es uns, oft nicht, und je nach dem steht das Stimmungsbarometer auf Regen oder Sonne. Ich selbst versuche krampfhaft, meine ›Was-essen-wir-heute, was-essen-wir-morgen – Sorgen‹ vor Botho zu verbergen. Bis jetzt gelang es mir dank meiner Kaninchen, nun aber schrumpft die Kartoffelecke zusammen und dieser Gedanke ist geradezu ein Schreckgespenst. Die Angleichung an Eure liebliche Zone hat Euch nicht mehr, dafür aber uns so viel wie Euch gebracht. Es ist zum Knochenkotzen. Man sollte uns doch gleich einen Strick oder Strychnin geben. Wir sind ewig müde und hungrig, Lärm links, Lärm rechts, Lärm oben, Lärm unten, dazu das erhebende Gefühl, daß demnächst ein neues Besatzungsregiment hier eintrifft und wieder viele Häuser beschlagnahmt werden sollen. Ob diesesmal der Kelch wieder an uns vorüber geht, wissen die Götter. Von heute auf morgen leben, nicht denken, nicht sehen, nicht hören. Das merken wir, werdet Ihr sagen! Als vor einigen Wochen, liebe Grete, Deine und Hanns-

Martins Briefe eintrafen, hat Botho sich, d.h. mich sofort an die Schreibmaschine gesetzt und mir einen langen Antwortbrief diktiert. Er wurde nicht ganz fertig und seitdem schmort er in der rechten Schreibtischschublade unter vielen anderen unbeantworteten Briefen. Und wenn man erstmal anfängt, in seiner Korrespondenz zu bummeln, nimmt das kein Ende. So also auch Euer Sohn und Bruder. Ich persönlich würde ihm ja Rippenpüffe geben, wenn es sich um eine Millionenerbschaft handelte, so aber schweige ich still und versuche, ihm seine endlich gewonnene ›Freizeitgestaltung‹ nicht zu verärgern. Trotzdem ist seine Bummelei in dieser Angelegenheit unverantwortlich. Aber mach was dagegen! (Hoffentlich liest er das nicht) Im übrigen haben wir gaar nichts erlebt als das tägliche Einerlei, was für mich ja nun erstmal einen rosigen Glanz erhält, weil es unter dem Liebesstern steht. – Aber genauso glücklich macht mich z.B., daß die 99. Zuteilungsperiode vorüber ist und heute endlich die 100. beginnt. Oh süßer Kreislauf!

Vater und Sohn sind unzertrennliche Freunde und ich bin in jeder Beziehung entlastet – ach – es könnte überhaupt alles so schön sein, wenn ...

Von zu Hause habe ich schlechte Nachricht. Meine Mutter war sehr böse mit 41 Grad Fieber erkrankt (Grippe und Bronchitis) und Gerda war recht sehr in Sorge. Die Kohlen gingen mit unserer Abfahrt aus, Hochwasser kam in die Keller und es ging eben alles schief. So sind wir gerade noch rechtzeitig abgereist. Wir wollten eigentlich noch einmal zu Euch gekommen sein, aber wir sahen, daß es Gerda doch ein bißchen zuviel wurde mit der Enge, und so setzten wir uns kurzentschlossen an dem einzigen Tauwettertag auf die Bahn. Bothos Papier- und Stempelkrieg verlief wider Erwarten prompt und glatt, dank seiner alten Beziehungen zur Hildesheimer Schutzpolizei, und ich selbst drängte zur Abreise, um nun endlich in den engen 4 Wänden anfangen zu können. –

Hier blühen die ersten Veilchen, Schneeglöckchen und Kätzchen. Der Blick in den Schwarzwald und in die Weite läßt einen freier atmen, als in den zerbombten Städten, und aus diesem Grunde schon allein, liebste Mama, wünschte ich, ich könnte Dir einen Urlaub bereiten, wie ihn Botho sich für Dich seit langem wünscht. Aber bei diesen augenblicklichen Wohnverhältnissen ist das so gut wie ausgeschlossen. Ich gebe aber trotzdem die Hoffnung nicht auf, daß noch einmal etwas bessere Tage kommen werden in dieser Beziehung und wir doch noch einmal alle glücklich vereint unter einem blühenden Fliederbaum wie damals vor 7 Jahren sitzen werden!

Am Ostermorgen werden wir in Gedanken bei Euch sein und Euch in die Arme nehmen. Seid bitte, bitte nicht böse oder traurig über unsere Schweigsamkeit.

Wir bleiben Eure Gisela und Welf und
(nun fügt Botho handschriftlich hinzu)

– da bin ich endlich, liebste Mama und liebste Grete! Ihr werdet schon den Kopf geschüttelt haben, weshalb ich so gar nichts von mir hören ließ. Aber es war wie eine Betäubung, endlich frei zu sein und alles Müssen von sich werfen zu können und erstmal ganz sich nur diesem Gefühl der Entlastung von all den täglichen Quälereien hingeben zu können. 2 ½ Jahre hinter Draht eingespannt zu sein und dann plötzlich wieder dort zu stehen, wo man vor Jahren unter ganz anderen Verhältnissen gelebt hat, geht eben doch nicht ohne Erschütterungen ab. Und deshalb habe ich erstmal 4 Wochen alles von mir abgewiesen und mich innerlich und äußerlich wieder instandgesetzt und zurechtgefunden. Schon im Haus allein diese Wohngemeinschaft ist nicht ganz einfach. Wir bewohnen zum Schlafen, Essen, Wohnen, Anziehen, Schularbeiten pp. Zu Dreien noch ein Zimmer – mein oberes früheres Schlafzimmer. Daneben in Giselas Schlafzimmer wohnt eine Frau Zimmermann mit 20jährigem Studentensohn und ihrem <u>heute</u> aus der Gefangenschaft entlassenen Mann (auch General); daneben in Welfs früherem Kinderzimmer wohnt eine sudetendeutsche Familie mit zwei anderthalbjährigen Zwillingen und 6jährigem Jungen. – Wir sind also allein hier oben auf der Etage 11 Personen! Unten wohnen 4 Menschen, 1 Ehepaar, 1 Freund, 1 76jährige Tante. In summa also in den 5 doch nicht übertrieben großen Zimmern 16 Personen! Und das kocht alles in der einen Küche! Der süße Friede ist dahin. Mein neuester Beruf wäre an sich sehr einfach: Ich setze mich vor meine eigene Toilette; da jeder 4 x täglich ›muß‹ und wenn ich dann je Besuch 10 Pfennig erhebe, wäre das eine Tageseinnahme von 16 x 4 = 64, also RM 6,40! Mehr als ein ungelernter Arbeiter! Sonstige Berufsaussichten habe ich ja auch nicht. Bei der jetzigen Wirtschaftslage komme ich noch nicht einmal als Vertreter an, da nichts zu verkaufen da ist, was einem nicht auch ohne Vertreter aus der Hand gerissen würde. Und ›Beamter‹? Da ist der Andrang so groß, daß man einen ›General‹ sowieso nicht will. Schriftsteller? Kein Papier da und es wird sowieso zuviel geschrieben und kann nicht gedruckt werden. – Also versenke ich mich in meinen Garten – solange wie es dauert und wir hier nicht rausfliegen, weil ein Amerikaner rein will. Und helfe der schwer belasteten Gisela im Haushalt, bergauf, bergrunter das Markenessen ranzuschaffen, abzuwaschen, Herd zu heizen, Wäsche aufzuhängen, Betten zu machen, na und so weiter. –

Die Behörden empfingen mich sowohl in Hildesheim wie auch hier mit unerwartet freundlicher Haltung, in 100 Gängen habe ich nun endlich meine zahllosen Stempel und Ausweise und bin nun wieder als Deutscher ›erfaßt‹. Und so leben wir denn erstmal ins Blaue hinein, in jeder Beziehung. Denn wir wissen ja noch nicht einmal, ob man nicht von einem zum anderen Tag hier aus dem Hause rausfliegt und seine Möbel stehen lassen muß. Für die geringen Lebensmittelmengen langt das wenige Geld ja noch eine Weile und wenn es alle ist, wird man weiter sehen. Da alles Grübeln doch keine

Lösung bringt, weist man es von sich so gut es geht und steckt den Kopf in den Sand bzw. hier in den roten Tonboden des Gartens. Was soll ich in solcher Lage viel zu den Erbschaftsdingen sagen. (Tod des Onkels Adolf Wechsung, Bruder von Bothos Mutter, aus der Klavierfabrik Wechsung und Steinweg – heute Steinway & Sons – im Jahre 1946 mit Hinterlassenschaft von etlichen Klavieren und Immobilien) Ihr habt die Dinge bislang so gut verwaltet, daß ich es von hier aus nur schlechter machen könnte. Außerdem ist ja gar nichts da zum Verwalten! Klar, daß ich alle etwaigen Einkünfte Dir, liebste Mama, zur Verfügung stelle, zurückliegend sowohl wie in Zukunft. Im übrigen bin ich nach wie vor zur Übernahme der Testamentsverwaltung bereit. Dazu wäre notwendig, daß für die rückliegende Zeit abgerechnet wird, damit ich dann übernehmen kann. Wieweit stehen denn Eure Baupläne in der Humboldtstraße? Man müßte berechnen, was alles dann an Hypothekenzinsen zu bezahlen wäre, wenn die neuen Wohnungen bezugsfertig sind. Sie werden dann wohl sehr teuer sein, aber es wären wenigstens wieder eigene Bleiben.

Ich nehme nicht an, daß die Pläne des Auseinanderziehens von Euch beiden wirklich ernst gemeint sind. In der heutigen nervösen Zeit faßt man manchmal Entschlüsse, die bei näherer Betrachtung doch wohl unmöglich sind. Wir sind ja schließlich alle unglückselige Opfer dieser furchtbaren Vergangenheit und jeder hat zu seinem Teil an seinem Schicksal zu tragen, der eine so, der andere anders. Am wenigsten aber sollte man auseinander laufen, wenn man jahrelang Freud und Leid zusammen getragen hat, wie Ihr beide das doch – und insbesondere das Leid in den schwersten Jahren getan habt. Laßt mich das als meinen Osterwunsch sagen. Ich habe, in der Welt herumgehetzt, soviel Streit und Schatten in der Welt gesehen und erlebt, daß ich als meinen sehnlichsten Wunsch nur den einen nennen kann, in der kleinen, uns verbliebenen Familiengemeinschaft wenigstens Frieden und Eintracht und Ausgleich zu finden. Was ich dazu tun kann, dazu beizutragen, will ich von Herzen gerne tun. Sagt mir, was ich und wie ich helfen kann, dann will ich alles tun, was in meinen Kräften steht.

Ich hoffe, daß diese entsetzliche Wintermisere nun auch bei Euch bald durch milderen Frühlingsanfang alle häuslichen Sorgen und Schwierigkeiten lindert und damit ein Aufatmen möglich ist.

Nun laßt Euch in die Arme schließen, ich möchte Euch so viel von der hier keimenden Vorfrühlingsahnung mit in den Brief legen und in Eure Behausung senden. Nehmt dafür ein sehr von herzlichster Liebe angefülltes Herz, das zu Euch hinschlägt, und Dich, liebste Mama insbesondere, nehme ich in meine Arme mit vielen lieben, lieben Ostergrüßen, und Euch beiden anderen dazu, liebe Grete und Marlene, und schicke Euch meine besinnlichsten und liebevollsten Ostergrüße, Euer Botho.«

Gisela und Botho 1947

Dies war die Realität: hart, hoffnungslos, beengend, bedrückend, sorgenvoll, perspektivlos, einsam, verlassen und fast freudlos! Die sehnlichst erhoffte Freiheit war nur latent zu spüren, alle begleitenden Lebensumstände eher eine neue Fessel in anderem Gewand. Dem Glücksgefühl, der Gefangenschaft endlich entkommen zu sein, folgte eine Seelenpein, die es nahezu zu ersticken drohte. Freiheit, das war zunächst ein neuer, erbitterter Kampf ums Überleben! Der zitierte Brief enthält schon erste deutliche Anzeichen des Verzagens (abgesägter Ast, Strick, Strychnin, Wärter der eigenen Toilette). Der in Briefen aus der Gefangenschaft bezeugte Lebensmut und der Wille zum Neuanfang mit originellen Berufsideen scheinen schon nach einem Monat in Freiheit wie weggeblasen, in Resignation umgeschlagen zu sein. Dies mag psychologisch auch damit zu erklären sein, daß dem glücklichen Freiheitsgefühl nun mit brutaler Macht die Erkenntnis entgegen schlug, an einen Ort zurückgekehrt zu sein, der vor Jahren noch einen glanzvollen Mittelpunkt des Lebens als höherer Offizier bildete, nun aber ein Ort war, der die Niederlage, die Erniedrigung, die so achtlose Lebensstellung offenlegte – eine schmerzhafte Konfrontation zweier Welten, die nur eine tiefe Verletztheit hervorrufen konnte.

Schon in den ersten Wochen der Freiheit veränderte sich Bothos Grundhaltung:

Das Gefühl, ein ganzes Berufsleben sinnlos vertan zu haben, nichts wirklich bewegt haben zu können, für einen seit den Anfängen des ersten Weltkrieges nicht mehr akzeptierten mörderischen Kriegsdienst tätig gewesen

Die Villa mit Notdach

sein zu müssen, ja ganz schlicht gescheitert zu sein. Es war offenbar: Alles war zerbrochen, der Glaube eines humanistisch gebildeten Menschen an das Gute. An seine Stelle trat der abgrundtiefe Haß auf die Gesellschaft und die Verachtung ihrer Repräsentanten, die noch leise gehegte Hoffnung auf eine Wendung zum Besseren, der Glaube an einen neuen, tragenden Lebensinhalt. Botho lebte »ins Blaue«, in den Tag hinein, ohne einen brennenden inneren Gedanken an eine sinnvolle Zukunft. Pure Resignation eines in sich und die Gartenwelt zurückziehenden Ichs. Nur dies besaß noch sittlichen Wert: Die tiefe Liebe zu seiner Frau, die Sorge um das Gedeihen seines Sohnes.

Im Frühjahr 1947 galt es, die größte Gefahr für einen leidlichen Neubeginn zu bannen. Amerikaner erschienen eine Woche nach Ostern im Hause und suchten nach weiteren Beschlagnahme- und Einquartierungsmöglichkeiten. Dies hätte den kurzfristigen Hinauswurf aus den angestammten, restlichen Räumlichkeiten und dem Garten bedeutet, eine entsetzliche Vorstellung. Botho setzte sich bei den deutschen und amerikanischen Dienststellen unermüdlich dafür ein, daß ihm wenigstens dieser kleine Rest der ehemals stolzen Kommandeursvilla erhalten blieb, schließlich mit Erfolg.

Botho vergrub sich in seine geliebte Gartenarbeit, nutzte all seine am Mississippi erworbenen landwirtschaftlichen Kenntnisse, um aus dem großen, nach Süden abfallenden, mit Steinmauern unterbrochenen Garten der ehemaligen Dienstvilla eine blühende, ertragreiche Landwirtschaft zu machen. Jeder dem Lebensunterhalt nur irgendwie dienliche Anbau wurde betrieben, von der Kartoffel über verschiedene Gemüse, den Tabak bis hin zu Erdnüssen – gepflanzt, gepflegt und geerntet zwischen den über alles geliebten, mit großem Erfolg gezogenen Rosen –, der sorgsamen Pflege der Obstbäume (den Apfel-, Birnen-, Pflaumen- und Quittenbäumen) und der Beerensträucher, die Haselnußhecken nicht zu vergessen, schließlich der reichen Ernte von zwei stattlichen Nußbäumen.

Hinzu kam eine neue Leidenschaft, die Bienenzucht. In einer großen, am Rande des Gartens stehenden Scheune richtete sich Botho eine Tischlerwerkstatt ein, in der er in ausschließlich selbst betriebener, höchst akkurater Zimmermannsarbeit Bienenhäuser schuf, um sie in einem weiteren Scheunenteil aufzustellen, mit Bienenvölkern zu besetzen, ihnen in die Scheunenwand Einflugöffnungen mit verschiedenfarbigen Landebrettchen zu zimmern und schließlich nicht nur ihren Honig zu ernten, sondern sich auch um deren Weiterleben in den kommenden Jahren zu kümmern. Dies war eine anspruchsvolle, mit hoher Sachkenntnis und Leidenschaft ausgeübte, tiefe Befriedigung auslösende, viele Stunden ausfüllende und höchst konzentrierte Tätigkeit! Botho war überzeugt, seine Familie mit dem Honigertrag ernähren zu können – eine in der damaligen Zeit ob der allgemeinen Ernährungsnotlage nicht ganz unbegründete Annahme! (Bei einem Besuch des Verfassers seiner Gefilde aus Kindheitstagen im Jahre 2004 konnte er noch immer die bunten Einflugsbrettchen sehen!)

Außerdem wurden Hühner und Kaninchen gehalten, um gelegentlich die fleischliche Ration aufzubessern, wovon schon Gisela in den Jahren davor zehrte. Bei allen seinen auf diesen neuen Lebensinhalt gerichteten Tätigkeiten wurde Botho auf das Beste unterstützt von seiner geliebten Frau, die tatkräftig alles verarbeitete, zubereitete und konservierte, was der Boden hergab. So verstanden es die beiden, sich über die schwersten Notlagen der Versorgung mit Lebensmitteln hinweg zu helfen und die entbehrungsreiche Nachkriegszeit einigermaßen gut zu überstehen.

Wenn Gisela am 8. Mai 1947, zwei Jahre nach der Kapitulation, im Alter von 40 Jahren, einen Geburtstagsbrief an ihre Schwiegermutter schreibt, so spricht aus diesen Zeilen ihr Seelenleid, aber auch die gedämpfte Freude über das jüngste, bescheidene Glück:

»Meine liebste, gute Mama, vor sieben Jahren spielte uns die Kapelle unter blühendem Flieder ein Ständchen. Botho mußte an die Westfront. Seitdem feiern Du und ich unsere Geburtstage ohne ihn. Ich kann es immer noch nicht glauben, daß diese entsetzliche Warterei (das Frühjahr war immer die schmerzlichste Zeit) vorüber sein soll. Unser geliebtes Balkonzimmer prangt im Fliederschmuck, und unser innigster Wunsch ist es, Dich, geliebte Mama, am 12. Mai hier haben zu können, um all diese Wahnsinnsjahre, wenn auch nur für Stunden, zu vergessen. Aber das kann ja nicht sein, und so nimm aus der Ferne die allerliebsten Gedanken und Wünsche von mir und dem Welfensohn, der sich unter Bothos ausgeglichenem Temperament und angeborenem pädagogischen Talent prächtig entwickelt. Wenn man den beiden nur etwas mehr in die Knochen stecken könnte und sie pflegen. Aber die nun Euch angeglichenen Rationen sind für ein Hausfrauenherz, um das heulende Elend zu kriegen. Morgens und abends der gleiche Gedanke, na, Ihr kennt das ja ... Aller Hungersnot zum Trotz habe ich aber eine 6! jährige französische Klucke gesetzt, und dieses treue Huhn hat tatsächlich alle 12 Eier ausgebrütet, nun watschelt sie stolz mit ihrer Brut durch den Garten und kratzt sämtlichen frisch gesäten Samen wieder aus. Botho bleibt milde, wie er überhaupt von einer wohltuenden Ausgeglichenheit geworden ist. Er kann sich stundenlang mit einer Innigkeit vor unser Getier stellen und es betrachten und sich seiner endlich errungenen Freiheit erfreuen, daß mit diesem Wissen um seine aufatmende Freude an der Natur und dem Getier sein ganzer Alpdruck der vergangenen einsamen Jahre von mir fällt und ich mir täglich sage: Es hat gelohnt, Dein Warten. Wie und was die Zukunft bringen wird, weiß man noch nicht. Ich schiebe den Gedanken mit Macht beiseite und versuche, nur noch von heut auf morgen zu denken. Reichlich leichtsinnig, aber ich will noch einmal in meinem Leben einen sorgenfreien Frühling genießen, was wiederum nicht gelingt, weil der geliebte Ami mit der Hausbeschlagnahme droht. Aber ich kenne dieses Unterdruckleben nun schon zu sehr und will und kann an die Möglichkeit nun nicht mehr glauben. – Liebste Mama, sei nicht traurig, wenn mein heutiger Geburtstagsbrief etwas kurz ausfällt, aber meine Hausfrauenpflichten ließen mich nicht eher zur Besinnung kommen, und Welflein steht drängend hinter mir, er soll den Brief mitnehmen und muß gleichzeitig pünktlich in der Schule sein, der liebe kleine Kerl. Ab Montag soll nun auch hier die Schulspeisung vor sich gehen, was aber auch dringend Not tut.

Liebste Mama, verbringe nicht zu mutlos den 12. Mai, wir sind mit den innigsten Gedanken bei Dir und haben Dich lieb.«

Ein anderer, für das Selbstwertgefühl außerordentlich wichtiger Punkt beschäftigte Botho im ersten Jahr in Freiheit: Er kümmerte sich intensiv um seine Rehabilitation. Es stand noch immer offen, ob es ihm gelingen könnte, in dem sog. Entnazifizierungsverfahren, das mit dem Spruch des »Reviewboard« ja noch keineswegs abgeschlossen war, zu erreichen, daß er nun endgültig nicht nur in Klasse IV, sondern in Klasse V als »Entlasteter«

eingestuft werden würde. Unermüdlich arbeitete Botho an einer Verteidigungsschrift, die er in dem zu erwartenden Verfahren der deutschen Spruchkammer vorlegen würde.

Schließlich war es im Sommer 1948 soweit: In einer öffentlichen Verhandlung vor der Spruchkammer Böblingen am 12.8. konnte Botho seine mit vielen Beweisen unterstützte Verteidigungsschrift in einer mündlichen Verhandlung nochmals eingehend darstellen und untermauern (Passagen aus dieser Schrift wurden oben bereits zitiert).

Die Spruchkammer kam zu dem einmütigen Beschluß:

»Der Betroffene ist Entlasteter.
Die Kosten des Verfahrens trägt die Staatskasse.

Begründung:
Der Betroffene ist Berufssoldat a. D. Von 1920 bis 1935 war er bei der Schutzpolizei, zuletzt im Range eines Polizei-Majors. Von 1935 bis 7.2.1947 war er bei der Wehrmacht und in Kriegsgefangenschaft. Nach Angaben des Finanzamtes betrug sein Einkommen im Jahre 1943 RM 14.749,–; Vermögen wurde nicht festgestellt.

Der Betroffene war Generalmajor der Wehrmacht seit 1943. Er gehört deshalb zu der in Teil A Abs. L/II, Ziffer 6. der Gesetzesanlage genannten Personengruppe und gemäß Art. 10 des Gesetzes ist zu vermuten, daß er mindestens einen der Tatbestände der Art. 7–9 erfüllt hat.

Der Betroffene hat beim öffentlichen Kläger der Spruchkammer Böblingen Antrag auf Einreihung in die Gruppe der Entlasteten gestellt.

Er verweist auf umfangreiches Entlastungsmaterial, welches den Akten beigefügt ist.

Der Antrag des öffentlichen Klägers auf Einreihung des Betroffenen in die Gruppe der Entlasteten erfolgt gemäß Art. 33, Ziffer 4 des Gesetzes.

Die Beweisaufnahme hat folgendes ergeben:
Der Betroffene entstammt einer welfisch eingestellten Familie und verlebte seine Kindheit und Schulzeit in Österreich, bis er zur Ableistung des Abiturs nach Deutschland auf das Gymnasium in Lüneburg kam. Er wurde dann Berufssoldat, ohne nennenswerte finanzielle Unterstützung seitens der Familie, in bescheidenen Verhältnissen von seinem Leutnantsgehalt lebend. Im ersten Weltkrieg war er, zuletzt als Oberleutnant im Infanterie-Regiment 79 Hildesheim, 4½ Jahre an der Front, wurde wiederholt verwundet. Kurz nach dem Kriege verstarb sein Vater, ohne Vermögenswerte zu hinterlassen. Nach der Demobilisierung wurde der Betroffene nach Hannover versetzt, wo damals die Reichswehr entstand. Die Mentalität des damaligen Reichswehr-Offizierskorps sagte dem Betroffenen so wenig zu, daß er seinen Abschied nahm. Er ging zur Polizei, der er alsdann 15 Jahre angehört

hat und bei der er den normalen Beförderungsweg als Polizeioberleutnant, Polizeihauptmann und Polizeimajor in der republikanischen Schutzpolizei gegangen ist. Durch Abfassung polizeilicher Fachbücher hat er sich einen Nebenverdienst verschafft. Von Severing wurde der Betroffene zum Polizeimajor befördert, im Jahre 1932 als Sachverständiger für das Polizeiwesen zum Völkerbund nach Genf gesandt. Bei seiner Rückkehr im Sommer 1933 fand er eine völlig veränderte Situation vor. Wegen seiner die Partei ablehnenden Haltung wurde er allmählich hinausgeekelt. Der Betroffene trat dann 1935 wieder in das Heer ein und erhielt die Panzerabwehrabteilung 3 in Frankfurt an der Oder als Major und Kommandeur.

Irgendeine politische Betätigung für den Nationalsozialismus konnte dem Betroffenen nicht nachgewiesen werden und ist auch bei ihm seiner ganzen Einstellung nach nicht zu vermuten. Auch die Auskunft des Ausschusses der politischen Parteien in Böblingen vom 2.4.1947 spricht sich in diesem Sinne aus.

Im Jahre 1938 kam der Betroffene als Regimentskommandeur des Panzerregiments 8 nach Böblingen. Das Regiment war eine Mischung der alten Reichswehr und der hitlerschen Wehrmacht, die Haltung von Offiziers- und Unteroffizierskorps eine zwiespältige.

Im Frühjahr des Jahres 1939 kam das Regiment nach der Tschechei, nahm dann im Sommer am Feldzug in Polen teil und kam schließlich nach Frankreich, wo der Betroffene das Regiment abgab. Er kam in den Stab des Generalfeldmarschalls von Witzleben, Heeresgruppe West, als General der Panzertruppen West, trat dort in den Witzlebenschen Freundeskreis, dessen politische Einstellung ihm bekannt war. Witzleben hat mit dem Betroffenen offen darüber gesprochen, daß er (Witzleben) einen politischen Staatsstreich plane und daß Hitler beseitigt werden müsse. Im Winter 1941/42 suchte der Betroffene im Auftrage von Witzleben die Einstellung der Kommandeure der Einheiten im Westen hinsichtlich ihrer Zuverlässigkeit für den Fall eines Staatsstreiches zu erforschen, fand aber bei den meisten wohl eine grundsätzliche Zustimmung, aber noch mehr Angst, sich dazu zu bekennen und dabei mittätig zu sein.

Nachdem der Betroffene noch einige Zeit als Leiter des Hauptverbindungsstabes in Marseille fungiert hatte, wurde er im März 1944 als Feldkommandant in den Südwesten Frankreichs versetzt. Es kam dann die Zeit der Invasion; in Nordfrankreich war bereits alles niedergekämpft und in Gefangenschaft gegangen, und die im Südwesten befindlichen Truppen sollten versuchen, zu Fuß Deutschland zu erreichen. Der Betroffene hatte in Orléans eine Besprechung mit Kommandeuren und Admiralen und sonstigen Offizieren, hat ihnen die militärische Situation erklärt und gesagt, daß er nunmehr Schluß mache; er könne nicht verantworten, die in seinem Befehlsbereiche befindlichen Leute verelenden und verhungern zu lassen, denn ein Durchkommen nach Deutschland sei ausgeschlossen.

Der Betroffene ist dann am 16. September 1944 mit etwa 20.000 Mann, einschließlich 800 bis 1.200 Offizieren zu den Amerikanern in die Gefangenschaft übergegangen. Im Anschluß daran war er etwa 2½ Jahre in amerikanischer und englischer Gefangenschaft, bis er dann ganz plötzlich von den Engländern aus dem Munsterlager freigelassen wurde. Er steht jetzt mittellos auf der Straße ohne ein nennenswertes Einkommen und ist auf Unterstützung für sich und seine Frau angewiesen.

Diese die eigenen Angaben des Betroffenen verwertenden Feststellungen wurden durch vorgelegte beglaubigte Unterlagen bekräftigt.

Der Chef der Polizei Yström in Bremen bestätigte in einem Schreiben vom 12. Dezember 1946, daß der Betroffene noch kurz vor der Machtergreifung einer großen Demonstration entgegen getreten sei und seine dienstliche Aufgabe auf Grund des Gesetzes zum Schutz der deutschen Republik unbeirrt gelöst habe. Generalleutnant a. D. Freiherr von Boineburg (Mitglied der Widerstandsbewegung gegen Hitler) bestätigt in seiner eidesstattlichen Erklärung vom 23.12.1946, daß der Betroffene ihn etwa am 15. Februar 1942 in seinem Stabsquartier Paris aufgesucht habe, um im Auftrage des Generalfeldmarschalls von Witzleben festzustellen, ob er (Boineburg) sich der Widerstandsbewegung anschließen würde. Boineburg bestätigt in jener Erklärung weiter, daß der Betroffene durch die rechtzeitige Kapitulation in der hoffnungslosen Lage an der Loire im September 1944 etwa 25.000 Mann das Leben gerettet habe und dafür vom Reichskriegsgericht in Torgau zum Tode verurteilt worden sei. Aus weiteren Unterlagen (Akten Blatt 28 bis 32) geht hervor, daß der Betroffene sich der französischen Bevölkerung besonders im Gebiete von Poitiers gegenüber menschlich gezeigt, sie nach Kräften unterstützt hat und Sprengungen von Brücken und im Hafen von Bayonne anläßlich des Rückzuges durch Befehl verhindert hat.

Verschiedene ausführliche Presseberichte in französischen und englisch-amerikanischen Zeitungen und Zeitschriften (letztere u. a. mit Bildern von der Übergabe), die von ihm im Original vorgelegt wurden, bestätigen die Haltung des Betroffenen; von ihm verfaßte, zur Einstellung des sinnlosen Widerstandes aufrufende Flugblätter wurden von amerikanischen Fliegern über Deutschland abgeworfen.

Aus all den gemachten Feststellungen geht hervor, daß die Vermutung des Artikel 10 widerlegt und daß der Betroffene nicht nur in keiner Weise materiell im Sinne des Gesetzes 104 belastet ist, sondern daß er vielmehr einer der heftigsten Gegner Hitlers unter den Generalen gewesen ist und in jeder Weise aktiv Widerstand gegen die nazistische Gewaltherrschaft geleistet und dadurch Nachteile erlitten hat.

Der Betroffene war also im Sinne des Art. 13 dem Antrag des öffentlichen Klägers entsprechend als Entlasteter einzustufen.«

Ein wesentliches Ziel der Bewältigung der Vergangenheit hatte Botho erreicht: Seine Rehabilitation war nun offiziell erfolgt. Dennoch mischte sich in die Freude über diesen außerordentlichen Erfolg herbe Verbitterung über die nicht zu leugnende Tatsache, daß die Verachtung und Verfemung der Offiziere in der Nachkriegsgesellschaft allgemein anhielt. Für den Beschluß der Spruchkammer konnte sich Botho keinen Pfifferling kaufen. Er blieb weiterhin wie viele Wehrmachtsangehörige ohne jede finanzielle Versorgung.

So war er glücklich, daß ihm sein Bruder Hanns-Martin eine Tätigkeit zuweisen konnte, mit der er wenigstens ein paar Mark verdienen konnte. Es handelte sich um das Übersetzen von Klassikern der Weltliteratur (englische und französische Autoren) aus dem Englischen und dem Französischen.

Werke der Schriftsteller Melville, Thackeray, Wilde, Gide, Stendhal usw. standen auf dem Programm. Das erforderte abende-, ja nächtelange Übersetzungs-, Diktat- und Schreibmaschinenarbeit, die Botho und Gisela etwa ab Herbst 1947 über etliche Jahre leisteten. Nun konnte Botho seine guten Sprachkenntnisse endlich nutzbringend einsetzen.

Wieder vermittelt ein Brief Bothos an seine Mutter vom 18.12.1947 auf sehr anschauliche Weise die damaligen Verhältnisse und Lebensumstände.

»Liebste Mama! Dein lieber langer Brief machte uns bei allem Kummer, den er enthielt, doch Freude, zeigt er uns doch, wie resolut und mit welcher Spannkraft Du alles miterlebst und so richtig und weise beurteilst.
Eben kommt Gisela aus der Küche und meint, wir schreiben mit der Maschine weiter, weil's schneller geht und man mehr schreiben kann.
Ja, liebste Mama, Du hast uns eine Riesenfreude gemacht und eine große Hilfe dazu mit dem reichen Weihnachtsgeld. Wir waren nun heute gleich los und haben hier durch viele Fürsprache bei einem vollgefressenen Spielzeugfabrikanten, den wir leider nicht kennen und der schon früher immer ins Ausland exportierte, zwei Kleinigkeiten für respektables Geld erstanden: ein stabiles Spielzeugauto mit eine Kipplore und eine Tankstelle aus Blech mit Hebebühne und Pumpen. Und das stellen wir ihm auf den Tisch als ein Weihnachtsgeschenk von der Oma, die er ganz und gar nicht vergessen hat, und er wird glücklich sein und strahlen, denn augenblicklich hat er es mit den Ami-Autos, die hier die Waldburg rauf und runter donnern. Sein Wunsch, ein Paar Kinderski zu kriegen, können wir ihm nicht erfüllen, aber er ist wirklich ein so bescheidenes und zufriedenes Kerlchen, daß die bunten Sachen von Dir seinen Tisch völlig ausfüllen.
Draußen liegt tiefer Schnee, es wäre alles so weihnachtlich, wenn die Welt nicht so traurig aussähe. Das Haus ist bis zum Bersten voll, aus jeder Tür quillt eine andere Familie und wie die kleinen Leute sind, geraten sie

sich auch wegen jedes kleinen Drecks an die Köppe. Wir sind darin Gott sei Dank nicht hineingezogen und haben uns in unseren äußersten Winkel zurückgezogen. Die Veranda, in der wir kochen müssen, ist unser täglicher Schrecken, denn das Wasser läuft buchstäblich von den klatschnassen Tapeten, von der Decke tropft es und die Temperatur ist genau wie draußen um 0 Grad, nur feucht wie in einer Waschküche. Auch Gisela läuft in dicken Hosen herum mit einer alten Lederjacke von mir und ich trage meine PW-Kleidung nach wie vor. So kämpft man sich durch diese nutzlosen Wintermonate und zählt die Wochen und Monate, bis es wieder wärmer wird.

Nachmittags und abend sitzen wir fleißig über der Schreibmaschine, Gisela tippt meine französischen Übersetzungen, das Lexikon staubt und der schwachernährte Geist wird ausgepumpt. Aber wir sind glücklich, daß mir Hanns-Martin diese Arbeit verschaffte, ist es auch nicht viel, was es geldlich einbringt für die doch vielen Stunden jeden Tages raubender Arbeit, so hat man doch das Gefühl, wieder etwas aus eigener Kraft zu verdienen und wenn es auch nur 100,- Mark monatlich sind. Wenn man natürlich bedenkt, daß man die auch mit 20 amerikanischen Zigaretten erhalten kann, so kommt einem der ganze Wahnsinn dieser Zeit zum Bewußtsein. Aber wir rechnen ja auch, daß nach einer Währungsreform 100,- Mark doch ein gutes Stück Geld sind, wenn diese Arbeit noch weiter laufen würde.

Das bringt mich auf Dein liebes Angebot, uns meinen Anteil an den Klaviereinnahmen wieder zuzuweisen. Ich ringe mit mir, ob ich es annehmen soll oder nicht. ... Wenn die Währungsreform kommt, wäre es neben dem Übersetzungsverdienst dann unsere einzige Einnahme. Zunächst geht es ja noch so, und ich möchte daher vorschlagen, daß wir diesen Plan doch aufschieben, bis es wirklich brennt. Wir leben augenblicklich so bescheiden, daß wir mit den geringsten Mitteln auskommen ... Die ganzen schönen Gerüchte über Pension, die aus Niedersachsen kommen, sind bei Lichte besehen blauer Dunst für uns. Man hat lediglich vom Landtag aus die Regierung ersucht, diese möge die Militärregierung bitten, daß man an alte Offiziere über 65 Jahre und solche, die arbeitsunfähig sind, Renten in Höhe der Invaliden-Gelder zahlen dürfe. Das würde für diese Glücklichen etwa RM 70,- monatlich bedeuten. Das ist ja wohl auch zum Sterben zu viel und zum Leben zu wenig. Hier in Württemberg tut sich noch gar nichts und man wird ja auch einem Fremdling hier in Schwaben nicht für seine ›preußischen‹ Dienste freiwillig etwas herausrücken. Es ist eben eine unglaubliche Gemeinheit, einen einzelnen Berufsstand um all seine langjährigen Ansprüche zu prellen, der noch dazu seinen Kopf für diesen Hanswurst hat an der Front hinhalten müssen, während bei allen anderen Beamten, die hoch und trocken irgendwo hinten Heil Hitler schrieen und noch dazu PG waren, ihre Pensionen zahlt. Aber heutzutage kann jeder an uns die Stiefel abputzen. Lassen wir dieses unerfreuliche Thema, ich habe jedenfalls 35 Jahre, darunter in 2 Weltkriegen, umsonst gedient.

Ich buk für Dich, liebste Mama, ein Blechkistchen voll Nußmakronen, die so weich sind, daß Du sie essen kannst. Eine Bitte nebenbei: Schickt doch den Blechkasten nebst Säckchen wieder zurück, wenn leer. Gut, nicht erlaubt, dann tut eben einen Backstein hinein, davon gibt's in Braunschweig wohl noch reichlich.

Dies sollen nun unsere Weihnachtsgrüße sein. Neben allem Leid ist Dir, liebste Mama, doch wenigstens die Freude geschenkt, daß Botho nun nach 3 Jahren Weihnachten in Gefangenschaft endlich auch wieder Weihnachten zu Hause sein kann. Wenn er auch fern von Dir ist, in den letzten 9 Jahren gelang es mir ja auch nur zweimal, ihn bei mir zu haben. Aber über Zeit und Raum hinweg sollen am stillen Weihnachtsabend unsere schmerzlich tiefen Gedanken bei Dir und bei Euch, liebe Marlene und Grete, die Ihr ja auch alleine und verlassen von Willy Euch durchs Leben kämpfen müßt, bei Euch sein. Möge dies die letzte tiefe Weihnacht sein, in der wir in so tiefem Elend dies Fest der Menschenliebe erleben müssen, und möge unser beider Wunsch in Erfüllung gehen, daß Du, liebste Mama, wenn die Rosen blühen und alle Schönheit hier über unser Tal ausgeschüttet liegt, bei uns bist und Dich von uns lieben und pflegen läßt. Eure Botho und Gisela.«

Das ohnehin sehr kärgliche und wenig freudvolle Leben wurde durch schwere gesundheitliche Probleme von Gisela zusätzlich belastet. Sie litt unter ständigen Schmerzen, weil sie, erblich bedingt, zu flache Hüftpfannen hatte. Darüber schreibt Botho in einem Brief vom 1. Mai 1948 an seine Mutter:

»... Gisela hat nun endlich nach einem Jahr Warten vom Wirtschaftsamt den Schein für ein paar orthopädische Schuhe bekommen und ist damit zu einem bekannten Stuttgarter Arzt gegangen, der ihr die richtigen Maße verschrieben hat. Nun wartet sie schon wieder seit 2 Monaten auf die Anfertigung der Schuhe durch den orthopädischen Schuster, der immer wieder Ausflüchte hat. Gleichzeitig verschrieb ihr der Doktor ein orthopädisches Stützkorsett, das die Hüften und das Rückgrat zusammenhält, das nun nach 2 Monaten fertig ist und über das sie sehr glücklich ist, wenn sie auch zunächst vor dem Panzer schreckliche Beklemmungen hatte. Wenn nun die Schuhe da sind, dann hoffen wir, daß das tägliche Nichtlaufen- und Nichtstehenkönnen und die täglichen Schmerzen aufhören, denn so ging es nicht mehr weiter. Das ist hier ja besonders fühlbar, wo jeder Schritt im Hause und im Garten eine Treppenstufe ist und jeder Weg in die Stadt eine Bergkraxelei. Unsere Freude ist der Welf, der forsch und kregel in die Welt guckt und gesund und helläugig, und der uns in jeder Beziehung nur Freude macht. Gisela hat ihm jetzt aus einer alten Lederweste von mir ein paar echte kurze Lederbuxen mit tiroler Trägern genäht, dazu ein passender

Botho mit Gisela, Welf und Freund

Wolljumper aus aufgeribbelten Strümpfen und Abfällen und eine blaue Leinenjoppe, worin er reizend aussieht.

Leider hat die Schule den Wahnsinn eingeführt, im Sommerhalbjahr schon um 7 Uhr anzufangen, so müssen die armen kleinen Wesen schon zwischen ½ 6 und 6 Uhr aufstehen und die Mütter natürlich mit. Ein Wahnsinn bei dieser Verpflegung! Der Junge bekommt den ganzen Monat 3 Liter Milch!! Aber keine Vollmilch sondern blaue Magermilch. Abends müssen die Kinder dann schon zwischen 6 und 7 ins Bett, wenn die Sonne noch hoch am Himmel steht. Aber wir passen auf, daß er seine 10 bis 12 Stunden Schlaf bekommt, und so geht es dann einigermaßen. Aber die Kinder von kleinen Leuten, die bis spät abends auf dem Felde arbeiten, gehen dabei natürlich vor die Hunde. Das sieht man an den Familien unseres kinderreichen Hauses, wo ja außer Welf noch weitere 5 Kinder in den wenigen Zimmern rumkrähen.

Wir sitzen jeden Abend bis spät an der Schreibmaschine und übersetzen für H.-M. französische und englische Bücher. Wir sind ihm sehr dankbar für die Vermittlung dieser Arbeit. Meine Sorgen, wie ich meine Familie weiter durchbringen soll, belasten mich natürlich Tag und Nacht. Alle Versuche, irgendwie beruflich anzukommen, sind gescheitert. Man ist ja auch hier in Böblingen so abgelegen, daß man alle Gelegenheiten in den großen Städten nicht wahrnehmen kann, weil man dort keine Wohnung bekommt.

Botho mit Opel

Der Staat läßt uns eben verkommen. Und da er damit nur den Willen der Besatzungsmächte ausführt, fühlt er sich sogar noch stark. Auch die Kirche tut nichts für uns; die christliche Nächstenliebe versorgt hier zwar die notleidenden Pastöre im Ruhestand mit Unterstützungen und Paketen, um uns hat sich noch keiner gekümmert. Ich gehöre ja nun allerdings auch nicht zu den Menschen, die sich dazu entschließen können, andere Leute um Hilfe anzugehen. So leben wir von unseren Marken und den paar Geldscheinen in der Kommode und sehen und hören niemanden. Unser einziger Verkehr ist alle paar Wochen mal B. oder v. H., mit denen wir uns mal 2 Stunden beim Ersatzkaffee hinsetzen. So kennen wir hier niemanden und es sind in dem Kuhdorf auch kaum passende Leute vorhanden.

H. hat jetzt bei sich im Kartoffelkeller eine Reparaturwerkstatt für Gummischuhe und Fahrradschläuche aufgemacht, wo er an einem wackligen Gartentisch die Stiefel fremder Leute mit neuen Gummiflecken beklebt.

Aber das Gewerbe ist nicht etwa ›genehmigt‹! Denn er ist ja kein ›gelernter‹ Handwerker! So verwehrt man alten Offizieren mit heranwachsenden Kindern und einem Holzbein selbst solchen Broterwerb! Dafür triumphiert heute aber der Schieber und der Parteipolitiker und auch der ›schwer leidende‹ Wirtschaftler!«

Nach der Währungsreform vom 20. Juni 1948 verkaufte Botho seinen geliebten, einzigen PKW, das Opel-Cabriolet Baujahr 1930 für DM 800,–, wovon die kleine Familie ein Jahr lang leben konnte.

Die Seelenlage Bothos kommt in ihrer vollen Dramatik in dem folgenden Brief an Königliche Hoheit Prinz Friedrich von Preußen vom 19. 6. 1949 zum Ausdruck, mit dem Botho ganz offensichtlich seinem Leid ein Ventil verschaffen wollte, indem er sich einer ihm aus früheren gemeinsamen Tagen bei der Wehrmacht bestens bekannten hochgestellten Persönlichkeit gegenüber öffnete und seine Lage schilderte:

»Königliche Hoheit! Lieber Prinz Friedrich!
Wie oft habe ich schon geplant, ein Lebenszeichen von mir zu geben. Nun gibt mir die Nachricht in der Presse von der Hochzeit in Ihrem hohen Hause den erneuten Anstoß dazu.
Ich vermute, daß Sie an diesem Tage in Hechingen anwesend sein werden und daß Sie mein Brief damit auf kürzestem Wege erreicht. Denn ich wohne nicht weit davon in Böblingen bei Stuttgart.
Als ich im Herbst 1938 die Panzer-Jäger-Abteilung in Frankfurt/Oder abgab, übernahm ich hier als Regimentskommandeur das hiesige Panzer-Regiment. Seitdem ist Böblingen meine Zwangsheimat geworden, in der ich allerdings nur bis zum Frühjahr 1939 blieb, um von dann ab mit meinem Regiment über die Tschechei in den unglückseligen Krieg zu ziehen und erst 1947 nach mehrjähriger Gefangenschaft in England und Amerika wieder zu meiner Frau zurück zu kehren, die diese ganzen Jahre hier allein mit unserem heranwachsenden, nunmehr zehnjährigen Jungen verbrachte.
Wie gut hat es das Schicksal mit Ihnen gemeint, daß Sie während dieser Jahre in England waren. Ihnen ist viel persönliche Bitterkeit erspart geblieben, wenn auch das seelische Leid um das Schicksal unseres armen Vaterlandes in der Fremde das gleiche bleibt wie hier. Wie oft habe ich in vielen langen einsamen Stunden der Zeiten gedacht, als wir in Frankfurt/Oder noch unbeschwerter unseren Dienst taten, obwohl auch damals schon ernste Bedenken über die Richtung, die die Dinge nahmen, nicht verstummen wollten. Sie kennen ja meine Einstellung von damals, der ich mit den Jahren nur um so fester und hartnäckiger anhing. Daß mir damit das Leben in der immer mehr von Fanatikern und Spitzeln durchsetzten Armee nicht leichter wurde, ist nicht verwunderlich.

Das Schicksal führte mich im Kriege wieder in den Stab des Generalfeldmarschalls von Witzleben, der mich ja von Frankfurt und Berlin her kannte und mich nun in seinen engsten Vertrautenkreis einbezog. Es würde zu weit führen, den Lauf der Dinge bis zum bitteren Ende hier zu schildern. Ich entging der Verhaftungswelle, die dem 20. Juli 1944 folgte, nur dadurch, daß ich, durch die Invasion abgeschnitten, an der spanischen Grenze in Frankreich war. Man ließ mich dort mit einem Haufen aller Wehrmachtsteile im Stich, ich schloß einen Sonderwaffenstillstand und führte 20000 waffenlose deutsche Männer in amerikanische Gefangenschaft und habe dann mit ihnen zusammen 3 Jahre lang den Leidensweg aller deutschen Kriegsgefangenen durchschritten. Er erschwerte sich für mich als General besonders, da man unserem Dienstgrad eine außergewöhnlich unfaire Behandlung zuteil werden ließ. Auf der anderen Seite versuchte Hitler noch meiner habhaft zu werden, um mich hier das Schicksal Witzlebens und seiner Stabsangehörigen teilen zu lassen. Ein Austauschverlangen wurde aber abgelehnt.

Ich habe keinesfalls die Absicht, aus meinem kleinen Schicksal mehr zu machen, als es ist. Es ist nur ein typisches Beispiel dafür, wie es uns alten Soldaten erging und noch ergeht. Bekanntlich hat ja der alliierte Kontrollrat jegliche Zahlung von Versorgungsgebühren an ehemalige Wehrmachtsangehörige verboten. Das bedeutet, daß wir seit Kriegsende auf der Straße liegen. Wir mögen auch, wie in meinem Falle, als schärfste Gegner des Regimes persönliche Unbill, ja Todesurteile vorzuweisen haben, wir sind eben die dreimal verfluchten deutschen Generale und Militaristen, die man samt ihren Familien ruhig verrecken lassen kann, indes Politiker, die s. Z. als Reichstagsabgeordnete Hitler durch das Ermächtigungsgesetz zur unkontrollierten Diktatur verhalfen, heute wieder als Minister fungieren, und Parteigrößen aller Grade wieder in Amt und Würden sitzen. Wenn ich in der glücklichen Lage wäre, Privateinkommen zu haben, würde ich gelassener über solches Unrecht hinwegsehen. Immerhin habe ich 35 Jahre anständig und sauber gedient und habe mir, als ich 1913 königl. Preußischer Leutnant wurde, nicht träumen lassen, daß ich nun im Alter ein Leben lang umsonst gedient habe, weil mein Beruf anscheinend als unanständig gilt.

Eine neue Tätigkeit zu finden, ist bei der heutigen Einstellung so gut wie ausgeschlossen. Gelegentlich übersetze ich mit meiner Frau zusammen englische und französische Literatur für deutsche Verlage, im übrigen machen wir Klimmzüge am Brotkasten. Früher hatten wir den Spruch, den besonders der kleine Boltenstern so liebte: ›Das kostet uns nur ein Lächeln!‹ Der Rest ist Schweigen.

Ich weiß nicht, lieber Prinz Friedrich, ob Sie dieses mein Lebensschicksal überhaupt so interessiert, daß ich Sie damit des langen und breiten behellige. Sicherlich ist dies aber kein Brief an frohen Hochzeitstagen. Er kann nur gelesen werden, wenn Sie einmal wieder eine ruhigere Stunde haben. In diesen frohen Tagen der Hochzeit Ihrer Schwester, Prinzessin Cäcilie, ist für die bitteren Schilderungen eines alten Soldaten kein Platz.

Meine Frau und ich bitten, zu diesem freudigen Tage unsere allerherzlichsten Glückwünsche aussprechen zu dürfen. Ich entsinne mich sehr wohl noch des frohen Abends, als Ihr Herr Vater das kleine Offizierskorps der Frankfurter Panzerjäger im Cäcilienhof zu Gast geladen hatte und Ihre jugendliche Schwester damals voller Charme und Grazie die Hausfrau vertrat.

In meinen mir verbliebenen Räumen hängt das Bild Ihres von mir tief verehrten Herrn Vaters und auch Ihr jugendliches frisches Bild aus Potsdamer Zeit hängt dabei. Es erinnert mich nicht nur an die gastlichen Stunden in Ihrem elterlichen Haus in Potsdam und an die frohen Zeiten in Frankfurt/Oder, sondern darüber hinaus an eine Zeit und an eine Kette von Generationen im Dienste Deutschlands, die den heute Lebenden durch Wolken von Schmutz und Entstellung in ihrer klaren Sauberkeit und Größe zu sehen verwehrt ist.

Wir haben das Schicksal zu tragen und als die Stillen im Lande in diesem zerbrochenen Deutschland abseits unser Leben zu Ende zu führen. Es ist die Aufgabe wahrer Männer, dies mit Würde zu tun.

Gern würde ich Sie einmal wieder sehen. Meine Frau schließt sich mit den herzlichsten Grüßen an. Ich bitte Ihren hochverehrten Eltern meine ergebensten Empfehlungen zu übermitteln und verbleibe alle Zeit

Ihr getreuer Elster.«

Prinz Friedrich, der damals in Frankfurt/O bei Botho Dienst tat, antwortete umgehend (3.7.1949):

»Lieber Herr General,
Ihr Brief hat mich gerade in Deutschland verpaßt und wurde mir nachgeschickt. Es hat mich außerordentlich gefreut, von Ihnen ein Lebenszeichen zu bekommen. Oft habe ich mich gefragt, wie es wohl Ihnen während des Krieges ergangen ist und wo Sie jetzt leben. Einmal fand ich in der englischen Presse Bilder von Ihnen beim Abschluß des Sonderwaffenstillstandes in Frankreich. Gott sei Dank sind Sie damals nicht mehr nach Deutschland zurück gekommen, sonst wären Sie auch umgebracht worden.

Es tut mir sehr leid, hören zu müssen, daß Sie keine Pension bekommen und daß es Ihnen so schlecht geht. Die Behandlung der alten Berufssoldaten, besonders derjenigen, die Gegner der Nazis waren, ist in höchstem Maße unfair. Viele alte Freunde haben an mich deshalb geschrieben und ich habe verschiedene Berichte darüber an die Behörden weitergegeben, leider ohne jeglichen Erfolg. Es sind darüber Debatten im Parlament gewesen und die Zeitungen haben sich mit dieser Ungerechtigkeit oft beschäftigt, aber es ist bisher nichts dabei herausgekommen. Sehr viele angesehene Persönlichkeiten in diesem Land haben sich für diese Frage eingesetzt und sehr scharf ihre Meinung der Regierung gegenüber zum Ausdruck gebracht.

Wenn ich Ihre Anschrift gewußt hätte, so hätte ich schon längst Lebensmittelpakete geschickt. Ich werde diese sofort veranlassen, obwohl ich gefunden habe, daß man in verschiedenen Teilen Deutschlands viel mehr und besser essen kann, wie in diesem Lande. Meine Frau und ich sind in Abständen ganz regelmäßig in Deutschland gewesen und wir haben festgestellt, daß sich die Zustände seit letztem November außerordentlich gebessert haben. Ich spreche hier besonders vom Rheinland, wo wir öfter zu tun hatten. Natürlich ist alles sehr teuer, wenn man kein Geld hat. Bitte lassen Sie mich wissen, wenn da irgend etwas ist, was Sie besonders brauchen und was ich hier auftreiben kann. Meine Frau und ich würden uns sehr freuen, wenn wir Ihnen irgendwie helfen können.

Ich bedanke mich sehr für Ihre freundlichen Glückwünsche zur Hochzeit meiner Schwester. Es war zum ersten Mal nach 11 Jahren, daß wir alle wieder zusammenkamen. Mein neuer Schwager ist ein besonders netter Mann und wir sind sehr froh über diese Heirat. Wie schade, daß mich Ihr Brief verpaßte, ich wäre bestimmt nach Böblingen gekommen, um Sie zu besuchen. Das müssen wir natürlich das nächste Mal nachholen, denn es gibt so viel zu erzählen, nach all den ereignisreichen Jahren.

Ich war ein Jahr lang in England und Canada in Gefangenschaft und habe dort sehr interessante Zeiten mitgemacht. Vier Jahre lang habe ich als Landarbeiter und Mechaniker auf dem Land gearbeitet. 1945 wurde geheiratet und ich bewirtschafte jetzt unser Gut von 800 Morgen in Hertfordshire. Als Deutscher war das zu Anfang nicht einfach, ich habe aber während des ganzen Krieges nicht ein unangenehmes Wort wegen meiner Nationalität gehört, obwohl ich mit Leuten aus allen Schichten zusammen gearbeitet habe. Zu einem richtigen Haß ist es hier nie gekommen, da das Land nicht besetzt war.

In der Hoffnung auf ein recht baldiges Wiedersehen verbleibe ich mit herzlichen Grüßen auch von meiner Frau an Sie und Ihre Gattin

Ihr ergebener Friedrich.«

Ob es zu einem Besuch kam, ist nicht bekannt, auch nicht, ob Hilfspakete ankamen. Allein die Tatsache dieses brieflichen Gedankenaustausches dürfte für Botho bereits eine seelische Wohltat gewesen sein.

Daß Botho, der einst so überzeugende Tatmensch, angesichts der so entwürdigenden Umstände, dem schreienden Unrecht und bei seiner ihm eigenen klaren analytischen Beobachtung der gesellschaftlichen Verhältnisse immer tiefer in Verbitterung und Trostlosigkeit versank, verwundert nicht.

Der Wunsch, einen neuen Beruf zu ergreifen, trat immer mehr in den Hintergrund. Botho hielt es für unvermeidlich, in dieser Gesellschaft nicht mehr beruflich Fuß fassen zu können. Er hatte seine Beschäftigung und vor allem seine Befriedigung gefunden in seiner Gartenarbeit, seiner Imkerei und seinen Übersetzungen. Unter diesen stets im gleichen Rhythmus ablaufenden Beschäftigungen gingen die letzten Jahre in Bothos Leben gleichförmig dahin.

Als man im Jahre 1949 an ihn herantrat wegen seiner möglichen Mitarbeit beim Aufbau des Bundesgrenzschutzes, lehnte er aufgrund seiner Opposition gegen alles Militärische und seiner tiefen Verbitterung über seine bisherige Behandlung durch diesen neuen Staat brüsk ab.

So verständlich diese Haltung auch aus heutiger Sicht ist, beruhte sie doch auf einer Fehleinschätzung der Lage. Es wäre Botho sicherlich ein leichtes gewesen, im Bundesgrenzschutz eine herausragende Stellung auszufüllen und so in einem gänzlich anderen Umfeld als der früheren Wehrmacht eine seiner militärischen Führungsbefähigung entsprechende Tätigkeit zu finden. Er wäre sozusagen wieder an seine Anfänge zurückgekehrt: zu seiner Tätigkeit als hervorragender Polizei-Offizier.

Möglicherweise trug Bothos stark isolierte Lage in Böblingen dazu bei, daß er sich – innerlich ohnehin schon abgekapselt und verzagt – nicht der notwendigen Beratung anderer Seiten unterzog. Wahrscheinlich wäre er dann zu einer anderen Beurteilung der Lage und zu einem anderen Entschluß gekommen.

So verharrte Botho in der immer stärker werdenden Isolation. Er verzweifelte an seinem Schicksal: Als Offizier unter drei Regimen fühlte er sich am Ende von nicht ganz unwesentlichen Teilen der deutschen Gesellschaft verraten, verunglimpft und vergessen.

Nur selten konnte er die alte Fröhlichkeit wieder aufleben lassen, wie in der ausgelassenen Stimmung auf dem Cannstatter Vasen im September 1951.

Solch lebensfrohen Stunden standen aber erschütternde Ereignisse gegenüber. Botho hielt im März 1952 – wenige Monate vor seinem Tod – noch eine ergreifende Rede am Grabe eines ehemaligen Regiments-Kameraden:

»Lieber Günther Bach, lieber Freund, lieber Kamerad unseres alten Panzer-Regiments.

Gisela und Botho auf dem Cannstatter Vasen, September 1951

Oft stand ich einst an Gräbern von Soldaten unseres alten Regiments. Sie starben in der Frische und der Blüte ihrer Jugend, dahingemäht unter der rauschenden Sense des Krieges. Viele sanken ins Grab, von Müttern, Frauen und Bräuten beweint. Wir senkten über ihnen die Fahnen und Degen, und über ihre Gräber rollte die Salve. Beinahe schuldig fühlten wir uns ihnen gegenüber, daß uns das Leben geschenkt blieb, und jedes Grab, das sich vor unseren Augen schloß, fügte uns enger zusammen in der Gemeinschaft der Überlebenden des Regiments. Der Krieg führte uns auseinander, jeder tat seine Pflicht dort, wo er hingestellt wurde; aber unsere soldatische Heimat blieb unser Panzer-Regiment, mit dem wir ausgezogen waren in diesen Krieg.

Wir blieben leben, wir blieben leben in diesem Krieg, wie auch schon 5 schwere Kriegsjahre des Ersten Weltkrieges hindurch, an dem Du auch an der Front bereits teilgenommen hast. Über unermeßliche Gräberfelder schweifte unser Blick und unsere Gedanken. Unzählige Freunde und Kameraden waren vor uns dahingegangen. Wir blieben leben; gnädig hatte es das Schicksal mit uns gemeint; gnädig hatte das Schicksal die Hand über uns gehalten.

Dann nahm der Tod nach überreicher Ernte seine Sense über die Schulter. Ich sprach nicht mehr an Gräbern, ich brauchte nicht mehr an Gräbern zu sprechen. Nach bitterem Leid schöpfte das Leben tief Atem und holte zu neuem Beginnen an. Wir Überlebenden in einer verwandelten Welt, wir Alten, wir zweimal Kriegsgesottenen versuchten aus dem Schutt eines Manneslebens noch einmal ein Leben aufzubauen, weniger in Sorge um uns selbst, wir zufällig Übriggebliebenen, als in Sorge und Liebe für unsere Frauen und Kinder.

Es scheint, als sei die große Atempause, die sich der Tod nach so rastloser Arbeit gegönnt hat, nun vorbei. Nach Jahren ist dies das erste Grab des Panzer-Regiments, an dem ich stehe. Nun scheint, als beginne die zweite Ernte, die zweite Wiesenmaat, die die Felder abräumt. Du bist der erste, der den Schritt durch das große, nicht dunkle, sondern lichte Tor getan hat. Du tatest ihn still, ohne Aufsehen, leise und ohne langes Adieu. Wieder sind wir die Überlebenden, wieder stehen wir hier und sinnen dem nach, der von uns gegangen ist. Wieder sind wir ergriffen von diesem mutigen Schritt, den Du tatest und den wir jeden Tag zögern zu tun. Und uns bewegt Hochachtung und stille Scheu, mit welcher Gelassenheit Du und viele Tausende und Abertausende diese kleine Schwelle überschritten haben. Denn sie ist nur eine Schwelle, sie ist ja keine Trennung, kein Diesseits trennt uns vom Jenseits. Dieser Schritt führt nur zu dem, von dem der Dichter sagt: ›Ich gedenke, einen tiefen Schlaf zu tun‹.

Nach der großen Pause der tödlichen Ernte tatest Du als Erster diesen Schritt. Nun stehen wir Kameraden an Deinem Grabe, wir, die Dir folgen werden. Und über dem letzten von uns wird sich das Grab schließen als dem letzten vom alten Panzer-Regiment 8. Kein Ruhm des Einzelnen mag an eines jeden Grab erklingen, wir sind Menschen allzumal mit unserm guten Wollen und unserm menschlichen Tun. Eines aber erklinge am Sarge eines jeden von uns: Du warst mein guter Kamerad!

Unser guter Kamerad, unser lieber guter Kamerad, Günther Bach, Du gingst voran, wir werden folgen. Nicht viele Jahre trennen uns vielleicht von diesem Schritt. Wir werden ihn freudig tun, damit unsere Asche die blutgetränkte Heimaterde dünge zu neuem Leben. Bis dahin werden wir an Dich denken, werden Deine Frau und Dein Kind schützen, die Du hier zurück ließest und denen wir Deine Treue bewahren werden, bis uns der Staub der Aonen vermischt zu neuer Frucht.«

Nur wenige Monate später, nachdem Botho seit Mitte 1951 auf Grund des Gesetzes »131« vom 12.5.1951 (Regelung der Versorgung der in Art. 131 Grundgesetz genannten Personen) die ersten Pensionsgroschen hatte genießen können, starb er einen guten Monat nach seinem 58. Geburtstag im Juni 1952 an einem Herzinfarkt. Ein Herz war zerbrochen, dem das Leben zuviel zugemutet hatte.

Bothos Witwe brachte trotz des schrecklichen Schicksalsschlages die Kraft auf, Korrespondenz zu führen, die seinem Andenken und seiner posthumen weiteren Rehabilitation dienen sollte.

So schrieb sie am 18.11.1952 an Ernst Jünger (auf der Todesanzeige):

»Es war der größte Wunsch meines Mannes, mit Ihnen wieder in Verbindung zu kommen. Er gedachte mit viel Innigkeit der Begegnungen mit Ihnen in Hannover in den turbulenten Jahren nach dem Ersten Weltkrieg – in Paris 1940–1943 im Stab Witzleben. Er war traurig, Ihnen doch nicht wieder begegnet zu sein.
Seine letzte Lektüre am Todestag: ›Besuch auf Godenholm‹. Er versuchte sehr, in Ihre Gedankenwelt einzudringen. Wenn es ihm gelang, war er weit fort, glücklich und ohne Hader.«

Ernst Jünger antwortete prompt (20.11.1952):

»Liebe, werte Frau Elster,
die Todesnachricht kam mir unerwartet und rief alle Erinnerungen in mir wach, um jenen Freundeskreis, der sich nach 1918 in Hannover gebildet hatte, mit Botho, W., Sch., L. und anderen. Es hat die Zeiten gegeben, in denen ich mit Botho sehr eng harmonierte; es war ein musisches Wesen in ihm, das ihn von den Offizieren unterschied. Ich besitze noch die vergriffene Erstausgabe meines ersten Buches, dessen Titelblatt er zeichnete. Es ist seltsam, daß wir dann kaum wieder voneinander gehört haben. In Paris sagte man mir einmal, daß er, ich glaube aus Marseille kommend, in ... (unleserlich) gewesen sei. Nun ist er dahingegangen ... Ich würde gerne erfahren, wie es Ihnen in den für uns alle so schweren Jahren nach dem Kriege ergangen ist, und wie sein Ende war. Erstaunt hat es mich, den Namen seines Bruders nicht unter der Anzeige zu lesen – sollte dieser ihm vorangegangen sein? Haben Sie noch ein Bild von ihm?
Mit herzlichem Gruß
Ihr Ernst Jünger«

Gisela schrieb ihm zurück (12.12.1952):

»Lieber großer Ernst Jünger,
daß ich so schnell und noch dazu handschriftlich Antwort von Ihnen bekam, habe ich nicht erwartet und bin um so dankbarer. Ich wollte Ihnen eigentlich nur sagen, daß Botho sich so sehr zu Ihnen hingezogen fühlte, aber nie den Schwung fand, es Ihnen zu sagen.

Ihre Fragen: Frühjahr 1947 kam Botho nach 2½ jähriger amerikanischer Gefangenschaft (Mississippi, Belgien, Munsterlager) gesund und voller Tatendrang heim. Seine liebsten Dinge: Garten, Bücher, Kind und Weib fand er wieder. Endlich ›Privatmann‹ stürzte er sich mit bewundernswerter Energie in den Imkerberuf. Er war nur noch in seinem Bienenhaus hobelnd und bastelnd zu finden. Er glaubte fest daran, sich und uns mit diesem Beruf ernähren zu können. Es war sein erfülltestes Jahr, glaube ich. 1948 wie alle vor dem Nichts. Wir setzten uns dann gemeinsam an den Schreibtisch und übersetzten englische und französische Schinken (Auftraggeber Hanns-Martin Elster). Nebenher bauten wir die Generalvertretung für den Deutschen Bücherbund aus. – Botho verließ das Haus nicht mehr. – Ab 1950 zusehendes Absinken seiner Spannkraft. Tiefste Empörung über die Behandlung der alten Soldaten, schlaflose Nächte, Überdruß. Keine direkten Krankheitssymptome. Die einzige Äußerung über seine Krankheit 14 Tage vor seinem Tod: ›Ich gehörte eigentlich in ein Sanatorium, fahre aber trotzdem mit Dir ans Meer.‹ Als dann am 24. Juni dieser große Wetterumschlag kam – am Abend vorher fiel mir sein entrückter ferner Ausdruck besonders auf – diktierte er mir bis 12 Uhr. Er ging dann immer in den Garten und ich an den Kochtopf. Als ich ihn um 13 Uhr rief, kam er schweißgebadet aus dem Garten, ging nach oben, wie immer, um sich zu richten. Um 13:05 Uhr lag er mit brennender Zigarette in der Hand tot auf seinem Bett. – Herzschlag – Ich bin dann zu ihm gekrochen und habe die letzte Lebenswärme, mit der er mich so sehr gewärmt hatte, aus ihm weichen gespürt. Solche letzten Stunden wünsche ich allen Frauen, die ihre Männer wirklich lieben. Sie klären und hinterlassen keine Zweifel.

Ich habe dann Bothos Asche ganz allein auf dem sturmumwehten Inselfriedhof Wangerooge beigesetzt, wohin es ihn so sehr zog. Nun kann er wieder atmen. Auf dieser Welt erstickte er.

In den ›Strahlungen‹ sind die Stellen über den Tod und Perpetua angestrichen.

Ihnen und Perpetua sehr liebe Grüße
Ihre Gisela Elster.«

Epilog

Wenige Wochen vor seinem Tod bekam Botho in Böblingen Besuch eines gerade 21 Jahre alt gewordenen jungen Mannes. Peter Rogge hatte sein Abitur in Bremerhaven gemacht, war dann ein Jahr in den USA gewesen, besaß einen Führerschein und bereits ein Auto. Sein erstes Ziel war ein Besuch bei seinem – Vater!

Botho hatte damals in Wesermünde, zwanzig Jahre zuvor, nicht nur im dienstlichen Bereich als Polizei-Hauptmann ausgezeichnete Anerkennung gefunden. Auch im gesellschaftlichen Umfeld trat er nicht zurück. Seine herausgehobene staatliche Stellung korrespondierte durchaus mit der gesellschaftlichen, hatte er doch beste Beziehungen zur Bürgerschaft dieser Hafenstadt (davon zeugt ein ihm gewidmetes silbernes Zigaretten-Etui »Weyell-Gesellschaft Bremerhaven 1926-1932«, das auch, neben vielen anderen, von Heinz Rogge gezeichnet wurde). Seine enge Freundschaft mit diesem Holzkaufmann Heinz Rogge – die gemeinsamen Yachttouren wurden schon erwähnt – führten zu einer außergewöhnlich engen Verbindung zu dessen Ehefrau Elly. Die Innigkeit der beiden führte schließlich dazu, daß Elly von Botho schwanger wurde. In ihrer Ehe war es ihr bislang nicht vergönnt, ein Kind zu bekommen. Sie nahm diese Fügung dankbar an und brachte das Kind (Peter Rogge) am 27. Mai 1931 zur Welt. Es blieb über viele weitere Jahre hin bei einer guten Freundschaft, während der Elly ihre Ehe mit Heinz fortführte und diese auf keinen Fall gefährden wollte. Ihr Kind wurde im Hause Rogge als freudig begrüßter, höchst willkommener Stammeshalter aufgezogen.

Diese Episode blieb für alle direkt oder indirekt Beteiligten zunächst auf Jahre hin ohne Konsequenzen. Das Geheimnis um die wahre biologische Abstammung hätte für immer gewahrt bleiben können. Tragischerweise offenbarte aber Elly ihrem Sohn, als dieser im Jahre 1948 17 Jahre alt geworden war, die ganze Wahrheit über seine Abstammung. Peter hatte von Gerüchten erfahren, sein Vater sei womöglich gar nicht sein Vater, und seine Mutter um eine Erklärung gebeten. Elly gestand ihrem Sohn die Wahrheit, was für sich allein bereits eine schwere seelische Konfliktsituation für den jungen Mann bedeutete. Elly verlangte aber unglückseligerweise über diese erschütternde Gewißheit hinaus von ihrem Sohn auch noch, über seine wahre Abstammung strengste Verschwiegenheit zu bewahren, auch gegenüber seinem »Vater« Heinz. Sie bürdete ihm das Gelübde auf, das Geheimnis zu Lebzeiten seiner Eltern zu hüten.

Diese außerordentliche seelische Last hat Peter – das darf man wohl annehmen – zeitlebens sehr bedrückt. Er wagte es nicht, den von seiner Mutter ihm abverlangten Schwur der Verschwiegenheit zu brechen und versuchte, damit zurecht zu kommen, daß er nicht seines »Vaters« Kind war, wenngleich dieser es nie bezweifelte, daß Peter sein Sohn sei (die auffallende mangelnde physiognomische und körperliche Ähnlichkeit hätten in ihm aber durchaus Zweifel aufkommen lassen können ...).

Seinen biologischen Vater konnte Peter nicht richtig kennen lernen. Als er mit 17 Jahren von seinem wirklichen Vater erfuhr, konnte er diesen nicht besuchen. In damaliger Zeit war der Weg von einer Besatzungszone Deutschlands in die andere mit erheblichen Hindernissen gespickt. Und wie hätte Peter bei dem auferlegten Gelübde eine Reise von Bremerhaven nach Süddeutschland überhaupt begründen sollen? So ist nur zu verständlich, daß er, nachdem er volljährig geworden war und sich frei bewegen konnte, die erste Gelegenheit ergriff, seinen Vater im Frühling 1952 zu besuchen. Bothos früher, schon kurz nach dieser ersten Begegnung eingetretener Tod verhinderte, daß sich aus diesem ersten Kennenlernen eine warme menschliche Beziehung entwickeln konnte.

Peter verließ Bremerhaven, studierte Volkswirtschaft, trat nicht in die Firma seines »Vaters« ein, ging seinen eigenen Weg. Aus Peter wurde ein weithin bekannter Berater von Unternehmen, ja von Regierungen, als Geschäftsführer der Prognos AG, Basel, hatte er bald seinen Spitznamen weg: Mister Prognos. Seinen tiefen Analysen volkswirtschaftlicher Zusammenhänge konnte er dank eines außergewöhnlichen Talents zu freier, fesselnder Rede über drei Jahrzehnte weite Verbreitung und bewundernde Anerkennung verschaffen.

Peter mag für lange Zeit sein seelisches Trauma abgekapselt und verdrängt haben, seine glänzenden beruflichen Erfolge werden ihm dabei geholfen haben. Er fand aber auch nie den Mut, sich über das auferlegte Gelübde zumindest nach dem Tod seiner Eltern hinweg zu setzen und den Versuch zu unternehmen, Kontakt zu dem anderen Sohn seines Vaters, seinem sieben Jahre jüngeren Halbbruder aufzunehmen, von dessen Existenz er nach seinem Besuch in Böblingen im Jahre 1952 wußte. Auch dieser aber konnte, ja durfte nicht den Schritt auf seinen Halbbruder hin wagen. Er war zwar wohl später einmal eingeweiht worden in die Zusammenhänge (seine Mutter Gisela hatte ihm alles berichtet, konnte sie doch aus der langjährigen Freundschaft mit Elly und Heinz, die auch noch lange nach ihrer Heirat mit Botho währte, über alle Intimitäten genauestens erzählen). Doch auch er war nicht in der Lage, Peter mit der Wahrheit über seine Abkommenschaft zu konfrontieren, weil er befürchten mußte, bei ihm eine tiefe seelische Bestürzung auszulösen, wenn nun durch seine Offenlegungen auf einmal alles bekannt würde. <u>Denn er wußte nicht, was Peter wußte</u>. War Peter ganz unbefangen, würde ihn die neue Wahrheit wie ein Keulenschlag treffen können. Dies durfte auf keinen Fall riskiert werden. Also schwieg auch Peters Halbbruder – eine letztlich fatale Entwicklung.

Beide Söhne Bothos lebten infolgedessen ihr Leben nebeneinander her, ohne sich je begegnet zu sein.

Erst im Jahre 2004 – Peter war inzwischen 73 Jahre alt geworden, hatte seine Karriere als gefeierter Prognostiker volkswirtschaftlicher Entwicklungen in ihrem internationalen Wirkungszusammenhang beendet, war zu seinem 70. Geburtstag mit einer Festschrift geehrt worden – sollte sich das lange gehütete Geheimnis auf ganz tragische Weise lüften.

Peter hatte einen am 15. September 2004 in der Frankfurter Allgemeinen Zeitung erschienenen Artikel (»*Des Zweifels General*«) über seinen Vater gelesen, der die Kapitulation Bothos im Herbst 1944 an der Loire zum Gegenstand hatte. Er muß mit einem Schlage erkannt haben, welche Persönlichkeit sein wirklicher Vater tatsächlich war, konnte er doch aus der damaligen ersten Begegnung nicht alle Facetten dieser Persönlichkeit erfassen. Denn es ist kaum anzunehmen, daß damals bereits alle Einzelheiten des Werdeganges Bothos zwischen den beiden zur Sprache kamen. Man wird sich eher auf die wirkliche Abkommenschaft konzentriert haben.

Peter kam mit diesem Artikel vollkommen erschüttert zu seiner Frau und fragte nur, wem das darin abgebildete Foto des Generals Elster wohl ähnlich sehe. Peter soll sich völlig untröstlich gezeigt haben, worüber seine Frau außerordentlich bestürzt war, konnte sie doch die Tiefe Peters Empfindungen in diesem Moment nicht vollständig erfassen.

Wir wissen nicht, was ihn so sehr aufgewühlt und verzweifelt hat. War es »nur« dieser Zeitungs-Artikel über seinen Vater, mit dem er nach Jahrzehnten über diesen Artikel völlig unvermittelt wieder Kontakt bekam, war es seine zuletzt gezeigte starke Zurückgezogenheit und Depression ob eines eingebildeten Lebensversagens?

In der verzweifelt ausweglosen Lage, in der sich Peter wähnte, Hilfe ebenso heimlich erflehend wie brüsk ablehnend, nahm er sich am 2. Oktober 2004 das Leben.

Nach seinem Tod nahmen die Angehörigen Kontakt zu seinem Halbbruder auf. Es kam zu einer bewegenden Begegnung der Familien von Bothos beiden Söhnen. So hat seine beeindruckende Persönlichkeit einen großen Bogen über 111 Jahre gespannt. Sie wird fortleben in seinen Kindern und Kindeskindern, die ihm stets ein inniges, ehrendes Gedenken bewahren werden.